Romanistische
Arbeitshefte   32

Herausgegeben von
Gustav Ineichen und Bernd Kielhöfer

Peter Wunderli

Französische Lexikologie

Einführung in die Theorie und Geschichte
des französischen Wortschatzes

Max Niemeyer Verlag
Tübingen 1989

CIP-Titelaufnahme der Deutschen Bibliothek

Wunderli, Peter:
Französische Lexikologie : Einführung in die Theorie und Geschichte des framzösischen
Wortschatzes / Peter Wunderli. – Tübingen : Niemeyer, 1989
   (Romanistische Arbeitshefte ; 32)
NE: GT

ISBN 3-484-54032-X   ISSN 0344-676-X

Satz: Peter Wunderli mit Signum! 2 auf ATARI MEGA ST.
Druck: Weihert-Druck GmbH, Darmstadt

Vorwort

Das vorliegende *Romanistische Arbeitsheft* hat eine relativ langsame Genese hinter sich. Mit den hier behandelten Fragestellungen und Teilgebieten der romanistischen Sprachwissenschaft habe ich mich schon seit Jahren, ja seit Jahrzehnten sowohl in der Forschung als auch in der Lehre befaßt. Gerade aus den Gegebenheiten des universitären Unterrichts, seinen Zwängen und Mängeln heraus, reifte dann allmählich die Überzeugung, daß eine Handreichung für Studierende unseres Faches gerade in diesem Teilbereich dringend notwendig sei — einerseits aufgrund der sich immer verhängnisvoller bemerkbar machenden Spezialisierung, andererseits angesichts des Bedürfnisses, die dadurch gezogenen Grenzen wieder zu überwinden und zu einer sowohl fachinternen als auch fächerübergreifenden Interdisziplinarität zurückzufinden.

Ein erster Entwurf dieser Darstellung ebenso wie die letzte Fassung ist von meiner Mitarbeiterin Gabriele Berardi gründlich durchgesehen und einer detaillierten Kritik unterzogen worden. Eine zweite Version profitierte dann von den umsichtigen Anmerkungen und Ausstellungen der Herausgeber dieser Reihe, Gustav Ineichen und Bernd Kielhöfer, wobei mir vor allem lange Gespräche mit dem alten Freund aus Zürich erlaubten, eine Reihe von Schwächen auszumerzen. Daß die noch bestehenden Mängel einzig zu Lasten des Autors gehen, versteht sich von selbst.

Zu Dank bin ich weiter Birgit Welbers, Sabine Mauri und Ulrike Pleteit für das umsichtige Lesen der Korrekturfahnen und zahlreiche Detailhinweise verpflichtet. Danken möchte ich schließlich auch noch Herrn Robert Harsch-Niemeyer und seinen Mitarbeitern für die Aufnahme dieses Bandes in ihr Verlagsprogramm und die solide und zügige Drucklegung.

P.W.

Inhalt

0. Einleitung

Das hier vorgelegte *Romanistische Arbeitsheft* ist dem schwer zu definierenden Bereich der Lexikologie gewidmet, deren Schicksal es zu sein scheint, ständig mit der Lexikographie verwechselt zu werden. Unbeschadet der noch zu leistenden definitorischen Gegenüberstellung der beiden Arbeitsbereiche[1] soll hier vorläufig herausgestellt werden, daß die Lexikologie gewissermaßen interdisziplinären Charakter hat und im Schnittpunkt einer Reihe von linguistischen Teilgebieten steht, die nicht nur traditionell als solche anerkannt sind, sondern zu einem nicht unerheblichen Teil im Rahmen dieser Reihe auch schon eine Darstellung erfahren haben. Ich erinnere hier nur an die Bände von Ulrich Wandruszka zur Wortbildung, von Horst Geckeler zur Semantik, von Wolfgang Börner zur Orthographie, von Lothar Wolf zur Dialektologie, von Franz Josef Hausmann zu den neufranzösischen Wörterbüchern, von Wolfgang Settekorn zur Normproblematik; ich erwähne ferner den demnächst erscheinenden Band von Otto Jänicke über die Etymologie, usw.[2]

Trotz der Existenz entsprechender Einführungen können diese Teilgebiete nicht einfach aus unserer Präsentation der Lexikologie ausgeklammert werden. Wollte man schlicht auf alles schon anderweitig Gesagte und Behandelte verzichten, hätte dieses Arbeitsheft keine Existenzberechtigung, und es hätte nie geschrieben werden dürfen. Eine derartige Haltung würde aber letztlich die Darstellung jedes interdisziplinären Arbeitsbereichs verunmöglichen — ein Effekt, den sich sicher niemand wünscht. Vielmehr muß darauf hingewiesen werden, daß die einzelnen zur Sprache kommenden Teilgebiete nicht *per se*, sondern in ihrer gegenseiti-

---

1   Cf. hierzu unten, Kap. 1.1.
2   Cf. Ulrich Wandruszka, *Probleme der neufranzösischen Wortbildung*, Tübingen 1976 (*RA 16*); Horst Geckeler, *Strukturelle Semantik des Französischen*, Tübingen 1973 (*RA 6*); Wolfgang Börner, *Die französische Orthographie*, Tübingen 1977 (*RA 18*); Lothar Wolf, *Aspekte der Dialektologie*, Tübingen 1975 (*RA 15*); Franz Josef Hausmann, *Einführung in die Benutzung der neufranzösischen Wörterbücher*, Tübingen 1977 (*RA 19*); Wolfgang Settekorn, *Sprachnorm und Sprachnormierung in Frankreich*, Tübingen 1988 (*RA 30*).

gen Bedingtheit und Abhängigkeit dargestellt werden sollen, so daß ihre Präsentation gezwungenermaßen anders ausfallen muß als in den erwähnten Themenheften.

0.1. Die *Arbeitshefte* waren ursprünglich einmal (auch) zum Selbststudium gedacht. Dieses durch die späten 60er und frühen 70er Jahre geprägte Konzept hat sich allerdings nur sehr bedingt bewährt; es zeigte sich sehr bald, daß die Komplexität des Phänomens Sprache und die Vielschichtigkeit der sich mit ihr befassenden Wissenschaft nur schwer des erklärenden und interpretierenden, bei auftretenden Problemen helfend einspringenden Universitätslehrers entbehren konnte. Aus diesem Grunde erhebt die vorliegende Darstellung auch nicht den Anspruch, die ideale geistige Nahrung für den studentischen Einsiedler im stillen Kämmerlein zu sein. Vielmehr ist diese Darstellung als Grundlage für ein begleitetes Studium, als Basis für die Diskussion in Proseminaren (u.U. auch in Hauptseminaren) gedacht.

0.2. Trotzdem wird natürlich der Student bei der Vor- und Nachbereitung oft, ja meist, auf sich selbst angewiesen sein. Es muß deshalb versucht werden, möglichst wenig Problemsituationen aufkommen zu lassen bzw. die nötigen Hilfsmittel bereitzustellen, um einen Ausweg aus der jeweiligen Sackgasse zu finden. Schwierigkeiten treten erfahrungsgemäß v.a. in zwei Bereichen immer wieder auf, die beide letztlich auf eine noch nicht ausreichende Sprachkompetenz schließen lassen: einmal bezüglich der umfangreichen, vielschichtigen und alles andere als einheitlichen Fachterminologie, dann hinsichtlich der weniger zentralen Einheiten des fremdsprachlichen Wortschatzes.

Was die linguistische Fachterminologie angeht, so könnte man natürlich fordern, daß alle verwendeten *termini technici* innerhalb einer einführenden Darstellung wie der hier vorgelegten erklärt werden. Dies brächte aber erhebliche Probleme mit sich. Einmal würde der Umfang dieses Arbeitsheftes und damit auch sein Preis in einem nicht zu rechtfertigenden Ausmaß anwachsen. Dann würden aber auch diejenigen Leser über weite Strecken gelangweilt, die nicht als "echte" Anfänger zu gelten haben, sondern schon mehr oder weniger umfangreiche Vorkenntnisse besitzen. Dieser Aspekt ist schon deshalb von großem Gewicht, weil man in aller Regel nicht gleich in ein thematisch gebundenes Seminar geht, sondern vorher eine "Einführung in die romanistische Sprachwissenschaft", irgendwelche Überblicksvorlesungen usw. besucht. Da nun der Stoffkanon dieser propädeutischen Veranstaltungen alles andere als einheitlich ist, überdies gerade bezüglich der Vorlesungen eine gewisse Wahlfreiheit besteht, bringt praktisch jeder Seminarteilnehmer andere Voraussetzungen mit. Ein einheitlicher Fundus von Fachtermini existiert in der Regel auch gegen Ende des Grundstudiums nicht.

Es ist somit unmöglich vorherzusehen, was für den Einzelnen nötig und was überflüssig ist. Aus diesem Grunde habe ich mich dazu entschlossen, nur diejenigen Fachtermini zu erklären, die unter ausgebildeten Linguisten **nicht** allgemein gebräuchlich sind, sei es, daß sie überhaupt nur von wenigen oder sogar nur von mir benutzt werden, sei es, daß ihnen in diesem Rahmen eine besondere Bedeutung zukommt. Für alle übrigen möglichen Problemfälle wird empfohlen, auf die gängigen linguistischen Wörterbücher zurückzugreifen. An deutschsprachigen Werken sind besonders zu empfehlen:

— Theodor Lewandowski, *Linguistisches Wörterbuch*, 3 vol., Heidelberg [2]1976

— Hadumod Bußmann, *Lexikon der Sprachwissenschaft*, Stuttgart 1983

— Wilfried Kürschner, *Grammatisches Kompendium*. Systematisches Verzeichnis grammatischer Grundbegriffe, Tübingen 1989

In französischer Sprache sind vor allem zu nennen:

— Georges Mounin (ed.), *Dictionnaire de la linguistique*, Paris 1974

— Jean Dubois et al., *Dictionnaire de linguistique*, Paris 1973

Nach größeren thematischen Zusammenhängen (und nicht streng alphabetisch) organisiert sind die Darstellungen von Martinet und Ducrot/Todorov[3]; aufgrund der ausführlichen Indices sind jedoch auch sie über weite Strecken als Nachschlagewerke benutzbar,

---

3 Cf. André Martinet et al. (ed.), *La linguistique*. Guide alphabétique, Paris 1969; Oswald Ducrot/Tzvetan Todorov, *Dictionnaire encyclopédique des sciences du langage*, Paris 1972.

obwohl die definitorische Präzision für die einzelnen Termini oft zu wünschen übrig läßt. Ähnliches gilt auch für das viel umfangreichere *Lexikon der Germanistischen Linguistik* und das im Erscheinen begriffene, fast schon monumentale *Lexikon der Romanistischen Linguistik*[4].

0.3. Ebenso wie nicht jeder Fachterminus eingeführt und diskutiert werden kann, ist es auch nicht möglich, zu allen zitierten und erwähnten lexikalischen Einheiten die Bedeutung bzw. die Vielzahl der Bedeutungen zu geben; auch dieser Versuch hätte zur Folge, daß der Umfang dieses Arbeitsheftes nicht mehr vertretbare Ausmaße annehmen würde. Prinzipiell werden im folgenden Bedeutungen nur dort gegeben, wo sie für unsere Argumentation relevant sind oder den Gegenstand der Diskussion bilden. In allen übrigen Fällen wird die Kenntnis des Semantismus der betreffenden Einheit oder zumindest der "Leitbedeutung" vorausgesetzt.

Natürlich sind wir uns im klaren darüber, daß diese Haltung den Benutzer und v.a. den Anfänger in zahlreichen Fällen überfordert. Um der Argumentation folgen zu können, wird er deshalb oft gezwungen sein, zu Wörterbüchern zu greifen. In der Regel wird ein Gebrauchswörterbuch vom Typus des *PLar.* oder *PRob.* ausreichen:

  — *Petit Larousse illustré*, Paris 1988
  — *Le Petit Robert*. Dictionnaire alphabétique & analogique de la langue française, par Paul Robert, rédaction dirigée par A. Rey et J. Rey-Debove, Paris [2]1977

In Frage kommen daneben natürlich auch der *DFC* und der *DFV* [5], wenn sie auch für unsere Zwecke wegen ihrer dominant am aktuellen Sprachzustand orientierten Auslegung nicht die gleich guten Dienste erweisen wie die beiden erstgenannten Werke. — Anderer-

---

4   Cf. Hans Peter Althaus/Helmut Henne/Herbert Ernst Wiegand (ed.), *Lexikon der Germanistischen Linguistik (LGL)*, 3 vol., Tübingen 1975 ([2]1980); Günter Holtus/Michael Metzeltin/Christian Schmitt (ed.), *Lexikon der Romanistischen Linguistik (LRL)*, 9 vol., Tübingen 1988ss. (im Erscheinen begriffen).

5   Cf. Jean Dubois et al., *Dictionnaire du français contemporain*, Paris 1966; Maurice Davau/Marcel Cohen/Maurice Lallemand, *Dictionnaire du français vivant*, Paris 1972.

seits kann natürlich auch die Situation eintreten, daß selbst die beiden bevorzugt empfohlenen Gebrauchswörterbücher nicht ausreichen, um mit allen Problemen fertig zu werden. In diesem Falle wird es unerläßlich sein, zu den großen mehrbändigen Werken zu greifen, von denen hier nur die drei wichtigsten genannt werden sollen:

- *Grand Larousse de la langue française en six volumes*, 7 vol., Paris 1971-78
- Paul Robert, *Dictionnaire alphabétique et analogique de la langue française.* Deuxième édition entièrement revue et enrichie par Alain Rey, 9 vol., Paris 1985
- *Trésor de la langue française.* Dictionnaire de la langue du XIXe et du XXe siècle, 12 vol., Paris 1971ss.

Für frühere Sprachzustände wird man auf die entsprechenden Spezialwörterbücher zurückgreifen. Für das Altfranzösische erweist sich die gedrängte Darstellung von Greimas als durchaus brauchbar[6]:

- A.J. Greimas, *Dictionnaire de l'ancien français jusqu'au milieu du XIVe siècle*, Paris 1969

Für viele Probleme wird man aber zu den umfassenden Darstellungen von Godefroy und Tobler/Lommatzsch greifen müssen, weil nur sie die betreffenden Lemmata enthalten oder semantisch genügend differenziert vorgehen:

- Frédéric Godefroy, *Dictionnaire de l'ancienne langue française et de tous ses dialectes du IXe au XVe siècle*, 10 vol., Paris 1881—1902
- Adolf Tobler/Eberhard Lommatzsch, *Alfranzösisches Wörterbuch*, 9 vol., Wiesbaden 1925ss.

Für das 16. Jahrhundert steht die in vielerlei Hinsicht problematische Darstellung von Huguet zur Verfügung:

---

6 Natürlich sind auch ältere Werke dieses Typs nicht wertlos geworden, z.B.: Frédéric Godefroy, *Lexique de l'ancien français*, p.p. J. Bonnard/Am. Salmon, Paris/Leipzig 1901; R. Grandsainges d'Hauterive, *Dictionnaire d'ancien français. Moyen Âge et Renaissance*, Paris 1947; Hilaire Van Daele, *Petit Dictionnaire de l'Ancien Français*, Paris 1939.

— Edmond Huguet, *Dictionnaire de la langue française du XVI*
siècle, 7 vol., Paris 1925—67

Probleme ergeben sich bei diesem Werk nicht nur aufgrund seiner
fragwürdigen Materialbasis, sondern v.a. auch deshalb, weil der
Verfasser nur (wirklich oder angeblich) im Modernfranzösischen
nicht mehr existierende Wörter berücksichtigt. Er folgt in diesem
Punkt der unglücklichen Idee von Godefroy, der allerdings seinen
Irrtum im Laufe der Arbeit eingesehen und versucht hat, den
Schaden in den beiden letzten, im wesentlichen als Supplement aus-
gelegten Bänden seines Werkes zu begrenzen[7].

0.4. Ähnlich wie bei den Fachtermini und den Wortbedeutungen ist
das Vorgehen auch bei den Etymologien. Diese werden nur dort
angeführt, wo sie für unsere Argumentation wichtig sind. Sollte
der Benutzer im einen oder andern Fall trotzdem weitere Informationen in dieser Hinsicht benötigen, wird die Benutzung der folgenden zwei relativ kompakten Werke empfohlen:

> — O. Bloch/W. von Wartburg, *Dictionnaire étymologique de la*
> *langue française*, Paris [5]1968
> — A. Dauzat/J. Dubois/H. Mitterand, *Nouveau dictionnaire éty-*
> *mologique et historique*, Paris 1964

Für detailliertere Informationen wird man zu dem monumentalen
FEW greifen:

> — Walther von Wartburg, *Französisches etymologisches Wör-*
> *terbuch*. Eine Darstellung des galloromanischen Sprachschat-
> zes, 25 vol., Bonn 1922-28/Leipzig 1932-40/Basel 1944ss.

Für die im Französischen seit dem 18. Jh. eine immer wichtigere
Rolle spielenden Anglizismen verweise ich auf die Spezialdarstel-
lungen von Rey-Debove/Gagnon und Höfler[8].

---

7 Eine gute Einführung in diese Werke (ebenso wie in die im nächsten Abschnitt behandelten etymologischen Wörterbucher liefert Kurt Baldinger,
   Introduction aux dictionnaires les plus importants pour l'histoire du fran-
   çais, Paris 1974.

8 Cf. Josette Rey-Debove/Gilberte Gagnon, *Dictionnaire des anglicismes. Les*
   mots anglais et américains en français, Paris 1980; M. Höfler, *Dictionnai-*
   re des anglicismes, Paris 1982.

0.5. Mancher wird bedauern, daß wir uns aus Gründen des Umfangs und des Verkaufspreises bezüglich der Fachtermini, der Bedeutungen und der Etymologien zu dem eben geschilderten Vorgehen entschlossen haben, denn der ständige Rückgriff auf diese verschiedenen Typen von lexikographischen Werken kann leicht lästig werden. Es wäre aber nicht aufrichtig, wenn ich nicht zugeben würde, daß die ökonomischen Erwägungen ein bequemes Alibi sind, und daß der mögliche Frust bis zu einem gewissen Grad intendiert ist: Jeder Student muß möglichst früh und möglichst oft gezwungen werden, mit derartigen Hilfsmitteln umzugehen, denn nur so wird ihre Benutzung zur Selbstverständlichkeit, zu einer nur noch ein Minimum von Zeit erfordernden Routinehandlung. Ich hoffe, daß die Zurückhaltung in der Lieferung von nicht unbedingt nötigen lexikographischen Zusatzinformationen zur Erreichung dieses Zieles beiträgt.

0.6. Ein letztes Wort noch zu den "Hausaufgaben". Vorschläge zur Weiterbeschäftigung mit den behandelten Themen finden sich in vielen, wenn auch nicht in allen *Romanistischen Arbeitsheften*, und gibt ihnen oft etwas schulmeisterlich Pedantisches. Ich nehme diesen Nachteil in Kauf, denn der Nutzen dieser teils rekapitulierenden, teils weiterführenden Themenvorschläge ist sowohl für den Studierenden als auch für den Lehrenden nicht zu leugnen. Sie regen den einen zu weiterem und eigenem Nachdenken an, und sie ersparen dem andern ein oft mühsames und langwieriges Suchen nach geeigneten Themen für die Überprüfung des Lehr- und Lernerfolges.

Bei den Aufgabenstellungen ist zwischen zwei Typen zu unterscheiden, die sowohl in bezug auf die Funktion als auch hinsichtlich des notwendigen Arbeitsaufwands voneinander abweichen:

1. Eine Art "Kurzfragen", die vor allem der Überprüfung des vermittelten Stoffes dienen oder zeigen sollen, daß das Erarbeitete nun auch angewandt werden kann; die Beantwortung dieser Fragen ist in der Regel auf einer halben Seite möglich und sollte nur in Ausnahmefällen mehr Platz beanspruchen.

2. Themen für Hausarbeiten oder Referate, die eine umfangreichere und eigenständige Auseinandersetzung mit einem grös-

seren Fragenkomplex erfordern; der vermittelte Stoff dient in diesem Fall nur als Ausgangpunkt für eine weiterführende Beschäftigung mit nicht direkt angesprochenen Problemen.

Um keine Zweifel an der Zuordnung der Aufgaben zu diesen beiden Kategorien aufkommen zu lassen, werden die zum zweiten Typus gehörenden mit (*) gekennzeichnet.

1. Definition und Ausgrenzung der Lexikologie

Ich habe es bereits in der Einleitung angedeutet: Die Lexikologie ist ein außerordentlich weites und vielgestaltiges Teilgebiet der Sprachwissenschaft, und gerade diese Aspekte sind auch dafür verantwortlich, daß sie sich nur sehr schwer ausgrenzen läßt. Sie berührt sich mit zahlreichen anderen Forschungsfeldern, die man je nach dem gewählten Standpunkt als zur Lexikologie gehörend betrachten kann — oder auch nicht: Etymologie, Fremdwortforschung, Wortbildungslehre (Lexematik), Phonologie, Orthographie, Morphologie, Semantik, ja sogar die Syntax! Und damit ist die Liste noch keineswegs vollständig. Um nicht praktisch die ganze Linguistik zu einem Teil der Lexikologie zu machen und so zum Paradox zu kommen, daß das Ganze ein Teil eines Teiles ist, tut eine Definition dringend not.

Dieses Bedürfnis wird noch deutlicher, wenn man sich vor Augen hält, daß lexikalische Einheiten durchgängig Bedeutung haben, also bedeutungstragend sind. Dies hat zur Folge, daß die Lexikologie unauflöslich mit der Semantik ("Bedeutungslehre") verknüpft erscheint. Tut sich hier nicht die Gefahr einer weiteren Konfusion auf? Berührt sich die Lexikologie mit der Semantik, überschneidet sie sich mit ihr, oder schließt sie sie etwa ein?

Bevor wir aber nicht bezüglich der Lexikologie und ihrer Definition Klarheit gewonnen haben, ist es müßig, über die Beziehungen der Disziplin, die wir ins Zentrum unserer Überlegungen stellen, zu irgendwelchen Nachbar-, Teil- oder Konkurrenzbereichen zu reflektieren.

1.1. Die Lexikologie kann im weitesten Sinne als "Wissenschaft vom Lexikon einer Sprache" definiert werden (cf. auch Ricken 1983:6)[1]. Ähnlich charakterisiert Lewandowski (1976:425) die Lexikologie als "Lehre von der Erforschung des Wortschatzes bzw. des Lexikons einer Sprache". Damit ist das Problem aber keineswegs gelöst, sondern nur verlagert, denn es ist keineswegs klar,

---

1   Dies schließt die Betrachtung des Lexikons verschiedener Sprachen im Rahmen einer kontrastiven Untersuchung noch nicht aus; der Kontrastierung hat in jedem Fall eine Analyse der beiden einzelsprachlichen Corpora nach identischen Prinzipien und Methoden voranzugehen.

was man unter *Lexikon* zu verstehen hat — ganz im Gegenteil: Die Auffassungen in dieser Hinsicht divergieren erheblich.

1.1.1. Die Vielfalt der Auffassungen bezüglich dessen, was das Lexikon ist, kann hier nicht erschöpfend behandelt werden; einige wenige Beispiele werden aber genügen um zu zeigen, wie widersprüchlich die Aussagen sind.

Ferdinand de Saussure bezeichnet z.B. das Lexikon als "trésor des mots, tel qu'il est rangé dans un dictionnaire" (Saussure 1968:305). Der Rekurs auf das Wörterbuch (*dictionnaire*) überrascht den Saussurekenner hier sicherlich, v.a. wenn man sich vor Augen hält, daß die Sprache als soziales Phänomen (*langue*) als "trésor déposé dans le cerveau de chaque individu" definiert wird (Saussure 1968:41). Es spricht vieles dafür, daß die erste Formulierung eine (suggestive) didaktische Vereinfachung im Rahmen des universitären Unterrichts darstellt, wie sie sich in den Aufzeichnungen von Saussures Vorlesungen oft finden. Fest steht auf jeden Fall, daß es ein Lexikon unabhängig von jeder lexikographischen Aktivität und von Produkten einer derartigen Aktivität gibt; jeder Sprecher, auch der einer vollkommen unzivilisierten Gemeinschaft, verfügt spontan über das Lexikon der in dieser Gemeinschaft verwendeten Sprache. — Eine wichtige Ergänzung des Vorhergehenden stellt (v.a. im Hinblick auf noch zu besprechende Positionen) die folgende Stelle dar; nach ihr umfaßt die Lexikologie "tout ce qui est indépendant des rapports grammaticaux, ou du moins des rapports grammaticaux concernant la phrase" (Saussure 1968:434). Das Lexikon (als Gegenstand der Lexikologie) würde also all das umfassen, was nicht Grammatik wäre bzw. keine sogenannte morphosyntaktische Relevanz hätte.

Ganz anders nimmt sich die Darstellung des Lexikons bei Bloomfield (1933:162) aus, wo dieses als "the total stock of morphemes in a language" definiert wird. Stellt man nun noch in Rechnung, daß Bloomfield nicht zwischen lexikalischen und grammatikalischen Einheiten unterscheidet, sondern jede unteilbare sprachliche Einheit (Minimaleinheit) ein *Morphem* nennt, wird hier eine der Saussure'schen Haltung fast entgegengesetzte Auffassung deutlich. Dies geht auch aus einer weiteren Stelle hervor, wo der amerikanische Linguist erklärt: "The lexicon is really an appendix of the grammar, a list of basic irregularities" (Bloomfield

1933:274). Während bei Saussure das Lexikon eine Art Gegenpol zur Grammatik (bzw. Syntax) bildet und als gleichberechtigt gelten kann, hat es bei Bloomfield gewissermaßen den Status eines Mülleimers: Es umfaßt alles, was nicht in (grammatischen, d.h. morphosyntaktischen) Regeln beschrieben werden kann.

Wiederum anders wird das Lexikon in der generativen Transformationsgrammatik dargestellt. Nach Chomsky (1969:113) enthält die Basis jeder Grammatik "ein *Lexikon*, das einfach eine ungeordnete Liste aller lexikalischen Formative darstellt". In einer Anmerkung wird dann noch präzisiert, daß wir "eine Lexikon-Eintragung einfach als eine Menge von phonologischen, syntaktischen und semantischen Merkmalen auffassen" können. Verschiedenes fällt an dieser Darstellung auf. Einmal sind die grammatikalischen Minimaleinheiten — anders als bei Bloomfield — nicht Bestandteil des Lexikons; bezüglich dieses Punktes steht Chomsky näher bei Saussure, ohne daß die Positionen identisch wären: Chomsky spricht nur von "lexikalischen Formativen", nicht aber von den Lemmata in einem *Dictionnaire*, wenngleich diese Formative als "Lexikon-Eintragungen" zu gelten haben. An Bloomfield erinnert dagegen das Insistieren auf den ungeordneten, d.h. asystematischen Charakter dieses Inventars.

Für unsere weiteren Überlegungen werden wir im wesentlichen auf Saussures Position zurückgreifen, wobei wir allerdings den wenig glücklichen Erfassungsrahmen des *Dictionnaire* durch denjenigen des *Sprecherbewußtseins* bzw. der *Sprachgemeinschaft* ersetzen. Diese Position entspricht im wesentlichen der ersten Definition bei Lewandowski (1976:426), die das Lexikon folgendermaßen umschreibt[2]:

> Gesamtheit der Wörter bzw. der Wortschatz einer (natürlichen) Sprache; das Zeichenrepertoire als das internalisierte Wissen des Sprachteilhabers von den lexikalischen Eigenschaften der Wörter/Lexeme (phonologisch-phonetisch-orthographische, syntaktische und semantische Informationen).

1.1.2. Im vorhergehenden Abschnitt ist immer wieder der ungeordnete bzw. chaotische Charakter des Lexikons unterstrichen worden. So hat Bloomfield das Lexikon als "Liste von grund-

---

2 Zur Verwendung des Terminus *Wort/Wörter* cf. unten.

sätzlichen *Irregularitäten*" bezeichnet, und bei Chomsky erscheint es als "*ungeordnete* Liste aller lexikalischen Formative". Das Lexikon also als Ort des Durcheinanders, der fehlenden Systematik, der Unregelmäßigkeit? Diese Auffassung ist sicher verbreitet, und sie findet sich (zumindest auf den ersten Blick) auch bei Hjelmslev, der erklärt (1971:106s.):

> Bref, le vocabulaire se présente au premier abord comme la négation d'un état, d'une stabilité, d'une synchronie, d'une structure. À première vue, le vocabulaire reste capricieux et juste le contraire d'une structure. C'est pourquoi tout essai pour établir une description structurale du vocabulaire, et, à plus forte raison, une sémantique structurale, semble être voué à l'échec et devient facilement la proie du scepticisme. C'est pourquoi la *lexicologie* reste une case vide dans la systématique de notre science, et qu'elle se réduit forcément à n'être qu'une *lexicographie*, ou simple énumération d'un effectif instable et indécis de certaines grandeurs mal définies auxquelles on attribue un fatras inextricable de multiples emplois différents et apparemment arbitraires.

Allerdings steht die hier beschriebene Situation nur für den ersten Eindruck[3]; versucht man, den Dingen auf den Grund zu gehen, dann kann man feststellen, daß es durchaus andere Aspekte gibt, die es Hjelmslev letztlich erlauben, im Anschluß an das obige Zitat die Grundzüge einer strukturellen Semantik zu entwickeln und damit zu beweisen, daß das Lexikon eben doch etwas anderes als eine mehr oder weniger zufällige Anhäufung von isolierten Einheiten ist.

Was bei Hjelmslev gewissermaßen insinuiert wird, drückt der Prager Linguistenkreis in seinen Thesen zum 1. Slawistenkongreß (1929) mit aller nur wünschbaren Deutlichkeit aus. Wir lesen dort (cf. Vachek 1964:55s.):

> Le vocabulaire n'est pas en effet un simple aggloméraf de mots isolés, mais c'est un système complexe de mots qui tous, d'une façon ou d'une autre, sont coordonnés aec les autres et sont opposés l'un à l'autre. ... Les systèmes lexicaux sont, il est vrai, tellement plus complexes et vastes que les systèmes morphologiques que les linguistes ne réussiront peut-être bien jamais à les représenter avec le même degré de clarté et de netteté. Mais pourtant, *les mots étant, dans la conscience*

---

3   Man vergleiche die Ausdrücke *au premier abord, à première vue*, sowie die wichtige Rolle von Wörtern wie *sembler, attribuer, apparemment* usw.

lexicale, opposés l'un à l'autre et mutuellement coordonnés, ils forment des systèmes formellement analogues aux systèmes morphologiques et susceptibles comme tels d'être étudiés par les linguistes. Dans ce domaine encore peu exploré, les linguistes doivent travailler, non seulement à l'examen des matériaux eux-mêmes, mais aussi à l'élaboration de méthodes régulières d'étude.

Auch hier wird die scheinbare Asystematizität des Lexikons unterstrichen, gleichzeitig aber auch deutlich gemacht, daß sich dahinter durchaus strukturierbare Gegebenheiten verbergen. Allerdings sind die Gegebenheiten derart komplex, daß berechtigte Zweifel bestehen, ob eine wirklich strukturierte Darstellung des Wortschatzes überhaupt je möglich sein wird.

Alle diese Stellungnahmen machen deutlich, daß die wissenschaftliche Durchdringung des Lexikons (im Gegensatz zu den Gegebenheiten in den Bereichen der Phonologie und der Morphologie) ein großes Problem darstellt. Dies beruht v.a. auf der fast unüberschaubaren Materialfülle, die offensichtlich wird, sobald man sich einmal eines der großen Wörterbücher des Französischen (oder jeder beliebigen anderen Sprache) vornimmt. Dies verunmöglicht aber eine *Lexikologie*, die diesen Namen verdient, keineswegs: Diese Disziplin der Sprachwissenschaft hat nicht zur Aufgabe, das mehr oder weniger endlose Material exhaustiv zu beschreiben; ihr Ziel ist vielmehr, die theoretischen Grundlagen für eine Aufarbeitung der Materialfülle zu liefern. Die *Lexikologie* ist die Wissenschaft, die die Voraussetzungen für einen Zugriff auf die Materialfülle schafft, die die Vielfalt der Bezüge offenlegt, die es in diesem Material gibt bzw. die in ihm gesehen werden können.

In diesem Sinne erklärt Schifko (1977:50): "Nach meiner Auffassung bezieht sich die Lexikologie auf die Einheiten bestimmter Rangebenen, die das Lexikon ausmachen, und sie hat die Aufgabe, sämtliche Informationen, die für die Generierung von Äußerungen notwendig sind, soweit sie direkt die lexikalischen Einheiten betreffen, beizubringen." Dies ist sicher richtig, gleichwohl aber zu einseitig auf eine *linguistique de la parole* (im Sinne von Saussure) ausgerichtet: Die Lexikologie hat sich nicht nur mit den Steuerungsfaktoren für die Produktion eines korrekten Diskurses zu befassen, sondern auch mit der internen Struktur des Lexikons (die für die Generierung von Äußerungen nur mittelbar relevant ist). Einen weiteren Aspekt bringt Berruto (1976:10) in die Diskussion, für den die "Lexikologie die Wörter einer gegebenen Sprache oder mehrerer Sprachen untersucht, sei es unter dem Aspekt des Signifikats, sei es unter demjenigen des Signifikanten"[4]: Sie befaßt sich also sowohl mit der Inhalts- wie mit der Ausdrucksseite lexikalischer Einheiten. Dabei kann man die Untersuchung der Inhaltsseite der (lexikalischen) Semantik, die Diskussion der Ausdrucksseite der (lexikalischen) Morphologie zuweisen (Schifko 1977:50s.).

1.1.3. Ich habe bisher den Ausdruck *Wort* (außer in Zitaten) geflissentlich vermieden und immer von "lexikalischen Einheiten" o.ä. gesprochen, und ebenso versuchte ich auch — nicht immer mit Erfolg — den Ausdruck *Wortschatz* zu vermeiden und dafür Lexikon zu sagen. Diese Scheu vor dem Wortbegriff ist natürlich nicht zufällig, sondern hat ihre Wurzeln in der Tatsache, daß die Definition des Wortes ein bis heute ungelöstes Problem der Linguistik ist. Dies mag überraschen, denn jeder Sprecher scheint doch intuitiv zu wissen, was ein Wort ist. Man kann sich allerdings fragen, ob diese Feststellung auch für den wirklich "naiven" Sprecher gilt, oder ob dieses scheinbare Wissen nicht ein Effekt unserer schulischen Bildung oder Verbildung ist. Wie dem auch immer sei: Der Wortbegriff ist vorwissenschaftlicher Natur, d.h. er ist nicht "wohldefiniert" im Sinne der Wissenschaftssprache. Die Probleme müssen zwangsläufig in dem Moment auftreten, wo man versucht, einem vorwissenschaftlichen Terminus eine wissenschaftliche Definition zuzuordnen: "Naive" Ausdrücke sind in aller Regel polysem, d.h. sie haben nicht eine einzige, sondern eine Vielzahl von mehr oder weniger stark voneinander abweichenden Bedeutungen; wissenschaftliche Termini dagegen sollen eindeutig sein. Solange nun vorwissenschaftlicher Gebrauch und wissenschaftliche Definition koexistieren, muß es unweigerlich zu Konflikten kommen, die letztlich unlösbar sind.

Um dieses Problem zu umgehen, werde ich auch im folgenden versuchen, den Wortbegriff zu vermeiden. An seine Stelle soll der

---

4   Für die Ausdrücke *Signifikat/Signifikant* (*signifié/signifiant*) cf. **Engler** 1968, s.v.

wohldefinierte wissenschaftliche Terminus der *Lexie* treten, den ich mit Pottier als "unité de comportement syntaxique" verstehe (Pottier 1964a:1.3.; 1964b:119; 1967:17)[5]. Lexien wären also nicht *plume, vent* usw., sondern *la plume, le vent* etc. Ebenso sind *le porte-plume, le pare-brise* Lexien, aber auch *une machine à laver, une voiture de sport* u.ä., genauso wie *prendre le train, faire une niche, en avoir plein le dos, au fur et à mesure* etc. Die lexikalischen Einheiten (Lexien) sind — entgegen der gängigen Auffassung (z.B. Berruto 1976:56; Schifko 1977:44; usw.) — nicht Einheiten des sprachlichen Systems (der *langue* im Sinne von Saussure), sondern der *Norm* als zwischen dem System und der konkreten Rede liegender Ebene. Während die *langue* die Ebene des Virtuellen, der funktionellen Möglichkeiten, die *parole* diejenige der konkreten Einzelrealisierungen und -anwendungen darstellt, repräsentiert die *Norm* den Bereich der (zu einem bestimmten Zeitpunkt) historisch realisierten Typen. In diesem Sinne kann Coseriu (1973a:41; 1977:44) die Wörterbücher auch als "Register, bisweilen verspätete Register der Norm" bezeichnen.

Dem System kann man dagegen die lexikalischen Minimaleinheiten, die sogenannten Lexeme zuweisen, die im wesentlichen den "Wurzeln" früherer sprachwissenschaftlicher Schulen entsprechen (cf. unten).

1.1.4. Lexien haben nur im Ausnahmefall mono-monematischen Charakter (z.B. *grand, vert, bien* usw.)[6]; in der Regel umfassen sie mehrere Moneme, und zwar handelt es sich bei den die Lexikologie in erster Linie interessierenden Einheiten (Substantiv, Adjektiv, Verb, Adverb) jeweils um mindestens ein Lexem (= lexikalisches Monem) und ein Morphem (= grammatikalisches Monem), z.B. *[la] blanch-eur, parl-er, [le] vend-eur* usw. An einer Lexie können aber auch mehrere Lexeme beteiligt sein, z.B. *[le] télé-spectateur, [le] coup de foudre, [le] grand magasin, [la] cigarette filtre* etc. Wenn in komplexen Lexien dieser Art mehrere

---

5 Cf. auch Pottier 1974:326, wo die *Lexie* als "unité fonctionnelle, mémorisée en compétence" definiert wird.

6 *Mono-monematisch* = 'aus einem Monem bestehend'. Mit *Monem* wird die sprachliche Minimaleinheit von Ausdruck und Inhalt bezeichnet, die sich nicht weiter unterteilen läßt in kleinere zweiseitige Einheiten dieser Art.

Morpheme impliziert sind, bleibt nur eines von ihnen (in der Regel das im Rahmen der Abhängigkeitsrelationen ranghöchste) für die Klassenzuweisung relevant: also 'Subst.' in *[le] grand magasin*, 'Verb' in *prendre la fuite* und *tenir bon* usw. Einen Sonderfall bilden in dieser Hinsicht Lexien wie *[le] pare-brise*, *[le] couvre feu*, *[le] porte-cigarettes* usw., in denen das ranghöchste Element verbaler Natur zu sein scheint und die substantivische Charakteristik nur der Bildung als Ganzem zugewiesen werden kann (cf. Bierbach 1982); entsprechendes findet sich vereinzelt auch bei anderen Typen (cf. z.B. *[l'] avant-scène*, *[l'] avant-guerre* usw.; Wunderli 1979:330ss.).

Zweiseitige sprachliche Minimaleinheiten (Moneme) haben je nachdem den Status von Lexemen oder Morphemen. Lexeme sind dadurch charakterisiert, daß sie aus der Sprache heraus auf (die) Welt verweisen: Sie verfügen über eine (virtuelle) außersprachliche Referenz (Kleiber 1981:15ss.), z.B. *vend/-t* in *vendre*, *[le] vendeur*, *[la] vente* usw. Die Referenzfähigkeit der Morpheme dagegen ist innersprachlicher Natur: Sie verweisen auf das sprachliche Organisationsmuster bzw. Einheiten desselben, z.B. *-ment* in *lentement*, *-eur* in *porteur*, *-ure* in *coupure* etc.

1.1.5. Vor diesem Hintergrund stellen sich die Aufgaben der Lexikologie folgendermaßen dar: Sie befaßt sich mit dem Lexikon einer Sprache bzw. mit dessen Einheiten (Lexien) unter allen relevanten Aspekten. Betrachtet man das Lexikon als Ganzes, sind dies insbesondere: die Schichtung des Lexikons nach Alter und Herkunft[7]; die interne Organisation des Lexikons in "Wortklassen" und "Wortfelder"; die Ausdifferenzierung der historisch gewachsenen Sprache als Ganzes in Subsysteme bzw. Dialekte und Register; die Natur und die Typen der Fachsprachen[8]. Die

---

7   Obwohl diese Aspekte diachronischer Natur sind, spielen sie auch für die synchronische Charakterisierung des Lexikons (v.a. in kontrastiver [sprachvergleichender] Hinsicht) eine bedeutende Rolle.

8   Da es sich hierbei nicht um vollständige Sprachen mit eigener Morphologie und Syntax handelt, sondern nur um Unterabteilungen des Lexikons mit einem Inventar von mehr oder weniger wohldefinierten Einheiten, ist die Bezeichnung *Fachsprachen* unangemessen (obwohl allgemein gebräuchlich); der adäquate Ausdruck wäre *Fachterminologien*.

Lexien als Einheiten des Lexikons sind zweiseitige Einheiten (Zeichen im Sinne Saussures), die über eine Inhalts- und eine Ausdrucksseite verfügen, wobei die jeweilige Zuordnung der beiden Komponenten im Normalfall arbiträr und konventionell ist. Die Lexikologie befaßt sich mit der Untersuchung sowohl der einen als auch der anderen Ebene; die Untersuchung der Inhaltsseite ist die Aufgabe der (lexikalischen) Semantik, diejenige der Ausdrucksseite der (lexikalischen) Morphologie. Dazu kommt noch die Beschreibung der Abhängigkeitsrelationen von verwandten Lexien untereinander, mit denen sich die Lexematik (traditionell "Wortbildungslehre" genannt) befaßt.

Für alle erwähnten Teilbereiche der Lexikologie gilt, was für die Sprachwissenschaft im allgemeinen Gültigkeit hat: Da jede Sprache im Sinne Saussures ein autonomes Wertsystem (*système de valeurs*) ist, in dem sich alle Einheiten gegenseitig voraussetzen und konditionieren, bringt die Untersuchung isolierter Einheiten für die Darstellung des Lexikons als Ganzes nur bedingt gültige Resultate; der Stellenwert der einzelnen Lexien läßt sich immer nur im Zusammenhang mit dem näheren lexikalischen Umfeld und damit letztlich mit dem Lexikon als Ganzem einigermaßen verläßlich ermitteln.

1.2. Die Lexikologie darf nicht mit der *Lexikographie* gleichgesetzt oder verwechselt werden, obwohl dies häufig geschieht (so z.B. Hilty 1982). Wir haben oben die Lexikologie als Wissenschaft vom Lexikon bzw. Theorie des Lexikons (im jeweils weitesten Sinne) definiert. Die Lexikographie dagegen ist definiert als die "Lehre von der Wörterbuchschreibung, die Wörterbucharbeit als Anwendung lexikologischer Erkenntnisse ..." (Lewandowski 1976:423). Mit dieser Umschreibung wird deutlich, daß die Lexikographie nicht nur praktische Wörterbucharbeit, Redaktion von Wörterbüchern ist, sondern ihr durchaus auch eine methodische Reflexionsebene zukommt (cf. auch Berruto 1976:10s.). Gleichwohl rechtfertigt dies noch lange keine Gleichsetzung mit der Lexikologie. Das Verhältnis zwischen Lexikologie und Lexikographie ist vielmehr dasjenige zwischen "reiner" und "angewandter" Wissenschaft: Im Idealfall ist die Lexikographie angewandte Lexikologie.

1.2.1. Die Lexikographie hat in der Romania eine lange Tradition, die weit hinter den Beginn der wissenschaftlichen Beschäftigung mit den romanischen Sprachen zurückreicht. Erste Zeugnisse für eine Art Wörterbucharbeit sind die mittelalterlichen Glossare, von denen hier nur die ersten beiden Zeugnisse dieser Art, die *Reichenauer Glossen* (8. Jh.) und die *Kasseler Glossen* (8./9. Jh.) erwähnt werden sollen. Ab der Renaissance treten dann erstmals Wörterbücher im heutigen Sinne auf. Vorerst sind sie ausschließlich zwei- oder mehrsprachig; die ersten einsprachigen Wörterbücher erscheinen im 17. Jh.

Wörterbücher können entweder deskriptiven oder normativ-präskriptiven Charakter haben. Im ersten Fall liefern sie einfach eine mehr oder weniger vollständige Bestandsaufnahme des Wortschatzes einer Sprache zusammen mit einer möglichst präzisen Angabe der Verwendungsmodalitäten. Präskriptive bzw. normative Wörterbücher dagegen sind wertender Natur und beurteilen die einzelnen lexikalischen Einheiten nach (wie auch immer gewonnenen) Kriterien vom Typus *gut/schlecht, besser/weniger gut*, sei es, daß die negativ bewerteten Einheiten einfach weggelassen werden, sei es, daß sie als nicht oder weniger empfehlenswert stigmatisiert werden. In diesem Sinne sind z.B. Charakterisierungen wie *anglicisme, vx. (vieux)* usw. im *Petit Robert* zu verstehen.

Die Unterscheidung zwischen deskriptiven und präskriptiven Wörterbüchern ist allerdings mehr theoretischer Natur; in der Praxis bewegen sich zumindest die standardsprachlichen Wörterbücher auf einem schwer definierbaren Mittelweg zwischen den beiden Polen, je nachdem mit größerer Affinität zum einen oder zum andern. So ist z.B. der *Dictionnaire général*[9] vor allem präskriptiv, der *Trésor de la langue française* dagegen stärker deskriptiv orientiert — und dies ohne daß man behaupten könnte, die jeweils andere Komponente fehle vollkommen. Eine rein deskriptive Anlage findet sich praktisch nur bei Dialekt-

---

9 Cf. Adolphe Hatzfeld/Arsène Darmesteter, *Dictionnaire général de la langue française du commencement du XVIIe siècle jusqu'à nos jours,* 2 vol., Paris 1890-1900.

wörterbüchern wie z.B. dem *Glossaire des patois de la Suisse romande*[10].

Diese Situation ändert allerdings nichts daran, daß aus methodischer Sicht immer eine deskriptive Bestandsaufnahme gefordert werden muß, bevor man darangeht, normativ-präskriptive Werturteile abzugeben bzw. das deskriptiv gewonnene Material in dieser Optik selektiv zu bearbeiten.

1.2.2. Wörterbücher können nun hinsichtlich des dargestellten Materials unterschiedlich angelegt sein (Lewandowski 1976:423): Sie können alphabetischer Natur sein, sie können ihr Material nach Signifikaten ("Bedeutungen") geordnet präsentieren und stehen dann in direktem Zusammenhang mit der Wortfeldproblematik[11], oder aber sie haben onomasiologischen Charakter und rekurrieren für die Stofforganisation auf ein (wie auch immer gewonnenes) Begriffssystem.

Lewandowski betont, daß der v.a. von Weisgerber postulierte zweite Typ so gut wie inexistent sei, und dies hat auch seine guten Gründe: Da die sprachlichen Inhalte nicht nur von Sprache zu Sprache, sondern auch von Dialekt zu Dialekt und von Register zu Register unterschiedlich organisiert sind[12], gibt es in diesem Fall kein übergeordnetes Organisationsprinzip mehr, das es erlauben würde, den Stoff vom System oder Kode unabhängig darzustellen; das Auffinden der einzelnen Einheiten wird so praktisch unmöglich — es sei denn, man arbeitet mit einem Index, der nach den Typen 1 oder 3 organisiert ist und der die signifikat-orientierte Präsentation letztlich *ad absurdum* führt.

Der erste (alphabetische) Typ ist seit Jahrhunderten und bis heute der Normalfall geblieben und organisiert das sprachliche Material nach seiner Ausdrucksseite (Signifikanten) aufgrund einer rekursiven Anwendung des hierarchisch begriffenen Buchstabeninventars. Diese Lösung ist nützlich und in gewissen Grenzen auch praktisch, gleichwohl aber letztlich unsinnig, und

---

10 Cf. Louis Gauchat/Jules Jeanjaquet/Ernest Tappolet, *Glossaire des patois de la Suisse romande*, Neuchâtel etc. 1924 ss.

11 Cf. hierzu unten, Kap. 6.8.

12 Cf. hierzu unten.

zwar deshalb, weil sie zu einer rein zufälligen Anordnung des Materials führt, die mit den sprachlichen Strukturen überhaupt nichts zu tun hat (Baldinger 1960; Wartburg 1970:175ss.): Die alphabetische Ordnung ist vollkommen willkürlicher Natur und einzig durch eine Reihe von historischen Zufällen und Überlieferungs-Pannen bedingt. Eine derartige Materialpräsentation hat zur Folge, daß Zusammengehöriges rabiat auseinandergerissen wird: *rêve / songe, rappeler / (se) souvenir* usw. stehen weit auseinander und gehören nur für den "Eingeweihten" irgendwie zusammen. Gute Wörterbücher (wie z.B. der *PRob.*) versuchen diesem Mangel dadurch zu begegnen, daß sie auf (vom Gebrauchsbereich her mehr oder weniger eindeutige) Synonyme und Antonyme verweisen[13] — ein Verfahren, das letztlich ein Notbehelf bleibt und die Probleme nicht aus der Welt schafft.

Eine befriedigendere Lösung soll (zumindest nach Auffassung der Verfechter) der dritte Typus liefern, das onomasiologische (auch "ideologisch" genannte) Wörterbuch, dessen Grundidee es ist, das lexikalische Material einer (bzw. jeder) Sprache im Rahmen eines übergreifenden und stabilen Bezugssystems zu präsentieren. Diese Bemühungen verdienen eine etwas eingehendere Erörterung.

1.2.3. Die Idee eines onomasiologischen Wörterbuchs stammt zwar nicht von Walther von Wartburg, aber er hat zumindest den wichtigsten Versuch in dieser Hinsicht entscheidend geprägt[14]. Der Beginn der Auseinandersetzung mit dieser Problematik liegt in der Zeit um den 1. Weltkrieg, als Wartburg zusammen mit Jakob Jud ein neues *Romanisches Etymologisches Wörterbuch* plante, das dasjenige von Meyer-Lübke ersetzen sollte (und nie erschienen ist). Da die alphabetische Klassifikation des Materials nach Etyma (v.a. bei einem die gesamte Romania umfassenden Werk) sich als vollkommen ungenügend erwiesen hatte, wollte man der Neugestaltung ein "begriffliches" Klassifikationssystem zugrunde legen. Auch nachdem sich

---

13 Zu den Problemen von Synonymie und Antonymie cf. unten, Kap. 6.6., 6.7.
14 Für die Entstehung dieses Wörterbuchtypus cf. Baldinger 1952; Ullmann 1972:289.

ihre Wege getrennt hatten, verfolgten sowohl Jud wie Wartburg diese Idee weiter, wobei allerdings Juds Bemühungen aufgrund der Einstellung der Arbeiten an seinem *REW* (um 1940) weitgehend unbekannt blieben[15]. Anders bei Wartburg. Zwar ist sein monumentales *Französisches Etymologisches Wörterbuch* im Hauptteil in traditioneller Weise alphabetisch nach Etyma organisiert. Diese Lösung wurde von Wartburg gewählt, da zu Beginn der 20er Jahre (Publikationsbeginn des *FEW*) kein brauchbares onomasiologisches Klassifikationsinstrument zur Verfügung stand. Doch für die Materialien unbekannten Ursprungs (vol. 21-23), mit deren Veröffentlichung erst Ende der 60er Jahre begonnen wurde, ließ sich dieses Verfahren nicht anwenden. Aus diesem Grunde hatte Wartburg schon seit Jahren an einem "Begriffssystem" gearbeitet, das er dann Anfang der 50er Jahre zusammen mit seinem Schüler und Mitarbeiter Rudolf Hallig erstmals publizierte; 1963 folgte eine zweite, überarbeitete Fassung, die den o.g. Bänden des *FEW* zugrunde liegt[16].

Ausgangspunkt für die Entwicklung des Begriffssystems ist die Feststellung, daß eine inhaltliche Klassifikation des Materials aufgrund eines "der Sprache in ihrem jeweiligen Zustand selbst abgelauschten Systems" (Wartburg 1970:175) letztlich nicht praktikabel ist, weil diese Inhaltsstrukturen nicht nur von Sprache zu Sprache, sondern auch innerhalb einer historischen Sprache unter diachronischen (historischen), diatopischen (geographischen), diastratischen (sozialen) und diaphasischen (stilistischen) Gesichtspunkten variieren (cf. auch Wartburg 1970:158, 167ss.; Ullmann 1972:290). Vielmehr wird ein übergreifendes, allgemein gültiges System benötigt, das jenseits der Strukturen der einzelnen Sprachen, Kodes und Register steht. Ein solches System scheint sich Wartburg schon deshalb aufzudrängen, weil es nach seiner Auffassung so etwas wie "naturgegebene Gruppen" von

---

15 Cf. immerhin das Probefaszikel für ein "ideologisches" Wörterbuch von L. Wittmer und H. Glättli: *Dictionnaire idéologique de la langue française. Impression d'un paragraphe spécimen:* § 82 *Vie : Mort,* Zürich 1951.

16 Es bildet ebenfalls die Grundlage für die Struktur der im Erscheinen begriffenen Werke von Kurt Baldinger: *Dictionnaire onomasiologique de l'ancien occitan (DAO)* und *Dictionnaire onomasiologique de l'ancien gascon (DAG)* (beide bei Niemeyer, Tübingen).

Begriffen gibt, die allen Sprachen eigen wären: Körperteil, Verwandtschaftsbezeichnungen, Witterungserscheinungen, tägliche Verrichtungen (Essen, Trinken, Schlafen, etc.), Kleidung, staatliche Institutionen, usw. (Wartburg 1970:156s.). Diese Gegebenheiten brauchte man nur mit den Augen des intelligenten naiven Sprechers zu beobachten, um so die Grundzüge eines Klassifikationssystems zu gewinnen; weniger gut strukturierte Bereiche ließen sich analog zu den deutlicher gegliederten organisieren. Oder mit den Worten Wartburgs:

> [Das Begriffssystem] muß auf der vorwissenschaftlichen, natürlichen Betrachtungsweise fußen, die man gewinnen kann, wenn man sich einen Sprachangehörigen vorstellt, der, die entsprechenden Fähigkeiten vorausgesetzt, mit naivem Realismus die Welt und Menschen betrachtet. Es muß möglichst alle Seins- und Lebensbereiche berücksichtigen und allen kulturellen und zivilisatorischen Verhältnissen Rechnung tragen. Dabei muß es so gestaltet sein, daß es ein gefügehaftes Ganzes bildet und die innere Verknüpfung der Lebens- und Seinsbereiche widerspiegelt, wie Erleben und Erfahrung sie nahelegen. (Wartburg 1970:177s.)

Für die Systematisierung der so gewonnenen Kategorien wäre dann "in erster Linie der begriffliche Zusammenhang maßgebend. Neben der Einordnung nach diesem Prinzip spielt, jedoch erst in zweiter Linie, die Einordnung der Begriffsassoziation eine Rolle, und zwar dann, wenn deren Beachtung das Ergebnis der Einordnung natürlicher erscheinen läßt." (Wartburg 1970:178)

Im Rahmen dieser Vorgaben kommen Hallig/Wartburg (1963:101ss.) nun dazu, den Gesamtwortschatz in drei Hauptbereiche zu gliedern: A. *L'univers* / B. *L'homme* / C. *L'homme et l'univers*. Diese Bereiche sind nun in sich vielfältig differenziert; ich führe im folgenden nur einen Gliederungsstrang exemplarisch vor: Der Bereich A. (*L'univers*) zerfällt in I. *Le ciel et l'atmosphère*; II. *La terre*; III. *Les plantes*; IV. *Les animaux*. Der Bereich II. (*La terre*) zerfällt wiederum in: a) *La configuration et l'aspect*; b) *Les eaux: 1. Les eaux intérieures; 2. La mer*; c) *Les terrains et leur constitution*; d) *Les matières minérales*; e) *Les métaux*. Usw. — Dies führt dann für den Bereich A/II/b/2 (*La mer*) z.B. zu folgendem "Begriffsinventar" (Hallig/Wartburg 1963:115):

> océan, mer, marée haute (flux), marée basse (reflux), étale (s.m.), onde, vague, côte, rivage, plage, falaise, rocher creusé par l'eau, dune, vallon dans les dunes, marais salant, lagune, golfe, baie, calanque, détroit, cap, écueil, embouchure, estuaire, port // île, presqu'île, isthme.

Dabei sind nicht nur im engeren Sinne zu dieser Kategorie gehörige Begriffe berücksichtigt, sondern auch (nach dem doppelten Schrägstrich) assoziierte Kategorien, die sachlich anderweitig zu klassieren sind.

Bei Betrachtung dieses Systems wird man sicher nicht leugnen, daß es sorgfältig und wohl durchdacht ist. Gleichwohl beinhaltet es eine nicht zu übersehende Willkürlichkeit. Warum werden z.B. die Tiere im Teil A. (*L'Univers*) geführt und so radikal von B. (*L'homme*) getrennt, obwohl in den romanischen Sprachen beide oft durch ein gemeinsames semantisches Merkmal ('+ *animé*') gekennzeichnet sind? Und warum werden die *Matières minérales* und die *Métaux* in zwei unterschiedlichen Kategorien geführt, wo doch die Übergänge bekannterweise fließend sind? Und wo sollen schließlich moderne technische Entwicklungen wie Raumfahrt, Computer usw. untergebracht werden? Das System ist offensichtlich recht subjektiv angelegt und überdies noch ergänzungsbedürftig — Aspekte, die Wartburg selbst keineswegs entgangen sind, und die auch von Ullmann unterstrichen werden (Wartburg 1970:179; Ullmann 1972:290s.). Dies ist nur eines von verschiedenen möglichen Klassifikationssystemen und als solches ersetzbar.

Ein anderer Punkt, der oft Kritik hervorgerufen hat, ist die "phänomenologische" Orientierung an der eigenen Alltagserfahrung, bleibt das System doch damit im wesentlichen an unseren (west-)europäischen Kulturkreis gebunden. Für Sprachen, die in einer grundverschiedenen Lebenswelt wurzeln, erweist es sich deshalb als wenig adäquat (obwohl Wartburg zumindest eine Anwendbarkeit für alle indogermanischen Sprachen postuliert). Aus diesem Grunde fordert Heger (1964) auch ein Begriffssystem, das unabhängig von einer Einzelsprache bzw. einer Gruppe von Einzelsprachen sein soll und als reines Konstrukt gelten kann. Er hat selbst einen solchen Versuch für die Zeitbezüge vorgelegt (Heger 1963), aber ein umfassendes System wie dasjenige von Wartburg hat er nie entworfen.

Da auch die Versuche von Matoré, ein eigenes Begriffssystem zu entwickeln, nur für Teilbereiche ausgeführt und für den

Rest skizzenhafter Natur geblieben sind[17], bleibt das Begriffssystem von Hallig/Wartburg einstweilen das einzige ausgeführte Klassifikationssystem mit (zumindest bis zu einem gewissen Grade) übereinzelsprachlichem Charakter. Trotz aller Kritik, mit der es v.a. aus theoretischer Sicht bedacht worden ist, hat es sich in der praktischen Wörterbucharbeit für die onomasiologische Fragestellung — zumindest im Rahmen der romanischen Sprachen — als durchaus brauchbar erwiesen.

1.3. Nach der Ausgrenzung gegenüber der Lexikographie soll die Lexikologie auch noch von der *Semantik* abgehoben werden. Dies ist deshalb besonders wichtig, weil alle lexikalischen Einheiten Bedeutung haben, die Semantik also im Lexikon immer impliziert ist und die Gefahr besteht, die beiden Bereiche einfach gleichzusetzen.

Berruto (1976:3) definiert die Semantik als den Teil der Linguistik, der sich mit der Ebene des Signifikats, d.h. mit der Inhaltsseite des sprachlichen Zeichens befaßt. In dieser allgemeinen Form ist die Definition weitgehend unanfechtbar. Um Mißverständnissen vorzubeugen, muß aber präzisiert werden, daß die Semantik sich mit dem Inhalt sprachlicher Zeichen jeden Ranges befaßt: Sie beginnt mit den kleinsten bedeutungtragenden Einheiten, den Monemen (ganz gleichgültig, ob sie lexikalischer [Lexeme] oder grammatischer [Morpheme] Natur sind), schreitet fort über die syntaktischen Funktionseinheiten, den Lexien, zu den Syntagmen und Propositionen bzw. Sätzen, um schließlich bei den größten sprachlichen Einheiten, den Texten, haltzumachen. Man könnte in diesem Sinne eine Monemsemantik (Lexemsemantik/Morphemsemantik) und eine Lexiesemantik einer syntaktischen und einer textuellen Semantik gegenüberstellen. Damit wird deutlich, daß die Semantik den Bereich der Lexikologie in der Hierarchie der Einheiten sowohl nach unten als auch nach oben überschreitet: Die gemeinsame Schnittmenge umfaßt nur die Lexeme und Lexien (cf. zu diesen Problemen z.B. Schifko 1977:31ss. und 1975:22; Geckeler 1973:1; Stati 1975:60ss.; usw.). —

---

17 Cf. hierfür und für Literaturangaben Wartburg 1970:186 und Ullmann 1972:288s.

Die vorhergehenden Ausführungen sollen auch suggerieren, daß zwischen Lexie und Syntagma eine wichtige Grenze liegt für die Semantik. Einheiten, die unterhalb dieser Grenze liegen, werden in der Regel als solche vom Sprecher memorisiert; sie gehören entweder dem System (Moneme) oder der Norm (Lexien) an. Einheiten, die oberhalb dieser Grenze liegen, sind zwar nach vorgegebenen Mustern gebildet, als aktuelle Kombinationen haben sie aber normalerweise *ad hoc* - Charakter[18].

1.3.1. Die semantische Analyse kann sich auf unterschiedlichen Abstraktionsebenen bewegen, die der Sprachwissenschaftler je nach Untersuchungsziel und Bedarf wählt. Die für uns im folgenden relevanten Ebenen sind:

— die *langue* (das System), die ein Gefüge von distinktiven, auf Oppositions-Strukturen beruhenden funktionellen Einheiten darstellt; alle diese Einheiten bedingen sich gegenseitig, und aus der gegenseitigen Abhängigkeit resultiert der Wert jeder einzelnen;

— die *Norm*, die nach Coseriu (1978:282) all das umfaßt, "was in der 'Technik der Rede' nicht unbedingt funktionell (distinktiv), wohl aber traditionell (sozial) fixiert, was allgemeiner Gebrauch der Sprachgemeinschaft ist"[19];

— die Σ-*parole*, die die individuellen (aktuell-isolierten) Vorkommen aufgrund einer Typusbestimmung (Identifikation von für eine Klassifikation relevanten Merkmalen) im Rahmen eines Korpus quantitativ integriert (Heger 1976:26ss.);

— die *parole*, die die konkrete Realisierung von *langue* - und Normeinheiten in einem Kommunikationsakt *hic et nunc* dar-

---

18 Das Kriterium "festgefügt" vs. "*ad hoc*-gebildet" ist insofern nur tendentiell gültig, als man natürlich einerseits auch Syntagmen, Sätze, ja ganze Texte memorisieren kann, und es andererseits auch möglich ist, nach vorgegebenen Mustern *ad hoc* neue Lexien zu bilden (→ Lexematik). Beides sind aber "Ausnahmefälle". Das Kriterium trifft somit nur für die "Normalfälle" zu, d.h. für das, was man den *sozialisierten Sprachbesitz* im Bereich des Lexikons nennen könnte.

19 *Norm* ist hier nicht im Sinne von "normativer/präskriptiver Grammatik oder Lexikographie" zu verstehen, sondern im Sinne des *Sprachbrauchs*, des aus deskriptiver Sicht Üblichen und Gebräuchlichen.

stellt; dabei kann die *parole*-Semantik sowohl *per se*, d.h.
auf rein sprachlicher Ebene, als auch unter Berücksichtigung
ihrer situativen Einbettung (*parole en situation*; Pragmatik)
untersucht werden.

Mit diesem letzten Punkt sind wir zu einem speziellen Typ von
Semantik vorgestoßen, der sogenannten Referenzsemantik. Sie befaßt sich nicht mehr mit Bedeutungsproblemen auf der sprachlichen Ebene, sondern vielmehr mit der Frage, was Sprache in bezug auf die nicht-sprachliche Umwelt leistet. Oder mit Coseriu:
Es geht nicht mehr um *Bedeutung*, sondern um *Bezeichnung*[20].
Auf diese Aspekte der semantischen Fragestellung werden wir im
folgenden nicht weiter eingehen.

1.3.2. Auch im semantischen Bereich ist die isolierte Untersuchung sprachlicher Einheiten nur bedingt aussagekräftig. Um die
Bedeutung, den semantischen Gehalt von sprachlichen Entitäten
— und insbesondere von Lexien — einigermaßen umfassend und
abschließend darstellen zu können, ist es immer nötig, diese
Einheiten vor dem Hintergrund bzw. im Rahmen des sprachlichen Gesamtsystems zu betrachten, haben sie doch im Sinne
Saussures (1931:155ss.) Wertcharakter: Die semantischen Lei-
stungsmöglichkeiten einer Einheit sind bedingt durch das Verhältnis, die Stellung zu den benachbarten Einheiten. Nur aufgrund einer systematischen Betrachtungsweise lassen sich der
Bedeutungsumfang der einzelnen Einheiten sowie die diesem
zugrunde liegenden semantischen Merkmale (Seme) ermitteln.
Die Eingebundenheit der einzelnen Lexien in ihr näheres oder
weiteres Umfeld erklärt auch, warum Fragestellungen, die zwei
und mehr Einheiten betreffen, im Rahmen der (Lexie-)Semantik
eine zentrale Rolle spielen: Synonymie; Homonymie und Polysemie; Antonymie (in ihren verschiedenen Ausgestaltungen); Wortfeldtheorie. Auf diese Aspekte werden wir noch ausführlicher
eingehen[21].

---

20 "Die *Bezeichnung* ist ... der Bezug auf das Außersprachliche oder dieses
    Außersprachliche selbst, sei es als Tatbestand oder als Denkinhalt (ge-
    dachter Tatbestand). Die *Bedeutung* ist der einzelsprachlich gegebene
    Inhalt." (Coseriu 1973:9).

21 Cf. unten, Kap. 6.

1.4. Aus dem bisher Gesagten läßt sich bereits erkennen, daß die semantische Analyse es mit außerordentlich vielschichtigen und komplexen Gegebenheiten zu tun hat. Die Problematik ist damit aber noch keineswegs hinreichend beschrieben. Sie wird vielmehr noch dadurch verschärft, daß natürliche, historisch gewachsene Sprachen — entgegen der (idealisierenden) Annahme gewisser strukturalistischer Schulen und der generativen Transformationsgrammatik — keineswegs homogen sind: Sie zerfallen in eine Vielzahl von funktionellen Sprachen (zu denen dann — für die Lexikologie besonders wichtig — auch die zahlreichen Fachterminologien kommen). Historische Sprachen sind somit in hohem Maße heterogen.

1.4.1. Ein beachtenswerter Versuch, dieser Heterogenität Rechnung zu tragen, ist Coserius Konzept einer "Architektur der Sprache" (Coseriu 1973a:32ss.; 1973b:38ss.). Im Anschluß an Flydal (1952) unterscheidet er zwischen *diatopischen* (geographischen), *diastratischen* (sozialen) und *diaphasischen* (stilistischen) Varietäten. Diatopische Unterschiede sind solche zwischen der Standardsprache und den verschiedenen Dialekten und Regionalsprachen[22] innerhalb des Französischen, z.B. fr. *soixante-dix*, *quatre-vingt* und *quatre-vingt-dix* und westschweiz. *septante, huitante, nonante*, oder fr. *petit déjeuner, déjeuner* und *dîner* gegenüber westschweiz. *déjeuner, dîner, souper*, usw. Diastratische Unterschiede sind nach Coseriu solche zwischen Hochsprache, gehobener Umgangssprache, Volkssprache usw.; hierher gehören Paare wie *parler / causer (à qqn); ami, camarade / copain; auto / bagnole*. In den Bereich der diaphasischen Unterschiede gehören schließlich Kategorien wie Standardsprache, feierliche Sprache, familiäre Sprache, poetische Sprache, Prosasprache usw., repräsentiert durch Paare wie *livre / bouquin, bouche / gueule, mourir / crever* etc.

Die Kategorisierung Coserius ist allerdings nicht problemlos. Oft kann man sich ernsthaft fragen, ob die von ihm angesetzten Subkategorien nicht einem anderen Bereich zuzuweisen sind.

---

22 Regionalsprachen sind größerräumige Integrationen von Lokaldialekten, die jedoch hinsichtlich der Ausdehnung weit unter dem Geltungsbereich des Französischen als Ganzem bleiben, und von anderen Regionalsprachen innerhalb des Französischen konkurrenziert sind.

Wieso soll z.B. die gehobene Umgangssprache ein diastratisches, die gebräuchliche Umgangssprache dagegen ein diaphasisches Phänomen sein? Und warum wird der Gegensatz *Sprache der Männer / Sprache der Frauen* den Stilbereichen und nicht den sozial bedingten Gruppensprachen zugeordnet? Darüber hinaus stellt auch Coseriu selbst fest, daß die drei Bereiche keineswegs sauber voneinander abgeschottet sind: Diatopische Unterschiede schlagen leicht in diastratische, diastratische leicht in diaphasische um, so daß man eine (potentielle) Implikationshierarchie vom Typus *diatopisch* ⊃ *diastratisch* ⊃ *diaphasisch* aufstellen kann; die Umkehrrelation dagegen ist nicht gültig.

1.4.2. Operabler als dieser Ansatz scheint mir der Versuch von Halliday zu sein, das Phänomen der sprachlichen Heterogenität in den Griff zu bekommen (Halliday 1964:87ss.; 1978:31ss.). Halliday unterscheidet primär einmal zwischen *Dialekten* und *Registern*. Die Dialekte sind in bezug auf die sie sprechenden Gruppen definiert, und zwar unabhängig davon, ob diese Gruppen geographisch (Dialekte im engeren Sinn, Regionalsprachen) oder sozial (sogenannte Soziolekte) ausgegrenzt sind. Die Register dagegen werden aufgrund der Kommunikationskonstellation definiert[23], und zwar mit Hilfe der drei folgenden Parameter: *Feld* (Thema im Rahmen einer Kommunikationssituation, z.B. Politik, Mathematik, Literatur, ...; Einkaufen, Tanzunterricht, Wetter, ...); *Modus* (Kommunikationsmedium: *mündlich* vs. *schriftlich*[24]); *Tenor* (*"Stil"*) (Relation zwischen den Kommunikationspartnern: Eltern/ Kinder, Chef/Sekretärin, Lehrer/Schüler usw.; hierher gehören auch Kategorien wie *formal, kollegial, familiär* etc.[25]).

---

23 Dies schließt das Wirksamwerden von geographischen und sozialen Faktoren im Rahmen der konkreten Kommunikationskonstellation noch nicht aus (cf. unten die Kategorie des *Tenor*; sie spielen dann aber nicht mehr eine gruppenspezifische, sondern gewissermaßen eine "individualisierte". (den Sprecher charakterisierende) Rolle.

24 Innerhalb dieser beiden Bereiche kann dann weiter nach Textsorten ausdifferenziert werden, z.B. im mündlichen Bereich nach *Nachrichten, Reportage, Kommentar* usw., im schriftlichen Bereich nach *Poesie, Prosa, Essay*, ... Auch Sub-Subkategorien usw. sind natürlich wie immer möglich.

25 Cf. hierzu Joos 1962.

Auch bei Halliday sind Überlappungen zwischen Dialekten und Registern nicht ausgeschlossen, und auch zwischen den Bereichen *Feld/Modus/Tenor* gibt es Berührungspunkte bzw. Interferenzen. Da die angelegten Kriterien aber komplementärer Natur sind, bleiben solche Effekte für die Beschreibung unschädlich, ja können unter Umständen für den einen oder anderen Typ geradezu charakteristisch sein.

1.4.3. Ganz gleichgültig, ob man nun für die Erfassung der Heterogenität der Sprachen Coseriu, Halliday oder irgendeinem anderen Ansatz folgt — die Aufgabe sowohl des Lexikologen als auch (und v.a.) des Lexikographen wird dadurch in erheblichem Maße kompliziert. Er muß den Tatsachen Rechnung tragen, daß dem standardsprachlichen *quatre-vingt* in der Westschweiz und in Belgien *huitante* (bzw. *octante*) entspricht; er muß berücksichtigen, daß *déjeuner* in Paris und Lausanne nicht das gleiche bedeutet; er hat darzustellen, daß die standardsprachliche Opposition *parler/causer* in der Populärsprache neutralisiert wird; er darf nicht verschweigen, daß man standardsprachlich zwar von *une gomme crevée* sprechen kann, daß *crever* für *mourir* aber vulgär ist; er muß herausstellen, daß *sel* in der Fachsprache der Chemie, *langue* in derjenigen der Linguistik nicht das gleiche bedeutet wie in der Alltagssprache; usw. Die Lexikographie hat bis zu einem gewissen Grade schon immer versucht, diesen Gegebenheiten Rechnung zu tragen, doch sind ihre diesbezüglichen Angaben in der Regel unsystematisch und lückenhaft[26]. Die Polysemie bzw. Polyfunktionalität der sprachlichen Einheiten im Rahmen der "Architektur der Sprache" wird weiter verschärft durch die Tatsache, daß es selbst innerhalb einer funktionellen Sprache (Dialekt, Register usw.) zahlreiche Fälle von zum Teil erstaunlicher Leistungsvielfalt für ein und dieselbe Einheit gibt[27].

---

26 Cf. hierzu auch unten, Kap. 7.
27 Cf. hierfür unten, Kap. 6.5.

Aufgaben zu Kapitel 1

1. Versuchen Sie, linguistische Disziplinen zu benennen, die in der einen oder anderen Weise mit der Lexikologie zu tun haben, und beschreiben Sie jeweils die Art dieser Beziehung.

2. Versuchen Sie, die Begriffe *Lexikologie*, *Lexikographie* und *Lexematik* voneinander abzugrenzen.

3. Diskutieren Sie die Begriffe *Monem*, *Morphem* und *Lexem* aufgrund von Martinet 1963.

4. Was ist unter dem Begriff *Wert* (*valeur*) nach Saussure 1931 zu verstehen?

5. Was steht hinter der Unterscheidung *Bedeutung/Bezeichnung*?

6. Was versteht man unter *diatopischen, diastratischen* und *diaphasischen* Unterschieden?

7. Worin unterscheiden sich bei Halliday *Dialekte* von *Registern*?

8. *Diskutieren Sie aufgrund der angegebenen Literatur den Wortbegriff.

9. *Diskutieren Sie den Normbegriff Coserius im Verhältnis zu den Begriffen *langue* (System) und *parole* (Rede). — Setzen sie den Begriff der Σ-*parole* (Heger 1976) dazu in Beziehung.

10. *Versuchen Sie, die Unterschiede zwischen Coserius Architekturbegriff und Hallidays Dialekt-/Registerkonzeption herauszuarbeiten.

11. *Diskutieren Sie aufgrund der angegebenen Literatur Nutzen und Problematik onomasiologischer Wörterbücher und ihre konzeptuellen Grundlagen.

2. Historische Schichtung des französischen Wortschatzes

Wenn wir nun nach der Definition und der Ausgrenzung der Lexikologie zur Behandlung der sich konkret in diesem Bereich stellenden Probleme übergehen, scheint es sinnvoll zu sein, mit der historischen Schichtung des heutigen französischen Wortschatzes zu beginnen: Diese letztlich diachronische Perspektive zeigt, wie alle Geschichte in die Aktualität einmündet; in ihr gehen Elemente unterschiedlichsten Alters und verschiedenster Herkunft eine Art Synthese ein und werden zu einem organischen, funktionierenden Ganzen.

Gerade die historische Schichtung ist auch bestens dazu geeignet, einen wesentlichen Aspekt dieser Darstellung zu verdeutlichen, den wir bereits kurz erwähnt haben: Die Fülle des sich anbietenden und zu durchdringenden Materials ist geradezu erdrückend. Es kann unmöglich darum gehen, auch nur den Versuch zu wagen, diese Masse von Fakten erschöpfend darzustellen. Dies ist auch gar nicht die Aufgabe der Lexikologie. Vielmehr will sie aufgrund ausgewählter Beispiele den Weg zu einer theoretischen Aufarbeitung der sich stellenden Probleme weisen und ein Instrumentarium bereitstellen, das einen sinnvollen und wissenschaftlich ergiebigen Umgang mit der Materialfülle erlaubt.

Eines dieser Instrumente ist die sogenannte *Strattheorie* (cf. z.B. Vidos 1968:232ss.; Wartburg 1962:14ss.); sie erlaubt es, die verschiedenen historischen Schichten zueinander systematisch in Bezug zu setzen und in Verbindung mit den historischen Fakten die Geschichte des Lexikons nachzuzeichnen[1].

2.1. Das Französische beruht in seinen wesentlichen Elementen auf dem von den römischen Eroberern nach Gallien gebrachten Latein[2].

---

1   Dabei darf natürlich nicht aus den Augen verloren werden, daß uns aus der Sicht des modernfranzösischen Wortschatzes diese Geschichte nur mittelbar interessiert; sie verleiht zwar dem französischen Wortschatz ein spezifisches Gepräge im Vergleich zum Wortschatz anderer romanischer Sprachen, die Leistungsfähigkeit und das Funktionieren des Lexikons als solches dagegen ist von der Herkunft seiner einzelnen Einheiten unabhängig.

2   "Wesentliche Elemente" ist nicht unbedingt identisch mit "Mehrzahl der Elemente"; entscheidend ist vielmehr, daß die Einheiten mit der größten Gebrauchsfrequenz durchgängig lateinischer Herkunft sind; cf. Kap. 2.2.

Bei der Eroberung Galliens betraten die Römer nun aber kein Niemandsland; sie besiegten vielmehr die (keltischen) Gallier, die ihrerseits ältere Völker wie die Iberer und die Ligurer besiegt hatten. Das Latein wurde bald zur dominierenden Sprache in Gallien, blieb aber von den früher in diesem Raum gesprochenen Sprachen nicht unbeeinflußt.

Andererseits wurden später die Römer in Gallien während der Völkerwanderungszeit von den Germanen besiegt; es waren in erster Linie die Franken, die ihnen die entscheidenden Niederlagen beibrachten. Im Süden spielten vorübergehend auch die Westgoten eine gewisse Rolle, im Osten die Burgunder. Die Germanen brachten ihre eigene Sprache mit, die sich aber gegenüber dem Latein nicht durchsetzen konnte: Die Germanen — auch die stärkste Gruppe unter ihnen, die Franken — wurden sprachlich assimiliert, allerdings nicht ohne vorher das dominierende Latein in wichtigen Punkten beeinflußt zu haben.

Diese Gegebenheiten lassen sich mit den Begriffen *Strat*, *Substrat* und *Superstrat* befriedigend beschreiben. Dabei gelten die folgenden Definitionen:

— *Strat*: letztlich dominierende Sprachschicht, die sowohl Elemente aus den Sprachen der früher herrschenden, besiegten Völker als auch der später siegreichen Völker integriert;

— *Substrat*: Sprache der besiegten Völker, die gesamthaft gesehen untergeht, in einzelnen Punkten aber die Sprache der Sieger beeinflußt;

— *Superstrat*: Sprache der siegreichen Völker, die sich letztlich nicht durchsetzen kann, sondern von der Sprache der besiegten Völker assimiliert wird, diese aber in einzelnen Punkten beeinflußt.

Überträgt man diese Begriffe auf die Geschichte des Französischen, so hat das Latein als Strat zu gelten; als Substrat fungiert (u.a.) das Gallische, als Superstrat in erster Linie das Fränkische[3].

Daneben gibt es noch eine weitere Konstellation, die mit keiner der bisher diskutierten identisch ist. Es kann nämlich vorkommen, daß sowohl Sieger als auch Besiegte ihre eigene Sprache beibehal-

---

3 Für weitere Sprachen, die – allerdings in viel bescheidenerem Rahmen – eine Rolle als Sub- oder Superstrate spielen, cf. unten.

ten und sich diese Idiome gegenseitig beeinflussen. Eine vergleichbare Situation kann sich auch unabhängig von kriegerischen Auseinandersetzungen im Rahmen von sozio-kulturellen, ökonomischen usw. Kontakten ergeben. Wir nennen in diesem Falle die beeinflußte Sprache (wie oben) *Strat*, die beeinflussende Sprache *Adstrat*. Als Adstrate bezüglich des Französischen können z.B. im Mittelalter das Okzitanische ("Provenzalische"), in der Renaissance das Italienische, in der Neuzeit das Englische gelten.

2.2. Der Kern des französischen Wortschatzes ist lateinischer Herkunft: Von den 1063 häufigsten und damit auch verfügbarsten Wörtern des Französischen haben über 96% ein lateinisches Etymon (cf. Gougenheim et al. 1956:63ss.)[4]. Allerdings stellt das lateinische Element im Französischen keineswegs eine homogene, im Rahmen einer ungebrochenen Tradition **direkt** in der Antike wurzelnde Schicht dar. Es ist vielmehr zu scheiden zwischen Erbwörtern, zu verschiedenen Zeitpunkten übernommenen Lehnwörtern, sowie französischen Neubildungen mit etymologisch aus dem Lateinischen stammendem Material. Alle drei Stränge wurzeln letztlich im Latein, aber auf ganz unterschiedliche Weise: Im ersten Fall haben wir Einheiten, die dem (erbwörtlich tradierten) Strat angehören; im zweiten Fall haben wir eine Adstrat-Situation[5]; der dritte Fall schließlich fällt vollkommen aus dem von der Strat-Theorie vorgegebenen Rahmen heraus und ist im Rahmen der französischen bzw. wissenschaftlich-internationalistischen Lexematik zu sehen[6]. Unabhängig von dieser Untergliederung schätzt Cohen (1967:217) den Anteil der Elemente (irgendwie) lateinischen Ursprungs für den Gesamtwortschatz des 17. Jahrhunderts auf rund 95% des gesamten Lexikons. Durch die starke Zunahme der Internationalismen und Anglizismen (die ebenfalls zu einem hohen Grade lateini-

---

4   Entsprechendes gilt z.B. auch für das Rumänische, das zwar als romanische Sprache gilt, aber eine Fülle von slawischen Elementen enthält; ihre Zahl geht weit über die der Germanismen im Französischen hinaus. Gleichwohl ist die traditionelle Einstufung des Rumänischen vollauf gerechtfertigt, ist doch der Kernwortschatz praktisch durchgängig lateinischen Ursprungs.

5   Cf. hierfür unten, Kap. 2.5.1.

6   Cf. unten, Kap. 4.

schen Ursprungs sind) im 19. und 20. Jahrhundert hat sich dieser Wert bis heute nochmals erhöht.

Es ist weiter zu beachten, daß das erbwörtliche Element nicht mit dem klassischen Latein der großen Autoren gleichgesetzt werden darf. Neben dem Latein der Literatur hat es immer auch ein **Sprechlatein** (oft unzutreffend auch *Vulgärlatein* genannt) gegeben, genauso wie es heute neben dem geschriebenen Französisch (*français écrit*) auch ein gesprochenes Französisch (*français parlé*) gibt. Im erbwörtlichen Bereich ist es nun gerade diese Sprechsprache, die vom Französischen (und den übrigen romanischen Sprachen) fortgeführt wird. Hierfür nur einige Beispiele, wobei in Klammern jeweils die klassisch-lateinische Entsprechung steht: *oie* 'Gans' < AUCA (ANSER); *bouche* 'Mund' < BUCCA (OS); *cheval* 'Pferd' < CABALLUS (EQUUS); *chemin* 'Weg' < CAMMINUS (VIA); *feu* 'Feuer' < FOCUS (IGNIS); *jeu* 'Spiel' < IOCUS (LUDUS); *manger* 'essen' < MANDUCARE (EDERE); *parents* 'Eltern' < PARENTES (GENITORES); *savoir* 'wissen' < SAPERE (SCIRE); *tête* 'Kopf' < TESTA (CAPUT); *tout* 'ganz' < TOTTUS (OMNIS); usw. Typisch für die Sprechsprache sind auch affektische Bildungen, die auf ursprünglichen Diminutiven beruhen. Auch dieses Phänomen ist im erbwörtlichen Lexikon des Französischen bestens bezeugt: *oiseau* 'Vogel' < AUCELLUS (AVIS); *agneau* 'Lamm' < AGNELLUS (AGNUS); *oreille* 'Ohr' < AURICULA (AURIS); *genou* 'Knie' < GENUCULUM (GENU); *soleil* 'Sonne' < SOLICULUS (SOL): *vieux* 'alt' < VETULUS/VECLUS (VETUS); usw. Ebenso ersetzen in der Sprechsprache Intensiva und Iterativa (aus affektischen Gründen) oft die Basisverben: *chanter* 'singen' < CANTARE (CANERE); *jeter* 'werfen' < IACTARE (IACERE); usw. — Daß die Sprechsprache sich im Französischen (und in den übrigen romanischen Sprachen) im erbwörtlichen Bereich derart massiv gegenüber der Literatursprache durchsetzt, hängt damit zusammen, daß die in die eroberten Gebiete außerhalb Roms übersiedelnden "Lateiner" in der Regel nicht zur verfeinerten, literarisch gebildeten Schicht gehörten; es handelt sich vielmehr um relativ untergeordnete Verwaltungsbeamte und dann v.a. um ausgediente Soldaten, die für ihre treuen Dienste mit Grundbesitz in den neuen Provinzen belohnt wurden. An dieser Fixierung auf die Sprache einer sozial relativ niedrig stehenden Schicht konnten auch die Lateinschulen in den eroberten Gebieten wenig ändern: Sie wurden nur vom Nachwuchs einer kleinen Elite besucht und erzielten keine Breitenwirkung.

Dazu kommt ein weiteres: Es wäre vollkommen unangemessen, wenn man das Sprechlatein als homogene Sprache einstufen würde. Wie jede moderne Sprache kannte auch die offizielle Sprache des römischen Reiches eine weitreichende innere Differenzierung in diatopischer, diastratischer und diaphasischer Hinsicht. Dieses Variationsspektrum ist zumindest teilweise verantwortlich für die Unterschiede zwischen den aus dem Latein hervorgegangenen romanischen Sprachen: Anstelle des klassischen EDERE setzt sich auf der iberischen Halbinsel ein expressiv verstärktes COMEDERE (sp., pt. *comer*) durch, während im Französischen, Italienischen und Rumänischen ein populäres MANDUCARE 'kauen, mampfen' (fr. *manger*, it. *mangiare*, rum. *mînca*) die Oberhand gewinnt. Anstelle von klassischem PULCHER setzt sich auf der iberischen Halbinsel und in Dakien FORMOSUS (sp. *hermoso*, pt. *formoso*, rum. *frumos*) durch, während in Gallien und Italien ein populäres BELLUS[7] triumphiert (fr. *beau*, okz. *bel*, it. *bello*). Für 'weinen' setzen das Italienische und das Rumänische lat. PLANGERE fort (it. *piangere*, rum. *plînga*), während die übrigen Gebiete nur Ableger des (populär-affektischen) PLORARE kennen (fr. *pleurer*, okz. *plorar*, sp. *llorar*, pt. *chorar*); das klassische HUMERUS 'Schulter' lebt nur in sp. *hombro*, pt. *ombro*, rum. *umăr* weiter, während die restliche Romania eine populäre Ersatzform SPATULA (fr. *épaule*, okz. *espatla*, it. *spalla*, engad. *spedla*) weiterführt[8]; eine entsprechende Verteilung kennt auch das Paar FERVERE/BULLIRE 'kochen, sieden': sp. *hervir*, pt. *ferver*, rum. *fierbe* /vs./ fr. *bouillir*, okz. *bolir*, it. *bollire*, engad. *buglir* usw.[9]; etc. Sehr instruktiv ist auch der Fall der Nachfolgeformen für klassisches PARVUS; mit Ausnahme von rum. *mic* (< MICA) gehen sie alle auf ein (wohl hypochoristisches) Grundmuster vom Typus "*p* + Vok. + *t/k* + Vok. + *nn/tt/ll*"

---

7 BELLUS existierte auch im klass. Lat., aber nicht mit der Bedeutung 'schön'. Interessant ist hier der Kommentar bei Bloch/Wartburg (s. *beau*) "... en lat. class. 'joli, gracieux', en parlant des femmes et des enfants, ironique en parlant des hommes; ..."

8 Diese fehlt auch auf der iberischen Halbinsel nicht ganz, cf. *REW* 8130.

9 Auch hier gilt das in N 8 zu SPATULA Gesagte, cf. *REW* 1389.

zurück, was dann so unterschiedliche Resultate wie fr./okz. *petit*, sp. *pequeño*, pt. *pequeno*, it. *piccolo* usw. ergeben hat.

2.3. Das wichtigste Substrat für das Latein im Raum des heutigen Frankreich ist das zu den keltischen Sprachen zählende Gallische, das oft auch als "Festlandkeltisch"[10] bezeichnet wird. Daneben gibt es aber auch noch einige ältere Sprachschichten, die in beschränktem Umfang das in Gallien gesprochene Latein direkt oder indirekt (d.h. vor allem durch die Vermittlung des Gallischen) beeinflußt haben.

2.3.1. Die vermutlich älteste Schicht, die in Rechnung zu stellen ist, dürfte diejenige des Ligurischen sein (cf. z.B. Wartburg 1962:16; Wolf 1979:42). Dabei ist bis heute umstritten, ob die Ligurer ein indogermanisches Volk, ihre Sprache eine indogermanische Sprache war oder nicht. Fest steht, daß sie vor den Kelten im Gebiet des heutigen Frankreich siedelten und von diesen dann in die Alpentäler abgedrängt wurden, wo sie sich zum Teil noch bis zur Ankunft der Römer halten konnten. Gleichwohl dürften die wenigen ligurischen Elemente, die ins gallische Latein und z.T. von da ins Französische gedrungen sind, mehr oder weniger ausnahmslos durch das Gallische vermittelt worden sein. Das Ligurische stellt somit ein mittelbares Substrat bzw. ein Substrat 2. Grades dar.

Sprachliche Spuren haben die Ligurer vor allem im Bereich der Toponomastik hinterlassen, wo man die mit -ASCUS/A, -OSCUS/A, -USCUS/A gebildeten Ortsnamen (ON[11]) normalerweise auf ihre Siedlungstätigkeit zurückführt: cf. z.B. *Vénasque*, *Manosque*, *Flayosc* usw. Dabei darf allerdings nicht übersehen werden, daß nicht jeder ON dieser Art direkt ligurischen Usprungs sein muß: Das Suffix ist vielmehr eine Art Wandersuffix geworden und taucht auch in Gebie-

---

10 "Festlandkeltisch" im Gegensatz zum "Inselkeltischen" (den auf den britischen Inseln gesprochenen Varietäten des Keltischen). – Das Festlandkeltische ist als Folge der römischen Eroberung vollständig untergegangen. Bei dem heute in der Bretagne gesprochenen Keltisch (Bretonisch) handelt es sich um im Rahmen der späteren geschichtlichen Entwicklung "reimportiertes" Inselkeltisch.

11 Es werden im folgenden im onomastischen Bereich die nachstehenden Abkürzungen verwendet: EN • Eigenname(n), ON • Ortsname(n), FN • Flurname(n), PN • Personenname(n).

ten auf, in denen nie Ligurer gesiedelt haben. So gibt es z.B. in der Leventina (Tessin) eine *alpe cavallasca*, deren Name unmöglich über eine ligurische Nutzung als Pferdeweide (!) erklärt werden kann. — Unter Umständen gehen auch Namen wie *Seine* (< SEQUANA), Garonne (< GARUNNA), *Ardennes* (< ARDENNUA) usw. auf die Ligurer zurück; schlüssige Beweise hierfür gibt es jedoch nicht, so daß die Zuweisung umstritten bleibt.

Der onomastische Bereich gehört nun aber nur in sehr marginaler Weise zum Lexikon (cf. Kleiber 1981:404ss.). An eigentlichen lexikalischen Elementen hat man den Ligurern den Stamm CALA (mit den Varianten CARA und GARRA) 'Stein' zugewiesen; auf diese Basis sollen Lexien wie *chalet* 'Berghütte, kleines Haus in den Bergen' und *calanque* 'Schlupfhafen, kleine Bucht' zurückgehen. Die gleiche Wurzel fände sich auch in der Ableitung *CALIAVO > caillou* wieder[12]. Ebenso soll auch *avalanche* < *LAVANCA ligurischen Ursprungs sein. All diese Etymologien sind jedoch umstritten und können nicht als gesicherte Erkenntnisse gelten.

2.3.2. Noch unbedeutender als der Einfluß der Ligurer scheint derjenige der Iberer gewesen zu sein, ein ebenfalls vorkeltisches, in einer (wie auch immer zu definierenden) verwandtschaftlichen Beziehung mit den heutigen Basken stehendes Volk, das im 6. Jahrhundert vor Christus aus Spanien in Südwestfrankreich eindrang. Neben einigen ON haben die Iberer im Bereich des Lexikons nur das regionalfranzösische *artigue* 'frisch gerodetes Feld' sowie das okz. *esquer*/gask. *ezquer* 'links' (sp. *izquierdo*) hinterlassen.

2.3.4. Sehr oft wird auch das Griechische unter den Substraten des gallischen Lateins genannt (z.B. Wartburg 1962:17ss.; Wolf 1979:41s.), doch ist die Frage berechtigt, ob es sich hierbei nicht eher um ein Adstrat handelt. Die Griechen hatten etwa zu gleicher Zeit wie die Iberer in Gallien Fuß gefaßt, doch kam es von ihrer Seite nie zu einer größeren, auch nur annähernd flächendeckenden Besiedelung. Sie gründeten vielmehr nur eine Reihe von Handelsniederlassungen entlang der Mittelmeerküste; hiervon zeugen

---

12 Die Anlautentwicklung sowohl in *calanque* als auch in *caillou* ist typisch sowohl für den äußersten Süden als auch den Nordwesten der Galloromania.

Ortsnamen wie *Marseille* < MASSÍLIA (für MASSALÍA), *Monaco* < (HERAKLĒS) MÓNOIKOS, *Nice* < NÍKAIA (von NÍKĒ), *Antibes* < ANTÍPOLIS, *Agde* < AGATHĒ (TÝCHĒ), *Ceyreste* < CITHARISTA; *Port Vendres* < PORTUS VENERIS stellt eine Lehnübersetzung für APHRODISIÁS dar. — Da die Griechen in Südfrankreich nie ins Landesinnere vordrangen und auch nie versuchten, irgendwelche kolonisatorischen Aktivitäten zu entfalten, ist ihr Einfluß auf den Wortschatz im engeren Sinne (zumindest im hier diskutierten Rahmen[13]) äußerst gering geblieben. Sieht man einmal von Wörtern ab, die über das Lateinische vermittelt ins Französiche gelangt sind (z.B. fr. *blâmer* < BLASPHEMARE < gr. BLASPEHMEÍN), so verdankt dieses den griechischen Niederlassungen nur einige wenige Ausdrücke wie *gond* 'Türangel', cf. okz. *gofon* < gr. GÓMPHOS 'Pflock, Zapfen; großer Nagel'; *ganse* 'Schleife', cf. okz. *ganso* 'Ring der Schlinge' < gr. GAMPSÓS 'gebogen, gekrümmt'; *dôme* 'Kuppel', cf. okz. *doma* < gr. DÔMA 'flaches Dach'; *trèfle* 'Klee, Kleeblatt' < gr. TRÍPHYLLON; *biais* 'schräg', aokz. 'do.' < gr. EPIKÁRSIOS; *enter* 'pfropfen' < gr. EMPHYTEUEÍN; usw. (cf. Wartburg 1962:18ss.). Alle diese Lexien gehören nicht dem zentralen Wortschatz des Französischen an und sind im Frequenzwörterbuch von Juilland (1970) nicht einmal verzeichnet.

2.3.4. Das wichtigste Substrat ist eindeutig das Gallische, obwohl auch sein Anteil am französischen Wortschatz letztlich als bescheiden bezeichnet werden muß (cf. auch Wolf 1979:41): Insgesamt dürfte sich der gallische Anteil auf rund 60 Reliktwörter beschränken. Diese Lexien sind überdies fast durchgängig von niedriger Frequenz; das häufigste von ihnen ist *chemin* 'Weg' und nimmt im Frequenzwörterbuch von Juilland (1970) Platz 513 ein. Überdies gehören die gallischen Elemente fast ausnahmslos dem Bereich der Sachkultur an. — Viel zahlreicher sind die gallischen Spuren im Bereich der Ortsnamen, die hier allerdings nur mittelbar interessieren; vor allem die häufigen Namen auf -*ac* bzw. -*y* (-*ay*, -*ey* etc.) < -ACUS sind durchgängig gallischen Ursprungs. Auf das

---

13 Anders liegen die Dinge natürlich beim technisch/wissenschaftlichen Wortschatz, der aber erst viel später und auf anderem Wege ins Französische gedrungen ist; cf. unten, Kap. 2.5.1., 2.5.2.

Gallische gehen schließlich auch noch einige nach anderen Mustern gebildete Namen von wichtigen Städten wie *Paris*, *Reims*, *Arras*, *Chartres*, *Verdun*, *Lyon*, *Autun*, *Tours* usw. zurück.

Den Galliern verdankt das Französische Bezeichnungen für Kleidungsstücke wie *chemise* 'Hemd' und *braie* '(lange) Hose', die bei den Römern unbekannt waren: Gallier und Römer hatten vollkommen unterschiedliche Gewohnheiten bzw. Moden entwickelt, ihre Blößen zu bedecken und sich gegen Witterungseinflüsse zu schützen. Auf ein gallisches Etymon geht auch *le char* '(vierrädriger) Wagen' zurück < (latinisiertem) CARRUS[14]. Diese Bezeichnungen sind schon relativ früh (auf jeden Fall vor der römischen Eroberung Galliens) ins Lateinische eingedrungen und weit über das ursprüngliche Siedlungsgebiet der Gallier hinaus verbreitet worden. — Da die Gallier den Römern auf dem Gebiet der Holzbearbeitung deutlich überlegen waren, haben sie in diesem Bereich eine Reihe von Ausdrücken geliefert, die den Untergang von Volk und Kultur überlebt haben: *tonne/tonneau* 'Faß', *bonde* 'Spund', *charpente* 'Dachgebälk', *jante* 'Felge', *berceau/bercer* 'Wiege/wiegen'; in diesen Bereich gehört auch *auvent* 'Vordach'. — Ein anderer Lebensbereich, der für die Kultur der Gallier von zentraler Bedeutung war, und in dem sie es (unabhängig von andern Völkern) in einer Reihe von Teilgebieten zu einer Art Führungsstellung gebracht hatten, ist die Landwirtschaft; diesem Sektor entstammen Lexien wie: *charrue* 'Pflug', *soc* 'Pflugschar', *raie* 'Furche; → Scheitel', *mègue* 'Molke', *claie* 'Weidezaun, Gitter', *ruche* 'Bienenkorb', und viele weitere. Dem gleichen Bereich gehört auch eine Reihe von Pflanzen- und Tiernamen an, die das Gallische über das Latein an das Französische vermittelt hat: *bouleau* 'Birke', *bruyère* 'Erika, Heidekraut', *if* 'Eibe', *chêne* 'Eiche', *verne* 'Erle'; *alouette* 'Lerche', *blaireau* 'Dachs (→ Rasierpinsel)', *bouc* '(Ziegen-)Bock', *lotte* 'Seeteufel'. An diesen lebensweltlichen Bereich schließen dann Bezeichnungen für die Bodenbeschaffenheit u.ä. organisch an: *marne* 'Mergel', *grève* 'Sand', *boue* 'Schlamm', *bourbe* 'Morast', *lande* 'Heide'; hierher gehören letztlich auch Maßeinheiten für Distanzen und Flächen wie *lieue* 'Meile' und *arpent* 'Morgen'. — Im Gegensatz zu den Wein trinkenden Römern

---

14 Die Römer kannten ursprünglich nur den zweirädrigen Wagen, der v.a. als Kampfwagen diente (CURRUS).

waren die Gallier (wie die Germanen) Biertrinker; es kann deshalb nicht überraschen, daß die einschlägige Terminologie im Französischen gallischen Ursprungs ist: (afr.) *cervoise* 'Bier'[15], *brasser* 'brauen' (und natürlich die zugehörigen Ableitungen *brasserie*, *brasseur*); usw.

Vereinzelt finden sich auch Lexien gallischer Herkunft aus mehr oder weniger abstrakten Bereichen; der wichtigste Zeuge dieser Art ist *pièce* < *PETTIA.

2.4. Die für das Französische relevanten Superstrate sind alle den germanischen Sprachen zuzurechnen. Zwar wird vereinzelt auch den Arabern eine entsprechende Rolle zugewiesen (z.B. Wartburg 1962:76ss.), doch war ihre Präsenz auf (süd-)französischem Boden im 8. Jahrhundert viel zu kurz, um irgendwelche sprachlichen Folgen zeitigen zu können; überdies hätte sich ein derartiger Einfluß primär einmal auf das Okzitanische und höchstens mittelbar auf das Französische ausgewirkt. Soweit es tatsächlich arabische Einflüsse auf das Französische gibt, handelt es sich regelmäßig um einen Adstrateinfluß, und auch dieser ist in aller Regel mittelbarer Natur: Die betreffenden Lexien sind nicht direkt aus dem Arabischen übernommen worden, sondern über eine "Zwischenstation" in Süditalien (Sizilien) oder Spanien.

2.4.1. Das wichtigste Superstrat hinsichtlich des gallischen Lateins ist das Fränkische, also die Sprache desjenigen germanischen Stammes, dem es im Laufe des 5. und zu Beginn des 6. Jahrhunderts gelang, fast ganz Gallien unter seine Herrschaft zu bringen. Aus der Sprache der Franken stammen rund 400 Lexien; die Zahl der fränkischen Elemente ist also weit größer als das Inventar der Einheiten, die das Französische der Gesamtheit der Substratsprachen verdankt (cf. Wolf 1979:97). Überdies handelt es sich bei den fränkischen Elementen — im Gegensatz zu den Substratlexien — zu einem erheblichen Teil um Einheiten von recht hoher Frequenz, die sowohl nach den Erhebungen des *Français élémentaire* (Gougenheim et al. 1956) als auch von Juilland (1970) dem Grundwort-

---

15 Cf. sp. *cerveza*; das heutige *bière* ist eine Entlehnung des 15. Jh.s aus dem Niederländischen.

schatz zugerechnet werden müssen: z.B. *blanc, salle, garder, bout, franc, bord, robe, marcher, jardin, frapper, fournir, gagner, garder, bleu, riche* usw.

Sieht man einmal von den äußerst zahlreichen ON und PN ab, so haben auch die Franken v.a. in den für sie typischen Lebensbereichen Spuren hinterlassen:

— Krieg/Waffen: *guerre, trève; marche, épieu, dard, broigne, heaume, haubert; éperon; guérir.*

— Hofchargen/Ämter: *maréchal, sénéchal, échanson, échevin, baron, héraut.*

— (kriegerische) Tugenden/Ehrenkodex: *orgueil, honte, honnir, hardi, riche, haïr, laid.*

— Gefolgschafts- und Lehnswesen: *fief, alleu.*

Aber auch in anderen, nicht in gleichem Maße spezifischen Bereichen haben die Franken Spuren hinterlassen; diese brauchen keineswegs immer eine Überlegenheit in den betreffenden Sektoren zu dokumentieren. Vielmehr bezeugt die oft recht zufällige Streuung, daß wir es beim Fränkischen mit einer viel umfassenderen und intensiveren Osmose zu tun haben als im Falle der Substratsprachen. Hier nur einige Beispiele für diese "Zufallssektoren":

— Viehzucht/Ackerbau: *folc, harde, troupeau; gerbe, blé; jardin, haie; gagner, garder.*

— Pflanzennamen: *osier, saule, houx, troène, cresson;* hierher gehören auch entsprechende Kollektivbegriffe wie *bois, forêt,* ebenso wie afr. *gaut*[16].

— Tiernamen: *hanneton, mésange.*

— Körperteile: *échine, flanc, hanche, gifle* (bedeutet ursprünglich 'Wange').

— Kleidung: *robe, froc, poche, gant, feutre.*

— Farben: *bleu, brun, gris, blanc, blond, fauve.*

Auch die aus diesen "Zufallsbereichen" stammenden Lexien gehören sehr oft zum zentralen Bereich des Lexikons; sie dokumentieren damit erneut, welch hohen Stellenwert das Fränkische für die

---

16 Diese im Französischen untergegangene Form lebt im Rätoromanischen, z.T. auch in Oberitalien weiter, cf. engad. *god.*

Herausbildung des französischen Lexikons gehabt hat — und dies, obwohl die fränkischen Elemente rein mengenmäßig keineswegs eine überwältigende Rolle spielen.

2.4.2. Während die politisch in Gallien nur sehr kurzfristig eine Rolle spielenden Westgoten und Burgunder im französischen Lexikon (anders als in der Toponomastik) keine Spuren hinterlassen haben, fehlen Zeugnisse der im 10./11. Jahrhundert die Kanalküste beherrschenden Normannen nicht. Auch hier soll von den zahlreichen ON, die auf diesen unruhigen und kriegerischen Stamm zurückgehen, abgesehen werden.

Die Normannen waren bekanntlich unerschrockene und erfolgreiche Seefahrer, und dies erklärt auch, warum sich ihr Einfluß vor allem im Bereich des maritimen Vokabulars bemerkbar macht. Ihnen verdanken wir *crique* 'kleine Bucht' und *vague* 'Welle', ebenso wie *écaude* 'kleiner Kahn', ferner Bezeichnungen für Schiffsteile und Schiffszubehör wie *tillac* 'Oberdeck', *étrave* 'Vordersteven', *étambot* 'Ankersteven', *bille* 'Poller', *hune* 'Mastkorb', *tolet* '(Ruder-)Dolle', *ris* 'Reff, Segelring', *guindas* 'Schiffswinde'; ferner gehen Verben wie *cingler* 'Kurs steuern' und *guinder* '(Segel) hissen' auf sie zurück. Auch einige Fischnamen sind normannischen Ursprungs: *turbot* 'Steinbutt', *marsouin* 'Tümmler'.

Diese Beispiele genügen um zu zeigen, daß die von den Normannen übernommenen Lexien in der Regel[17] einen sehr spezifischen Charakter haben und marginalen Bereichen des Lexikons angehören; sie verhalten sich in dieser Hinsicht vollkommen anders als die oben besprochenen fränkischen Elemente.

2.5. Viel bedeutender als alle Sub- und Superstrate sind die Adstrate für die Schichtung des heutigen französischen Wortschatzes. Die in Frage kommenden Sprachen für diesen Einflußbereich sind nicht nur außerordentlich zahlreich, sondern auch rein mengenmäßig bereichern die Adstratsprachen das Französische um ein Vielfaches von Elementen im Vergleich zu den beiden ersten Kategorien.

Adstrateinflüsse hat es in allen Entwicklungsphasen des Französischen gegeben. Gleichwohl hat die Menge der Übernahmen aus

---

17 Eine Ausnahme macht in dieser Hinsicht nur *vague*.

"Kontaktsprachen" im Laufe der Zeit ständig zugenommen und im 20. Jahrhundert — zumindest aus der Sicht der Puristen — geradezu beunruhigende Ausmaße erreicht. Dabei sind vor allem im 16. und im 19./20. Jahrhundert deutliche Schübe zu verzeichnen. Dies hängt im ersten Fall mit der Erfindung der Buchdruckerkunst im 15. Jahrhundert und der daran anschließenden rapiden Verbreitung des (fremdsprachlichen) Buches in der Renaissance zusammen; die zweite Übernahmewelle ist zuerst einmal auf das Aufkommen der Tageszeitungen, dann auf die Entwicklung und Verbreitung der übrigen modernen Kommunikationsmittel und Massenmedien zurückzuführen.

2.5.1. Bis weit in die Neuzeit hinein stellt das klassische Latein das wichtigste Adstrat für das Französische dar — ein Adstrat ganz besonderer Art, weil es sich nicht um eine lebende, sondern um eine tote Sprache handelt. Man trägt diesen besonderen Verhältnissen oft dadurch Rechnung, daß man bei Übernahmen aus dem Latein von *Buchwörtern*, bei Übernahmen aus lebenden Sprachen dagegen von *Lehnwörtern* spricht; was den Entlehnungsvorgang als solchen angeht[18], gibt es jedoch keinen Unterschied zwischen den beiden Kategorien.

Aus dem Lateinischen entlehnte bzw. durch die lateinische Tradition der Kirche beeinflußte Elemente finden sich schon in den ältesten französischen Texten, z.B. in der *Eulaliasequenz*[19] und im *Alexiuslied*[20]; sie weisen Formen auf wie *honestet, virginitet, cristientet, decliner, fecunditet, humilitet, justise, nobilitet* usw., die alle aufgrund ihrer ausdrucksseitigen Form (Lautform) nicht erbwörtlich entwickelt sein können. Dieser ältesten Schicht gehören aber sicher auch noch *esperit* und *chapitre* an.

Im 12./13. Jahrhundert nehmen dann die Latinismen deutlich zu, zum Teil sicher unter dem Einfluß von Übersetzungen aus dem

---

18 Cf. unten, Kap. 3.

19 Die *Eulaliasequenz* ist vermutlich 882/83 im nordfranzösischen Raum entstanden; vieles spricht für das Benediktinerkloster von Saint-Amand (oder dessen nächste Umgebung) als Ursprungsort.

20 Das *Alexiuslied* dürfte im 11. Jh. in der Normandie entstanden sein; von den verschiedenen Handschriften gilt allgemein das Ms. L als das beste, das eine im 12. Jh. im anglonormannischen angefertigte Kopie darstellt.

Lateinischen. Dieser Schicht gehören u.a. Lexien an wie: *abominable, cantique, rédemption, solennel, solennité*; *accéder, accès, mage, maléfice, vacant, vapeur, ventilation*, um nur einige wenige zu nennen.

Eine erneut deutliche Zunahme der Latinismen findet sich dann im 14./15. Jahrhundert. Nach wie vor ist das Kirchenlatein eine wichtige Quelle (z.B. *malédiction, hérétique*), doch gewinnen andere Bereiche zunehmend an Bedeutung, so z.B. die Rechtssprache, aus der seit dem 13. Jahrhundert Ausdrücke wie *caution, convention, procès, procureur, tribunal*; *confisquer, confiscation, restituer, restitution, nomination, incarcération* usw. übernommen werden. Eine wahre Explosion der Latinismen bringen dann die Übersetzungen von nicht-religiösen lateinischen Texten mit sich, wie z.B. die *Cyrurgie* von Henri de Mondeville (v.a. medizinische Ausdrücke) und die Aristoteles-Übersetzungen von Nicole Oresme. Diesen und verwandten Texten verdanken wir Ausdrücke wie *convexe, géométrique, préparatif, régularité, spéculation, limitation, déduction, réflexion, prémisse, causalité, unanimité, régularité, attribution* etc. etc. Zum Teil werden auf diese Weise auch Synonyme[21] zu bereits existierenden Lexien etabliert, zum Beispiel *certitude/seurtance, confidence/confiance, persister/demourer, vélocité/hastiveté* usw.; dies führt dann in der späteren Entwicklung meist entweder zum Untergang des älteren Terminus oder zu einer Bedeutungsdifferenzierung zwischen den beiden Konkurrenzausdrücken (vgl. z.B. nfr. *confiance* /vs./ *confidence*).

Einen eigentlichen Höhepunkt erlebt die Entlehnungsfreudigkeit aus dem Latein im 16. Jahrhundert, das "im Laufe der Geschichte der französischen Sprache mit 30% des Gesamtvolumens die meisten Erstbelege für *mots savants* liefert" (Wolf 1979:102). Dies hängt eindeutig mit der sich auch in der Doktrin der Pléiade niederschlagenden Tendenz zu einer bewußten und gewollten Bereicherung und Differenzierung des französischen Wortschatzes zusammen, die die Volkssprache hinsichtlich ihres Ausdruckspotentials dem Latein (und dem Griechischen) ebenbürtig machen sollte. Dieses Streben nach möglichst großer Vielfalt führte oft zu einer unkontrollierten Proliferation. Obwohl in der Folge viel Un-

---

21 Zur Synonymie cf. Kap. 6.6.

nützes und Überflüssiges wieder eliminiert worden ist, bleibt das
16. Jahrhundert auch aus heutiger Sicht das Jahrhundert der Entlehnungen aus dem Latein. Wolf (*loc. cit.*) nennt unter vielen anderen
die folgenden Lexien: *césure, classique, conciliabule, concret, dépravation, désuétude, disque, divaguer, dividende, élocution, épistolaire, érosion, excavation, exceller, fanatique, fébrile, hiatus, homogène, incompréhensibilité, indélébile, inversion, ligament, membrane, obtus, perméable, secteur, semestre, suture, véhicule* etc.

Im 17. Jahrhundert setzt dann eine deutlich gegenläufige Tendenz ein: Das Vokabular soll nun nicht mehr um jeden Preis ausgedehnt und diversifiziert werden; man strebt vielmehr nach einer
Entrümpelung, die vor allem subkodespezifisch markierte Einheiten und die (mehr oder weniger offensichtlichen) Synonyme betrifft. Das 17. Jahrhundert ist deshalb eine Epoche der Reduktion
(und nicht der Vermehrung) des anerkannten lexikalischen Bestandes, und aus diesem Grunde muß es auch der Entlehnung prinzipiell negativ gegenüberstehen. Diese grundsätzliche Ablehnung
verhindert allerdings im konkreten Einzelfall den Rückgriff auf
das Lateinische im technisch-wissenschaftlichen Bereich nicht;
davon legen eine Reihe von Neuerungen Zeugnis ab: *aréole, angélus, a posteriori, crédibilité, cupule, curviligne, décanat, détoner,
disséquer, dissertation* u.v.a.m. Diese Möglichkeit der Wortschatzbereicherung bleibt auch weiter bis in die Gegenwart erhalten,
doch spielt sie bedeutungs- und mengenmäßig eine immer geringere
Rolle: Andere Quellen laufen dem Lateinischen in zunehmendem
Maße den Rang ab.

2.5.2. Einen qualitativ dem Lateinischen vergleichbaren Status hat
das Griechische. Allerdings erweist sich seine Bedeutung in quantitativer Hinsicht als wesentlich geringer, was nicht zuletzt darin begründet ist, daß das Griechische erst in der Renaissance eine Rolle
als autonome (tote) Kultursprache zu spielen beginnt; bis dahin
war griechische Kultur ebenso wie griechisches Sprachgut praktisch
ausschließlich über lateinische Vermittlung rezipiert worden. So
sind auch die in der altfranzösischen und mittelfranzösischen Epoche übernommenen Graezismen (v.a. bei Nicole Oresme) noch
durchwegs mittelbarer Natur, z.B.: *agronome, anarchie, antipide,
architectonique, aristocratie, asthmatique, catalogue, climat, empi*

rique, épigramme, fantaisie, hérétique, hiérarchie, hypothèque, mathématique, mécanique, métaphysique, monopole, pédagogue, période, pharmacie usw.

Diese Filiation findet sich auch noch im 16. Jahrhundert, währenddem über das Lateinische vermittelte Graezismen wie *antipathie, apostrophe, apothéose, dogme, épilepsie, épithète, exotique, hémistiche, hypothèse, hystérique, rhombe, symphonie, tragique, tropique* usw. in die französische Sprache eindringen. Daneben kennt dieses Jahrhundert aber auch bereits eine Reihe von direkt aus dem Griechischen entlehnten Lexien: *anagramme, apocope, astronome, athée, axiome, enthousiasme, hygiène, parallélogramme* usw. Entlehnungen aus dem Griechischen finden sich dann auch aus dem 17. Jahrhundert, z.B. *anecdote, archaïsme, atmosphère*, und selbst im 18. Jahrhundert fehlen eigentliche Graezismen nicht: *otalgie, hémiplégie* usw. Aber für die Graezismen gilt (und dies noch in verstärktem Maße), was auch für die Latinismen zutrifft: Ihre Zeit ist letztlich vorbei. Die beiden großen klassischen Sprachen haben in einen internationalen technisch-wissenschaftlichen Fundus von Terminologiekonstituenten eingemündet, mit dessen Elementen in Zukunft der Bedarf an Neubildungen in diesem Bereich weitgehend abgedeckt wird[22]. Ob dabei ein Ausdruck erstmals im Deutschen, Englischen, Französischen oder irgend einer anderen Kultursprache belegt ist, spielt eigentlich keine Rolle; die genannten Sprachen sind für Bildungen dieser Art (fast) vollkommen durchlässig.

2.5.3. Bedeutend älter als der griechische ist der arabische Einfluß auf das Französische; entgegen einer weit verbreiteten Auffassung[23] handelt es sich hierbei nicht um ein Superstrat, sondern um ein Adstratphänomen. Überdies ist der Einfluß des Arabischen aber (wie vorerst derjenige des Griechischen) nicht unmittelbarer, sondern mittelbarer Natur: Die Arabismen sind in der Regel durch das Italienische (und insbesondere das Sizilianische) oder das Spanische vermittelt. Aus dem Arabischen stammen u.a. Namen von Pflanzen und Pflanzenprodukten wie *sucre* (12. Jh.), *coton* (12. Jh.), *safran* (12. Jh.), *orange* (um 1300), *artichaut* (1530).

---

22 Cf. hierfür z.B. die richtungsweisende Studie Höfler 1972.
23 Cf. oben, Kap. 2.4.

Die arabische Medizin war der abendländischen im Mittelalter weit überlegen. Deshalb kann es auch nicht erstaunen, daß viele medizinische Ausdrücke im Französischen arabischen Ursprungs sind. Bedeutung über den engeren medizinisch-fachwissenschaftlichen Bereich hinaus haben u.a. gewonnen: *soude, musc, momie, sirop, nuque, raquette.* — Auch in anderen Bereichen der Wissenschaft waren die Araber führend. Dem Gebiet der Chemie/Alchimie verdankt das Französische u.a. die folgenden Lexien arabischen Ursprungs: *alchimie, alambic, alcool, borax.* — Die wichtigsten mathematischen Ausdrücke, die in dieser Zeit aus dem Arabischen übernommen wurden, sind *algèbre* und *chiffre*.

Im Bereich der Wohnkultur stammt *matelas* aus dem Arabischen; besonders reichhaltig sind schließlich die Stoffbezeichnungen orientalischer Herkunft: *satin, calicot, cendal, futaine*; viele der ursprünglich übernommenen Bezeichnungen sind im Französischen im Laufe der Zeit jedoch wieder untergegangen (cf. Zangger 1945; v. Schulthess-Ulrich 1966).

2.5.4. Ab dem 12. Jahrhundert spielt das Okzitanische[24] eine äußerst wichtige Rolle als Adstrat des Französischen; die Zahl der Entlehnungen steigt ständig an und erreicht zwischen dem 16. und dem 19. Jahrhundert einen Höhepunkt; im 20. Jahrhundert erfolgt dann ein deutlicher Einbruch, doch wird bis heute vereinzelt auf okzitanisches Wortgut zurückgegriffen, um das französische Lexikon zu bereichern. — Zu Beginn waren die Entlehnungen vor allem durch das hohe Kulturprestige des südfranzösischen Raumes und insbesondere der Troubadourlyrik bedingt, die nicht nur für die nordfranzösischen *Trouvères* Modellcharakter hatte, sondern auch den höfischen Roman und die gesamte höfische Kultur in entscheidender Weise beeinflußte. Der Blüte im 12. Jahrhundert folgten die Albigenserkreuzzüge und der Zusammenbruch der südfranzösischen Feudalstruktur. Ab dem 14. Jahrhundert erfolgen

---

24 Die im 19. und zu Beginn des 20. Jahrhunderts übliche Bezeichnung *Provenzalisch* bzw. *Altprovenzalisch* wird heute mehrheitlich abgelehnt; sie setzt nicht nur einen Teilbereich (und nicht einmal den wichtigsten!) für ein viel umfassenderes Gesamtgebiet, sie erinnert auch an einen (im Rahmen der heutigen Minoritätenproblematik nicht mehr tragbaren) Romantizismus Mistral'scher Prägung.

die Übernahmen aus dem Okzitanischen deshalb auf einer ganz anderen Basis: Die Krone beherrscht nun den okzitanischen Raum, weshalb es vor allem die administrativen Kontakte im Rahmen der nordfranzösischen Verwaltung sind, die jetzt als Vermittlungskanal dienen. Im Laufe der Zeit hat das Okzitanische auch sein Prestige als eigenständige Sprache weitgehend verloren[25]: Aus der Sicht der Hauptstadt stellte es sich immer mehr als ein (wenn auch privilegiertes) *Patois* dar; Übernahmen aus dem Okzitanischen werden deshalb in zunehmendem Maße als innersprachliche (intralinguale) Entlehnungen betrachtet.

Die ältesten Entlehnungen aus dem Okzitanischen sind angeblich die Troubadourwörter *amour* und *jaloux*, die im Rahmen der höfischen Ideologie eine zentrale Rolle spielen und den positiven und den negativen Pol dieses gesellschaftlichen Spannungsfeldes markieren; nach der Untersuchung von Hilty (1963) muß dies aber zumindest als nicht mehr gesichert gelten. Sicher okzitanischen Ursprungs sind dagegen die im 14. Jahrhundert im Französischen erstmals belegten Lexien *abeille*, *bagne*, *barque*, *bastille*, *broc*, *cabane*, *caisse*, *cap*, *escargot*, *gaffemorve*, *muscat*, *racler*, *tocsin*, *truffe*; dem 15. Jahrhundert gehören an: *acabit*, *affres*, *aubade*, *auberge*, *badin*, *bourgade*, *cadet*, *ciboule(-ette)*, *goujat*, *morgue*, *orgeat*, *radeau*, *railler*, *rôder*, *terrasse* usw.

Den Höhepunkt erreichten die okzitanischen Entlehnungen zahlenmäßig im 16. Jahrhundet[26], in dem u.a. Lexien übernommen wurden wie *accolade*, *accoster*, *airelle*, *badaud*, *baladin*, *cabriole*, *cadastre*, *cadenas*, *couplet*, *dorade*, *escamoter*, *falaise*, *garrigue*, *gaspiller*, *mistral*, *ortolan*, *oursin*, *perdreau*, *serpolet* usw. Wie nicht anders zu erwarten, bringt dann das puristische, am unspezifischen Ideal des *honnête homme* orientierte 17. Jahrhundert einen deutlichen Rückgang; mit rund 100 Okzitanismen ist die Zahl der Entlehnungen aber immer noch erstaunlich hoch. Es handelt sich u.a. um Lexien wie *bagarre*, *calanque*, *capot*, *cocon*, *gabarit*, *nou-*

---

25 Daran konnte auch die okzitanische (provenzalische) Renaissance nichts ändern, die von Dichtern wie Mistral, Aubanel usw. getragen wurde und letztlich nichts anderes als ein romantisches Nostalgiephänomen war.

26 Dies ist deshalb überraschend, weil diese Epoche für Südfrankreich eine eigentliche Krisenphase darstellte und von Blüte, besonderem Prestige usw. keine Rede sein kann.

gat, *pelouse*, *sournois*. Das 18. Jahrhundert bringt nochmals unge-
fähr die gleiche Zahl von Okzitanismen, z.B. *ailloli*, *cèpe*, *espadrille*,
foulard, *farandole*, *déraper*, *pègre* usw. Das ohnehin sehr entleh-
nungsfreudige 19. Jahrhundert verzeichnet dann einen Anstieg auf
ca. 180 Einheiten, unter denen Lexien wie *béret*, *cabanon*, *cagnotte*,
boullabaisse, *calisson*, *cassoulet*, *félibre/félibrige* usw. figurieren.
Trotz des radikalen Einbruchs im 20. Jahrhundert, der vor allem
durch die voll auf Paris fixierten Massenmedien bedingt ist, werden auch in unserem Jahrhundert noch (inzwischen zum gängigen
Sprachschatz gehörende) Wörter wie *baratin/baratiner*, *pastis*,
pétanque usw. aus dem Okzitanischen übernommen.

2.5.5. Relativ früh in der Geschichte des Französischen beginnen
die Entlehnungen aus dem Niederländischen, was mit den engen
wirtschaftlichen, kulturellen und politischen Beziehungen im Rau-
me Pikardie/Flandern vom Mittelalter bis in die Neuzeit zusammen-
hängt[27]. Aus dem 13. Jahrhundert stammen zum Beispiel Niederlandismen wie *amarrer*, *béguine*, *bloc*, *choquer*, *maquereau*, *plaquer*.
Im 14. Jahrhundert folgen dann *blocus*, *boulevard*, *digue*, *drogue*,
paquet, *triangle*, *vase* 'Schlamm', im 15. Jahrhundert *corvette*, *hou-
blon*, *varlope*, *bière* usw. Auch im 16. Jahrhundert fehlen rund zwei
Dutzend Niederlandismen nicht, unter anderem *(cauche-)mar*, *chaloupe*, *drôle*. Im 17. Jahrhundert erreicht dieser Einfluß mit rund 40
übernommenen Lexien einen Höhepunkt; zu ihnen gehören z.B. *affo-
ler*, *pamplemouse*, *tanguer*, *vrac*. Im 18. Jahrhundert gehen dann die
Übernahmen auf rund 20 Einheiten zurück; die bekanntesten unter
ihnen sind *blague* (zuerst nur 'Tabaksbeutel') und *cambuse*. Im
19. Jahrhundert fällt dann die Übernahmequote auf rund ein Dutzend
Einheiten (mit marginalem Charakter) zurück, und im 20. Jahrhundert kommt der Zufluß praktisch ganz zum Erliegen.

Gesamthaft gesehen ist der Einfluß des Niederländischen recht
bescheiden geblieben; er kann sich in keiner Weise mit demjenigen
des Okzitanischen, Italienischen, Spanischen oder gar Englischen
messen.

---

27 Natürlich wurzeln diese privilegierten Beziehungen in den besonderen geo-
    graphischen Gegebenheiten, die dem Austausch in den verschiedenen Berei-
    chen so gut wie keine natürlichen Hindernisse entgegensetzen.

2.5.6. Ähnlich früh beginnen auch die Entlehnungen aus dem Deutschen[28]. Aus dem 13. Jahrhundert stammen z.B. *hanse* und *landgrave*, aus dem 14. Jahrhundert *blafard, bourgmestre, butin, hutte* usw., und im 15. Jahrhundert kommen *arquebuse, aurochs, burgrave, haillon, lansquenet, rosse* etc. dazu.

Auch im 16. Jahrhundert hält sich der deutsche Einfluß in Grenzen: Es werden rund 20 Lexien übernommen, u.a. *coche (cocher), hase, huguenot, trinquer, fifre, reître*. Im 17. Jahrhundert steigt dann (erstaunlicherweise)[29] die Zahl der deutschen Entlehnungen auf etwa 30 an: *bivouac, halte, havresac, nouille* usw.; in der zweiten Hälfte des 17. Jahrhunderts sind es u.a. geologische und mineralogische Termini, die im Rahmen des deutsch-französischen "Lexie-Austauschs" eine zentrale Rolle spielen: *potasse, spalt, thalweg, zinc*, und diese Tendenz setzt sich auch im 18. Jahrhundert mit *quartz, feldspath, cobalt, blende, pechblende* usw. fort. Aus der Sparte Bergbau (die eine Domäne der Deutschen war) stammen *bocard* 'Pochwerk', *bocambre* 'Pochhammer', *gangue* '(Erz-)Gang', *rustine* 'Rückstein' usw. Aus dem Schweizerdeutschen stammen die über Legionäre vermittelten Lexien *cible, képi* und *loustic*. Aus dem Elsässischen schließlich kommen *kirsch* und *choucroute* (< *surkrut*). Mit rund 50 Entlehnungen steigt der Einfluß des Deutschen im 18. Jahrhundert an, und diese Tendenz setzt sich im 19. Jahrhundert fort, das ca. 80 Übernahmen aus dieser Quelle kennt, unter anderem *ester, hornblende, edelweiss, trolle, accordéon, lied, krach, mastoc, nixe, bock, bretzel* etc. Im 20 Jahrhundert folgt dann ein deutlicher Einbruch: Es werden nur noch wenige deutsche Termini von letztlich niedriger Frequenz wie *ersatz, handball, nazi/nazisme, putsch, tanker* usf. übernommen.

Gesamthaft gesehen bleibt auch der Einfluß des Deutschen auf das Französische recht bescheiden: Die Zahl der Entlehnungen übersteigt die Zahl 200 nur geringfügig.

---

28 Diese Kategorie ist streng zu scheiden von den fränkischen und normannischen Übernahmen: Dort haben wir es mit Superstrateinflüssen, hier dagegen mit Adstratelementen zu tun.

29 Man denke an die allgemeine Entlehnungsfeindlichkeit, an den Purismus dieser Epoche!

2.5.7. Eine der wichtigsten "Gebersprachen" für das Französische ist das Italienische, das den Entlehnungsbereich vom 14. bis zum 18. Jahrhundert zwar nicht ausschließlich beherrscht, aber doch eindeutig dominiert. *Lombard* 'Wucherer' stammt schon aus dem 12. Jahrhundert und erklärt sich aufgrund der europaweiten Aktivitäten der norditalienischen Geldverleiher[30]. Im 13. Jahrhundert werden dann bereits *buffle, perle, porcelaine, riz* usw. übernommen.

Die Welle der Italianismen beginnt aber erst richtig im 14. und 15. Jahrhundert. Dies hat verschiedene Gründe: Einmal hat Italien zu diesem Zeitpunkt eine kulturelle Blüte erreicht, die in Europa ihresgleichen sucht; dann dominieren die oberitalienischen Städte jetzt das gesamte europäische Handels- und Bankenwesen; und schließlich führen die ständigen kriegerischen Verwicklungen Heere aus ganz Europa immer wieder nach Italien und konfrontieren so ihre Angehörigen nicht nur mit italienischer "Kriegskunst", sondern auch mit italienischer Kultur und Lebensart. Aus den genannten drei Bereichen stammen dann auch die wichtigsten Lehnwörter; dazu kommen noch viele Ausdrücke aus dem kulinarischen Bereich. Eingedrungen sind diese Elemente zu einem sehr großen Teil über Lyon, das Dreh- und Angelpunkt des Handels und des kulturellen Austausches mit Italien war; das schließt nicht aus, daß es daneben auch immer wieder Übernahmen auf anderem Wege gegeben hat. — Aus dem 14. Jahrhundert stammen z.B. *alarme, archipel, bande, bandière, banquet, brigade, brigand, ligue* usw. Im 15. Jahrhundert, das durch einen massiven Anstieg der Zahl der Italianismen gekennzeichnet ist, werden unter anderem übernommen: *arquebuse, cavalier, courtisan, partisan, solde, escadron, pilote, poste, escalade; arborer, embusquer, saccager, estropier; câpre, mortadelle;* usw.

Das 16. Jahrhundert erlebt dann eine eigentliche Explosion der Italianismen, bedingt einerseits durch die Italienfeldzüge der französischen Könige, andererseits durch die Einheirat von italienischen Prinzessinnen in das französische Königshaus. Diese hohen Damen versuchten dann meist, sich die gewohnte verfeinerte

---

30 Daß dies trotz der einschlägigen kirchlichen Verbote möglich war, stellt einen der typischen mittelalterlichen Widersprüche zwischen "Ideal und Wirklichkeit" dar.

Umgebung dadurch zu erhalten, daß sie nicht nur ihren üblichen Hofstaat mit nach Frankreich brachten, sondern auch zahlreiche Künstler aus ihrer Heimat an ihrem neuen Wohnsitz beschäftigten[31]. Daraus ergab sich ein richtiger "Italienboom": Über 500 Lexien sind in dieser Zeit übernommen worden, von denen gut 350 bis heute überlebt haben (Wolf 1979:104). Diese Zahlen sind beeindruckend, und nicht weniger auffällig ist die Tatsache, daß es sich hierbei sehr oft um relativ hochfrequentige Einheiten handelt: *soldat, caporal, bataillon, cartouche, frégate, casemate; antichambre, appartement, arcade, balcon, corniche, douche; cadre, coloris, contraste, dessiner, esquisse, grotesque; burlesque, macaronique, sonnet, stance; ballet, concert, fugue, sérénade; caleçon, soutane, veste; artichaut, cervelas, semoule, vermicelle; bilan, contrebande, escompte, risque;* usw.

Im letzten Drittel des 16. Jahrhunderts setzte dann langsam eine Reaktion gegen die Flut von Italianismen ein; ausgelöst wurde sie unter anderem durch Henri Estienne[32]. Obwohl die Zahl der Italianismen jetzt deutlich zurückgeht, werden im 17. Jahrhundert gleichwohl nochmals rund 100 Lexien übernommen, z.B. *opéra, basse, improviser, virtuose, prosateur; miniature, fresque, filigrane, pastiche, svelte, calquer; cantine, redoute, couple, gradin, régate, bombe, sacoche, soucoupe; cortège, costume, salon;* usw. Trotz des zahlenmäßigen Rückgangs (bedingt durch die puristische Grundhaltung des *grand siècle*) bleibt so das Italienische die wichtigste Entlehnungsquelle. — Diese Position muß es dann im 18. Jahrhundert an das Englische abgeben, obwohl nochmals ca. 120 Lexien über die Alpen kommen. Allerdings sind nur noch die Bereiche Malerei und Musik stärker vertreten: *aquarelle, caricature, dilettante, format, gouache, grandiose, pittoresque* etc.; *barcarole, bouffe, cantate, cantatrice, finale, mandoline, philharmonique, sonate* etc.

Das 19. Jahrhundert schließlich bringt erneut etwa 150 Italianismen in den französischen Wortschatz ein, wobei der Schwerpunkt noch deutlicher im Bereich der Musik liegt: *fioriture, fortis-*

---

31 Der berühmteste Fall dieser Art ist derjenige von Leonardo da Vinci, der 1519 in Amboise starb. Diese Tradition setzte sich bis ins 17. Jahrhundert hinein fort: Giambattista Marini schuf seinen *Adonis* am französischen Hof.

32 Cf. seine *Deux dialogues du nouueau langage François, italianizé et autrement desguizé,* s.l./s.d. [Genf 1578].

simo, imprésario, libretto, quintette, trémolo, ballerine, diva etc.;
daneben fehlen aber auch Ausdrücke aus anderen Bereichen nicht:
biscotte, colmater, confetti, flemme, tombola etc. Trotz der relativ
hohen Zahl von Entlehnungen ist die Rolle des Italienischen unbe-
deutend geworden: Die Übernahmen betreffen nur noch marginale
Phänomene und Bereiche. Überdies fällt auf, daß in früheren
Jahrhunderten in der Regel versucht wurde, die Lehnelemente pho-
nologisch, graphematisch und morphologisch weitestgehend der
französischen Norm anzupassen; unter den jüngeren Übernahmen
dagegen gibt es viele, wo selbst auf eine oberflächliche "Kosme-
tik" mehr oder weniger vollständig verzichtet wird und die Anpassung sich auf die Setzung eines Akuts (*accent aigu*) bei /e/ (ge-
schlossenes *e* in offener Silbe) beschränkt[33].

Im 20. Jahrhundert fallen dann die Italianismen auch mengenmäßig stark zurück; unter den seltenen Übernahmen haben nur
noch *autostrade fascisme/fasciste* und *ferroviaire* eine gewisse
Bedeutung und damit eine zentralere Stellung im Wortschatz er-
langt.

Trotz der heute schwachen Position des Italienischen kann
nicht geleugnet werden, daß es über die Jahrhunderte hinweg als
Adstrat des Französischen eine äußerst wichtige Rolle gespielt hat;
der Höhepunkt seines Einflusses liegt im 16. und 17. Jahrhundert.
Mit weit über 1000 Entlehnungen vom 12. bis zum 20. Jahrhundert
kann die südöstliche Nachbarsprache mengenmäßig mit dem Englischen durchaus konkurrieren; auch bezüglich des durchschnitt-
lichen Zentralitätsgrades der übernommenen Einheiten hat das
Italienische eine starke Position.

2.5.8. Der Einfluß des Spanischen macht sich erst im 16. Jahrhundert stärker bemerkbar, das heißt nach der Entdeckung Amerikas,
wenngleich schon im 14. Jahrhundert ein Wort wie *moresque* entlehnt wurde[34]. Von den im 16. Jahrhundert übernommenen ca. 100
Hispanismen sind viele exotischer Herkunft und ein mehr oder
weniger direkter Reflex des umfangreichen Kolonialbesitzes des

---

33 Cf. zu diesen Problemen auch unten, Kap. 3.1.

34 Diese Übernahme ist durch die jahrhundertelange Auseinandersetzung der
    Spanier mit den Mauren im Rahmen der *Reconquista* bedingt.

kastilischen Königreiches, z.B.: *ananas, cacao, coca, maïs, patate, tomate; tabac, chocolat; lama, caïman, condor; canibale, hamac, savane.* Reine Hispanismen sind u.a. *anchois, bandoulière, canari, caserne, castagnette, eldorado, hâbler, junte, nègre, parade, pasille, romance.*

Trotz des sonst üblichen Rückgangs der Lehnwörter im puristischen, sich fremdem Wortgut gegenüber ablehnend verhaltenden 17. Jahrhundert erreicht die Zahl der Hispanismen in diesem Zeitraum praktisch wieder die gleiche Zahl wie in der so entlehnungsfreudigen Renaissance; Spanisch und Italienisch liegen somit praktisch gleichauf! Es werden unter anderem folgende Lexien aus dem Kastilischen übernommen: *bourrique, moustique, carapace, caracoler, vanille, jade; alcôve, chaconne, sarabande, compliment; duègne, hombre, sieste, toréador.*

Im 18. Jahrhundert sind dann die Hispanismen bereits deutlich rückläufig: Es sind nur noch rund 60 Einheiten, die ins Französische eindringen, u.a. *aubergine, mandarine, platine, mérinos.* Das weniger restriktive 19. Jahrhundert bringt es dann nochmals auf rund 90 Hispanismen, z.B. *cacahuète*[35], *coyote, gaucho, nondou; banderille, boléro, gitan, guérilla* usw. Wie im Falle des Italienischen, so ist auch beim Spanischen im 20. Jahrhundert ein Einbruch im Entlehnungsbereich zu verzeichnen, wenn sich auch noch vereinzelt Übernahmen (vor allem aus Südamerika) finden; dies gilt insbesondere für moderne Tänze wie *samba, rumba, tango, cha-cha-cha* usw.

Mit insgesamt gut 400 Lexien, die es an das Französische abgegeben hat, liegt das Spanische so deutlich hinter dem Italienischen zurück. Dies dürfte damit zusammenhängen, daß Spanien traditionell und bis vor kurzem immer viel weniger nach dem übrigen Europa hin orientiert war als Italien: Vor 1492[36] waren die Kräfte vor allem im Kampf gegen die Mauren (*Reconquista*) gebunden, nach 1492 war das kastilische Königreich die größte aller

---

35 Viele dieser Entlehnungen sind ihrerseits Lehnwörter im Spanischen: *cacahuète* und *coyote* gehen auf das Aztekische (Mexiko), *nandou* auf das Guarani (Peru), *gaucho* auf das Araukanische (Argentinien) usw. zurück.

36 Das Jahr 1492 markiert mit der Eroberung Granadas sowohl das Ende der *Reconquista* als auch – mit der Entdeckung Amerikas – den Beginn der kolonialen Epoche.

Kolonialmächte und sah seine Interessen in erster Linie in den überseeischen Gebieten. Die Zahl der Hispanismen ist aber nicht nur niedriger, ihre Stellung im Wortschatz des Französischen ist auch bedeutend weniger zentral als diejenige der Italianismen. Ein deutliches Indiz hierfür ist sicher auch die Tatsache, daß Fälle von im phonologisch-graphematischen und morphologischen Bereich nicht oder nur sehr mangelhaft angepaßten Übernahmen hier viel früher auftreten[37].

2.5.9. Der Einfluß des Englischen beginnt relativ spät, was sich daraus erklärt, daß nach dem Sieg von Wilhelm dem Eroberer bei Hastings (1066) das Französische offizielle Sprache auf der Insel wurde: Die Normannen hatten sich in knapp einem Jahrhundert vollkommen französisiert. Das Französische blieb auch dominant, als Mitte des 12. Jahrhunderts die Macht an die Dynastie der Plantagenets überging, die im Anjou beheimatet waren. Nur nach und nach wurde das Französische zurückgedrängt, konnte sich aber in Teilbereichen wie z.B. der Gerichtsbarkeit bis ins 16. Jahrhundert behaupten.

Noch im 16. Jahrhundert wurde deshalb nur rund ein Dutzend Ausdrücke aus dem Englischen übernommen, unter anderem *anglican*, *puritain*, *utopie* und *drague*. Im 17. Jahrhundert machen dann die Anglizismen mit rund 60 Entlehnungen einen deutlichen Sprung nach vorn (und dies trotz der schon mehrmals erwähnten Entlehnungsfeindlichkeit der Epoche). Eine große Rolle spielen schon zu diesem Zeitpunkt Termini aus dem Bereich der Politik: *conformiste*, *allégeance*, *corporation*, *comité*, *suprématie* etc.; daneben finden sich aber auch Lexien aus dem Bereich 'Spiel und Sport' wie *whist*, *boxe*, *football*, *jury*, *groom* usw., sowie vereinzelte Termini aus den verschiedensten Domänen: *boy*, *lady*, *shérif*, *quaker*, *wagon* etc. In den meisten Fällen handelt es sich um an spezifisch englische Lebensformen gebundene Ausdrücke.

Das 18. Jahrhundert bringt dann das Englische mit über 100 Entlehnungen an die Spitze der Gebersprachen. Nicht nur Montesquieu und Voltaire gehören in Frankreich zu den Bewunderern des politischen Systems in England und der englischen Philosophie; so

---

37 Vgl. hierzu die in Kap. 2.5.7. und 2.5.8. gegebenen Beispiellisten.

kann es denn nicht überraschen, daß diese Bereiche einen hohen Anteil an den Entlehnungen haben: *politicien, vote (voter), loyaliste, populariste, budget, session, coalition, pétition, constitutionnel, officiel, population, patriote; égotisme, panthéisme, théisme, méthodiste.* Wissenschaft und Literatur liefern *spectre, sentimental, liliputien.* Aus dem Bereich des Sports stammen *golf, jockey, yacht, redingote (< riding-coat).* Typisch englische Lebens-, Trink- und Eßgewohnheiten sind repräsentiert durch *club, loge, clan, meeting; grog, punch, whisky, gin; bifteck, pudding, toast,* usw.

Im 19. Jahrhundert entwickeln sich dann die Anglizismen geradezu lawinenartig: Die Zahl der Übernahmen erreicht fast 450 Einheiten. Die thematischen Bereiche[38] sind zuerst einmal die bereits bekannten:

— Politik und Wissenschaft: *abolitionniste, absentéiste, absentéisme, impérialisme, leader; pragmatisme, radicalisme; boycotter, lock-out, manager, trust;*

— Sport: *sport, fair-play, record, match, performance, forfait, handicap, crack, out-sider, derby, starter, disqualifier; turf, steeple-chase; football, dribbler, out; rugby, basketball, hockey, base-ball, polo, bobsleigh, skeleton; tennis, court;* etc.;

— Lebensformen u.ä.: *confort, water-closet, hall, smoking-room; lunch, sandwich, rumsteak, plumcake; bar, cocktail, flip, sherry, soda* etc.; *dandy, snob, snobisme, surprise, partie, flirt; poker, bridge; music-hall, récital, festival, clown: attraction;* usw.

Große Bedeutung kommt dem englischen Pressewesen zu, dem Ausdrücke wie *copyright, éditorial, essayiste, interview, reporter, tract; express, exhaustif, sélectif/sélection, suggestif* entstammen. Besonders wichtig wird aber der Bereich von Technik und Wissenschaft, der fast endlose Beispiellisten liefern könnte: *aluminium, baryum, palladium, potassium* etc.; *électrode, électron, watt; stéréoscope, téléphérique, téléscoper; pipeline, linotype, revolver; car, tramway, trolley, rail, tunnel* etc.

Im 20. Jahrhundert setzt sich der Boom der Anglizismen und Anglo-Amerikanismen fort, ja er verstärkt sich noch: Rund 75% der

---

38 Man könnte im Anschluß an Hallig/Wartburg (1963) auch von onomasiologischen Feldern sprechen.

Entlehnungen entstammen jetzt diesem Adstrat, unter anderem *sidecar, knock-out, doper, doping, dancing, jazz, fox-trot, vamp, sex-appeal, week-end, blue-jean, pullover, short, ketchup* etc. Sport, Lebensformen, Freizeit usw. dominieren, doch gibt es kaum einen Bereich, in dem nicht irgendwelche Anglizismen nachzuweisen wären. Diese Flut hat zum Teil zu heftigen (im wesentlichen aber erfolglosen) Protestreaktionen der Puristen geführt (cf. Baum 1976; Christmann 1982); um die unüberschaubar gewordene Menge der Anglizismen einigermaßen unter Kontrolle zu bekommen, gibt es inzwischen spezielle Anglizismenwörterbücher (Rey-Debove/ Gagnon 1980; Höfler 1982)[39].

2.5.10. Aufgrund der nordafrikanischen Kolonien Frankreichs spielen im 19. Jahrhundert und in der ersten Hälfte des 20. Jahrhunderts auch die arabischen Idiome dieser Region eine gewisse Adstratrolle; ihnen entstammen Ausdrücke wie *bournous, casbah, matraque, razzia, oued.* Eine Reihe von weiteren Lexien dieses Ursprungs gehört nur der Populär- und Vulgärsprache an: *bézef, bled, kif-kif, maboule, toubib, gourbi* usw.

Kaum bedeutender sind die Entlehnungen aus den slawischen Sprachen. Dem Bulgarischen entstammt *yaourt,* dem Tschechischen *robot.* Das Russische hat vor der Revolution einige Bezeichnungen für landesspezifische Gegebenheiten geliefert: *cosaque, moujik, steppe, taïga, vodka,* aber auch *mazout*; nach der Revolution waren es vor allem Ausdrücke für Institutionen und (wirkliche oder zweifelhafte) Errungenschaften des sozialistischen Systems: *soviet, kolkhoze, komsomol, bolchévik, spoutnik, goulag.* Der jüngsten Vergangenheit gehören *glasnost* und *pérestroïka* an[40].

---

39 Natürlich sind diese Werke nicht im Sinne der Puristen normativ angelegt; ihr Ziel ist nicht die *chasse aux anglicismes,* sondern vielmehr über eine Darstellung von Herkunft und Leistung zu einem besseren Verständnis dieser Formen zu verhelfen.

40 Ob es sich hierbei um Eintagsfliegen handelt oder ob die Übernahme Bestand haben wird, dürfte von der weiteren politischen Entwicklung in der Sowjetunion abhängen.

Aufgaben zu Kapitel 2

1. Skizzieren Sie die ethnischen Herrschaftsverhältnisse im gallischen Raum zwischen dem 6. Jahrhundert v. Chr. und dem 6. Jahrhundert n. Chr.

2. Diskutieren Sie die Begriffe *Strat*, *Substrat*, *Superstrat* und *Adstrat* mit besonderer Berücksichtigung der Verhältnisse im Gebiet des heutigen Frankreich.

3. Stellen Sie die Sachgebiete (onomasiologischen Felder) zusammen, denen im wesentlichen das im Französischen erhaltene gallische Wortgut entstammt; rekurrieren Sie dabei auf Hallig/Wartburg 1963.

4. Welchen Lebensbereichen (onomasiologischen Feldern) sind die wichtigsten fränkischen Wörter im französischen Wortschatz zuzurechnen?

5. Welches sind die Wege, auf denen griechisches Lehngut ins Französische eindringt, und in welchen Epochen wurden diese Wege genutzt?

6. Beschreiben Sie die lexikalischen Beziehungen zwischen dem Französischen und dem Arabischen (bzw. bestimmten Varianten des Arabischen).

7. Diskutieren Sie die Beziehungen Okzitanisch → Französisch von den Anfängen bis heute; berücksichtigen Sie dabei v.a. auch Aspekte der politischen und sozio-ökonomischen Geschichte (z.B. nach Bec 1963).

8. Geben Sie eine Art Entwicklungskurve des Gewichts des englischen Lehnguts im Französischen.

9. *Versuchen Sie, das Verhältnis zwischen literarischem Latein und Sprechlatein unter Heranziehung der Verhältnisse in modernen (Ihnen bekannten) Kultursprachen zu illustrieren.

10. *Skizzieren Sie die Rolle der ursprünglich expressiven und affektischen Elemente des Lateins im erbwörtlichen Bereich des französischen Wortschatzes.

11. *Diskutieren Sie die Rolle der Latinismen im französischen Wortschatz und gewichten Sie deren Bedeutung.

12. *Skizzieren Sie die chronologische Abfolge der dominanten Gebersprachen für französische Entlehnungen, und versuchen Sie, die verschiedenen Dominantenwechsel aus der Sicht der politischen Geschichte und der Kulturgeschichte zu begründen.

13. *In welchem Sinne ergänzen und kumulieren sich italienischer und spanischer Einfluß auf das Französische?

14. *Stellen Sie aufgrund von Baum 1976 und Christmann 1982 die offiziellen französischen Reaktionen gegen die Anglizismenflut kritisch dar.

3. Die Entlehnung

Der ganze Bereich der Adstrate, der in Kapitel 2.5. aus der Sicht des heutigen Wortschatzes in seiner historischen Dimension diskutiert wurde, ist die bevorzugte Domäne des Phänomens der sprachlichen Entlehnung; wir haben in der bisherigen Diskussion immer wieder auf diesen Aspekt hingewiesen. Allerdings darf nicht übersehen werden, daß auch Substrat- und Superstratwörter in ihrem Ursprung Entlehnungen darstellen; sie haben aber in derart hohem Maße an der (einzelsprachlichen) historischen Laut- und Bedeutungsentwicklung partizipiert, daß sie auf der Ebene der heutigen Ergebnisse für den "naiven" Sprecher in der Regel nicht mehr von den Erbwörtern im strengen Sinne zu unterscheiden sind.

Trotz der großen Affinität zwischen Adstrat und Lehnwortbereich muß davor gewarnt werden, die beiden Domänen einander einfach gleichzusetzen. Eine weitgehende Äquivalenz ist zweifellos für das Französische (und die übrigen großen Kultursprachen) gegeben, d.h. bei Sprachen, die über ein bedeutendes Sprecherpotential, ein dynamisches Kultur- und Wirtschaftsleben, hochentwickelte Massenmedien usw. verfügen[1]. Bei Klein- und Minoritätensprachen liegen die Dinge dagegen anders: Das Deutsche, das für das Bündnerromanische die dominante Gebersprache ist, muß aufgrund der spezifischen Gegebenheiten wohl nicht als Adstrat, sondern als Superstrat betrachtet werden; eine ähnliche Situation haben wir für das Dolomitenladinische (*ladin*), für das das Deutsche und das Italienische eine entsprechende Rolle spielen[2].

3.1. Ebenso wie die Substrat- und die Superstratwörter den lautlichen und formalen Gegebenheiten der aufnehmenden Sprache an-

---

1   Entsprechendes gilt auch für kleinere Sprachgruppen in einem anderssprachigen Nationalstaat, sofern sie sich an ein mächtiges sprachlich-kulturelles Hinterland jenseits der Grenze anlehnen können. Eine solche Situation haben wir z.B. für das Italienische im Tessin.

2   Ähnlich ist die Situation für die Beziehung Elsässisch-Französisch, obwohl das Elsaß direkt an den mächtigen deutschen Sprach- und Kulturraum angrenzt; hier muß jedoch in Rechnung gestellt werden, daß die Beziehungen zu Deutschland allzu lange grundlegend gestört waren und auch die französische Politik alles tat, um das Französische von einem Adstrat in ein Superstrat zu verwandeln.

gepaßt wurden und dann die weitere Entwicklung in ihrem neuen sprachlichen Umfeld wie autochthone Wörter mitmachten, so werden auch die Lehnelemente, die in der jüngeren Vergangenheit übernommen wurden, meist einem Integrations- und Adaptions- prozeß unterworfen. Die Anpassung kann von Fall zu Fall ver- schieden weit gehen und auf den unterschiedlichsten Ebenen wirksam werden, die für das äußere Erscheinungsbild einer Lexie relevant sind[3]: Graphematik, Phonematik (Phonologie), Phono-Gra- phematik (phonologisch-graphematische Relation), Morphologie. Ziel dieser Anpassung ist es letztlich, den Lehnwörtern ihr frem- des Gepräge zu nehmen und sie so weit zu "verkleiden" oder zu "schminken", daß sie nicht mehr auffallen und damit keine Fremd- heit mehr konnotieren (Braselmann 1981). Es versteht sich von selbst, daß überall dort, wo eine solche Konnotation[4] (aus welchen Gründen auch immer, z.B. Snobismus, Gruppenidentifikation usw.) angestrebt ist, die Integration blockiert werden kann.

3.1.1. Fremdheit wird z.B. von Wörtern wie *whisky* (oder gar *whis- key*), *pudding*, *guérilla*, *boléro* usw. konnotiert: Sie verraten ihre fremde Herkunft schon aufgrund des orthographischen Gepräges, das vor dem Hintergrund des "Normalfranzösischen" vollkommen unüblich ist. Dabei ist bei *guérilla* und *boléro* durch die Einfüh- rung des Akuts (*accent aigu*) zumindest der Versuch gemacht worden, eine ansatzweise graphematische Anpassung vorzuneh- men, und Entsprechendes gilt auch für Lexien wie *opéra*, *mérinos* usw.

Bedeutend weiter geht diese Anpassung in den folgenden Fäl- len: In *loustic* < (*Bruder*) *lustig* wurde das ungewöhnliche Gra- phem *u* für /u/ durch die geläufige Schreibung *ou* ersetzt; ebenso wurde im Französischen im Auslaut ungewöhnliches (graphisches) -*g* gegen "normales" (wenn auch nicht eben häufiges) -*c* ausge-

---

3   Es ist davon auszugehen, daß es solche Anpassungsprozesse (zumindest zum Teil) auch auf der Inhaltsebene gibt; das Phänomen ist als solches kaum untersucht, steht aber in enger Beziehung zum Bereich der *faux amis* in der normativ-präskriptiven Lexikographie. Für Literaturangaben cf. z.B. Ricken 1983:222s.

4   Zur Konnotation cf. unten, Kap. 7.

tauscht[5]. In *gangue* < (*Erz-*)*Gang* wurde die typische französische Notation für [-g] gewählt (cf. z.B. *langue*); dazu kommt in dieser Lexie dann noch eine phonematische Anpassung vom Typus /-anKons./ > /-ãKons./[6]. In *képi* < schwzdt. *Käppi/Chäppi* wurden unübliches *pp* durch *p* und unbekanntes *ä* durch *é* ersetzt (was allerdings auch einen phonematischen Wandel /æ/ > /e/ impliziert); das im Französischen zwar vorkommende, gleichwohl aber unübliche und immer Fremdheit konnotierende *k* dagegen blieb erhalten. In *choucroute* < *surkrut/surchrut* wurde wie in *loustic* das Graphem *ou* für /u/ gleich zweimal eingeführt und überdies die Standardschreibung *-te* für [-t] eingeführt. Eine weitere Anpassung an die normale französische Orthographie stellt *kr* > *cr* (für die Lautung /kR/) dar, während die Modifikation der Anlautkonsonanz (/s/ > /ʃ/) eine Remotivation ("Volksetymologie") darstellt[7]. Diese Beispielliste könnte noch beliebig verlängert werden (cf. auch Braselmann 1981:24ss.).

3.1.2. Wir haben im vorhergehenden Abschnitt gesehen, daß graphematische Adaptationen möglicherweise mit phonematischen einhergehen. Dies ist ganz besonders dann häufig, wenn die (fremde) Ausgangslexie Phoneme und Phonemkombinationen enthält, die im Französischen unbekannt sind. So wird z.B. in den englischen Wörtern *tunnel* /tʌnl/, *rugby* /rʌgbi/ usw. das im Französischen unbekannte Phonem /ʌ/ einfach durch /y/ ersetzt, das überdies die Normalentsprechung für das französische Graphem *u* darstellt: also fr. /tynɛl/, /Rygbi/; gleichzeitig bleiben aber die in der aufnehmenden Sprache ungewöhnlichen grapho-phonematischen Entsprechungen *-el* → /ɛl/ und *-y* → /i/ ebenso wie die unfranzösische Konsonantenverbindung *gb* (= /gb/) erhalten. — In engl.

---

5   Diese Schreibung *-c* entspricht überdies dem Lautstand der Gebersprache aufgrund des Phänomens der Auslautverhärtung (= Entsonorisierung von stimmhaften Konsonanten, wenn sie in den Auslaut zu stehen kommen) besser.

6   Zu lesen ist diese Notation als: "/a/ + /n/ vor Konsonant wird zu /ã/ vor Konsonant".

7   Im Rahmen dieses populären "Erklärungsversuchs" wurde *krut/chrut* 'Kraut' als fr. *croute* 'Kruste, Rinde', *sur* 'sauer' als *chou* 'Kohl' interpretiert.

rumpsteak /rʌmpstejk/, das im Französischen eine orthographische Entwicklung vom Typus *rumpsteak > rumsteak > rumsteck > romsteck* erlebte, hat man für /uᴺᵃˢ·/ (*u* vor Nasal) ein anderes Verfahren gewählt: Entsprechend der bei Latinismen auf -*um* (z.B. *consortium, aluminium* usw.) üblichen Aussprache /-ɔm/ wurde hier /ʌ/ durch /ɔ/ ersetzt. Überdies wurde die im Französischen ungebräuchliche Konsonantenfolge *mpst* zu *mst* reduziert, und an Stelle des englischen Diphthongs /ɛj/ (Graphem *ea*) trat der (französische) Monophthong /ɛ/; all dies führt dann zu einer Aussprache /ʀɔmstɛk/ in der aufnehmenden Sprache. Alle übrigen Anpassungen sind rein graphematischer Natur: *ea > e*, -*k > -ck* (!)[8], und in einem letzten Schritt *u > o*. — Eine Elimination von im Französischen nicht üblichen Diphthongen[9] haben wir auch in *tramway* (fr. /tramwɛ/), *trolley* (fr. /tʀɔlɛ/) usw. Ähnliches gilt auch für *outsider, lock-out* etc., wo /ɑw/ dem Graphem *ou* normalerweise entsprechendem /u/ Platz machen mußte, also fr. /utsidɛʀ/, /lokut/. — Ähnlich wurde in *water-closet* (fr. /watɛʀklozɛt/) im vokalischen Bereich die Lautung dahingehend angepaßt, daß die im Französischen den Graphemen *a* und *o* normalerweise entsprechenden Phoneme auch auf die Anglizismen übertragen wurden, und in *terminus* (wie auch in allen anderen Latinismen auf -*us*) trug man der üblichen Korrespondenz *u → /y/* Rechnung (fr. /tɛrminys/)[10]; usw. (cf. auch Braselmann 1981:262ss.).

Die vorhergehenden Beispiele haben deutlich gemacht, daß die Integration in zahlreichen Fällen nur partieller Natur ist und — in vielen Fällen von der niedrigeren oder höheren Frequenz der Lehnelemente in der aufnehmenden Sprache — auf sehr unterschiedlichen Ebenen Halt gemacht hat. In der Regel kann jedoch immer ein gewisses Integrationsstreben vorausgesetzt werden. Eine Ausnahme macht in dieser Hinsicht nur die englische Endung -*ing*

---

8 Ein Ersatz -*k > -ck* läßt sich im Französischen überhaupt nicht motivieren, findet sich aber auch in *bifteck*; sollte es sich dabei um einen "Hyperanglizismus" (im Sinne einer graphematischen Hyperkorrektur) handeln?

9 Daß sie in einem früheren Sprachzustand einmal durchaus gängig waren, ist für die moderne Situation und die gegenwärtige Integration von Lehnelementen vollkommen irrelevant.

10 Diese Gleichsetzung war schon im Mittelalter üblich und stellt eines der typischen Merkmale der französischen Lateinaussprache dar.

(/-iŋ/) in Wörtern wie *shampooing, dancing, doping* etc, die sich
nach langem Schwanken dem Integrationsdruck entzogen und dem
Französischen sogar ein neues Phonem (/ŋ/) vermittelt hat (cf.
Söll 1968; Braselmann 1981:268ss.).

3.1.3. In den bisherigen Ausführungen zur Integration von Lehnelementen wurde versucht, die graphematische und die phonematische
Ebene getrennt zu behandeln; wie unsere Beispiele zeigen, ist dieses Ziel oft aber nur schwer oder überhaupt nicht zu realisieren.
Dies hat seine Ursache darin, daß jede Sprache durch spezifische
Entsprechungen zwischen graphematischem und phonematischem
Bereich gekennzeichnet ist. Das "Buchstabeninventar" stellt ein se-
kundäres semiologisches System dar, dessen Einheiten sich analog
den zweiseitigen sprachlichen Zeichen verhalten: Sie haben eine
Ausdrucks- und eine Inhaltsseite mit Wertcharakter (→ Graphem
/vs./ Phonem), und die beiden Komponenten der Funktionseinheit
sind einander auf arbiträre und konventionelle Weise zugeordnet
(cf. hierzu Wunderli 1981:33ss.). Von diesen Normalentsprechungen
abweichende Konstellationen von Ausdruck und Inhalt sind für jeden muttersprachlichen Rezipienten auf Anhieb als fremdartig zu erkennen: Sie konnotieren Fremdheit. Dies gilt selbst dann, wenn die
graphematischen und phonematischen Einheiten (→ Ausdruck und
Inhalt) für sich genommen nichts Auffälliges an sich haben, z.B.
teenager → /tinedʒœʀ/: *ee* → /i/, *a* → /e/, *e* → /œ/; *brain drain* →
/bʀɛndʀɛn/: *ain*^Kons./# → /ɛn/[11]; *club* → /klœb/: *u*^Nichtnasal →
/œ/[12]; *toast* → /tost/: *oa* → /o/; usw. Aus diesen Gründen unterliegt auch der grapho-phonematische Bereich in seiner Gesamtheit
einem spezifischen Anpassungsdruck, an dem zwar die graphematische und/oder phonetische Seite aufgrund ihrer besonderen Gegebenheiten beteiligt sein können, der aber auch nur aus der Zuordnung von Ausdruck und Inhalt von Einheiten des sekundären semiologischen Systems 'Schrift' resultieren kann.

Grapho-phonematische Anpassungen dieser Art finden wir z.B.
in *Landsknecht* > *lansquenet* (/lãskənɛ/), *packed-boat* → *paquebot*

---

11 Die orthographische Formel ist zu lesen: "Graphemabfolge *a + i + n* vor
    Konsonant oder am Wortende"; die normale phonematische Entsprechung
    im Französischen hierfür wäre /ɛ̃/.

12 Zu lesen als "*u* vor einem nicht nasalen Konsonanten".

(/pakbo/), wo ungewöhnliche Konsonantengruppierungen entweder durch Elimination eines Konsonanten (cf. auch *rumsteck* etc.) oder durch Einschieben eines /ə/ aufgelöst werden. Im vokalischen Bereich haben wir Adaptationen vom Typus *an* (/an/) > *an* (/ã/), *oa* (/ow/) > *o* (/o/) usw.; hierher gehört letztlich auch die Anpassung *beefsteak* (/biːfstejk/) > *bifsteck* (/bifstek/). Besonders weitgehend sind Adaptationsprozesse dieser Art bei älteren Entlehnungen[13], wo dann zum Teil auch noch historische Lautentwicklungen, die **vor** dem Übernahmezeitpunkt abgelaufen sind, gewissermaßen "nachgestellt" werden: Es wird so getan, als ob die betreffenden "Lautgesetze" auch noch für die später übernommenen fremden Lexien Gültigkeit gehabt hätten und so ein früheres Übernahmedatum simuliert[14]. In diesen Zusammenhang gehören Beispiele wie it. *semola* > fr. *semoule*, it. *sottana* > fr. *soutane*, dt. *Pochwerk* > fr. *bocard*, dt. *Pochhammer* > fr. *bocambre* usw.[15]

3.1.4. Adaptationserscheinungen finden sich nicht nur im graphophonematischen, sondern auch im morphologischen Bereich; auch hier treten sie aber nur partiell und unsystematisch auf. Während bei *guérilla*, *tombola*; *boléro*, *adagio*, *fortissimo*; *consortium*, *terminus*; *toréador*; *confetti*, *mérinos* usw. der ursprüngliche Wortausgang sowohl in graphematischer als auch in morphologischer Hinsicht unverändert blieb und deshalb ein Fremdheit konnotierendes Element darstellt, finden sich andererseits die verschiedensten Anpassungsphänomene. Das einfachste von ihnen ist sicher der Ersatz eines auslautenden, im Spanischen und Italie-

---

13 Man könnte als generelle Regel aufstellen, daß die Anpassung umso größer ist, je früher die Entlehnung stattgefunden hat. Eine derartige Gesetzlichkeit ist aber äußerst schwer zu verifizieren, da sich jede Lexie letztlich anders verhält. Die "Regel" beinhaltet deshalb nicht mehr als eine Tendenzaussage.

14 Eine andere Erklärungsmöglichkeit für diese Erscheinung wäre natürlich die Annahme, daß unsere Dokumentation in diesem Falle einfach ungenügend ist und die Übernahme viel früher anzusetzen ist als aufgrund der Beleglage bewiesen werden kann. Der hohe Stand der historischen Wortforschung und die Vielzahl der Beispiele macht eine derartige Annahme aber wenig wahrscheinlich.

15 Vgl. zu diesen Problemen auch Ricken 1983:85s.; Braselmann 1981:320ss.

nischen das feminine Genus kennzeichnenden -a durch ein graphisches -e im Französischen, dem auf phonologischer Ebene die
Werte Ø (Null) oder /ə/ entsprechen können[16]: *sieste*, *platine*,
autostrade usw.; Entsprechendes findet sich bei Maskulina, die in
der Gebersprache auf -a enden, z.B. it. *fascista* > fr. *fasciste*. Bei
fremden (spanischen und italienischen) Lexien auf -o fällt diese
sowohl grapho-phonematisch als auch morphologisch relevante
Einheit, die das maskuline Genus markiert, normalerweise wie bei
regelgerechter französischer Lautentwicklung in Erbwörtern[17]weg:
appartamento > *appartement*, *gitano* > *gitan*, *soldato* > *soldat* usw.;
in Fällen wie *quadro* > *cadre*, *contrasto* > *contraste*, *fascismo* >
fascisme etc. bleibt es dagegen (wiederum wie bei regelkonformer,
genuin französischer Entwicklung) als -e (/ə/) in der Funktion
eines Stützvokals nach schwerer Konsonanz erhalten.

Ähnliche, meist etymologisch begründbare Äquivalenzerschei-
nungen finden sich auch über den Bereich des absoluten Auslauts
(und damit der Genusmarkierung) hinaus: In *ferroviario* > *ferroviaire* tritt das auf lat. -ARIUM zurückgehende fr. -*aire* für it. -*ario*
(gleichen Ursprungs) ein; in *porcellana* > *porcelaine* ersetzt das
lautgerecht entwickelte fr. -*aine* das italienische -*ana*, während
man sich bei *cortigiano* > *courtisan* mit einer Elimination von -o
begnügt[18]. Entsprechende morphologische Inkonsistenzen finden
sich auch bei Anglizismen, wie durch das Paar *anglican[e]/puri-
tain[e]* dokumentiert wird. Im Falle von okz. *trobador* > *troubadour*
begnügt sich das Französische mit einer rein grapho-phonematischen Adaptation (*o* > *ou* [/u/]), während wir bei it. *prosatore* >
prosateur eine morphologische Äquivalenz haben (-*ore* > -*eur*).

Morphologische Äquivalenzen drängen sich natürlich insbesondere bei eng verwandten Sprachen auf; die Beziehungen zwischen Französisch, Italienisch und Spanisch innerhalb der romani-

---

16 Ø ist der Wert in der Umgangs- und Standardsprache, /ə/ dagegen derjenige in den formalen Kodes.

17 Für Überblicksdarstellungen zur französischen Lautgeschichte cf. z.B.
   Wolf/Hupka 1981 und Ineichen 1985; für umfassendere Information cf.
   Pope 1952.

18 Für die Tilgung von -o cf. oben; die übrigen (grapho-phonematischen) Anpassungen an dieser Lexie betreffen nicht die lexematisch und morphologisch
   relevante Endung.

schen Sprachenfamilie stellen hierfür eine optimale Voraussetzung dar. Ähnliche Relationen finden sich aber auch im Falle des Englischen, was ohne jeden Zweifel auf dessen hohen Anteil an aus dem Lateinischen und dem Französischen übernommenen Lexien und Monemen zurückzuführen ist. Als Musterbeispiele können hier u.a. engl. *majority/minority* > fr. *majorité/minorité* gelten. Im Falle von fr. *boxeur* (< engl. *boxer*), *dribbleur* (< *dribbler*), *footballeur* (< *footballer*) usw. ist das englische Morphem *-er* durch funktionsähnliches (und überdies auch lautliche Affinitäten zeigendes) französisches *-eur* ersetzt worden. Erstaunlich ist hier, daß sich in zahlreichen Fällen eine lautliche Anpassung an die morphonologischen Gegebenheiten[19] des Französischen vollzogen hat, die Orthographie aber konstant geblieben ist: *leader* → /lidœʀ/. In vielen Fällen dieser Art ist der Konkurrenzkampf zwischen (morphologisch) integrierter und nicht-integrierter Form noch nicht entschieden: *outsider, manager* usw. kommen sowohl mit der phonematischen Realisierung /-ɛʀ/ als auch in der Lautgestalt /-œʀ/ vor. – Ein interessanter Fall ist fr. *aquaplanage*[20] für *aquaplaning* (das als engl. Lehnwort ebenfalls belegt ist): Hier wurde das englische Suffix für Verbalsubstantive (*-ing*) durch ein funktionsidentisches, lautlich und etymologisch aber grundverschiedenes französisches Suffix (*-age*) ersetzt.

All dies macht deutlich, daß grapho-phonematische und morphologische Integration zwar manchmal parallel gehen, keineswegs aber regelmäßig parallel verlaufen: Sie sind prinzipiell voneinander unabhängig. Generell kann wohl gesagt werden, daß grapho-phonematische Anpassungsprozesse leichter und häufiger auftreten als morphonologische und morphologische; dies schließt natürlich die Existenz von isolierten Gegenbeispielen nicht aus.

3.2. Im Bereich der aus einer anderen Sprache übernommenen lexikalischen Einheiten unterscheidet man normalerweise zwischen

---

19 *Morphonologie* = Lehre von den morphologisch relevanten phonologischen Gegebenheiten.

20 *Aquaplanage* ist die typische Aufschrift auf Warnschildern von belgischen Autobahnen, während man auf französischen Strecken (trotz der offiziellen *chasse aux anglicismes*) normalerweise die nicht adaptierte Form findet.

Bedürfnislehnwörtern und *Luxuslehnwörtern*: Bedürfnislehnwörter wären solche, die einen Begriff abdecken, für den es in der aufnehmenden Sprache vorher noch keinen adäquaten und hinreichend spezifischen Ausdruck gab; in diese Kategorie gehören z.B. Lehnelemente wie *sonnet, sieste, aubergine, golf, whisky, blue-jean, soviet, kolkhoze* usw., die alle Dinge bezeichnen, die in einem den Franzosen (zumindest ursprünglich) fremden Lebens- und Kulturraum beheimatet sind. Liegt dagegen bereits eine (zumindest im Moment der Entlehnung) funktionsidentische oder zumindest funktionsverwandte Lexie im Französischen vor, bezeichnet man das Fremdelement als Luxuslehnwort; hierher gehören Fälle wie[21]: *certitude (seürtance)*, *confidence (confiance)*, *persister (demourer)*, *vélocité (hastiveté)*, *palace (palais)*, *smoking-room (fumoir)*, *pattern (patron)*, *speech (allocution)* usw. Allerdings hat die neuere Synonymieforschung[22] gezeigt, daß es "vollständige" bzw. 100%ig identische Synonyme nicht gibt: Entweder sind die in Konkurrenz stehenden Lexien im Darstellungsbereich[23] nur teilidentisch, d.h. ihre Austauschbarkeit ist auf eine Schnittmenge der beiden jeweiligen Anwendungssektoren begrenzt; oder aber sie sind im Darstellungsbereich beliebig austauschbar, unterscheiden sich dann aber in symptom- und/oder appellfunktionaler Hinsicht. Selbst sogenannte "Luxuslehnwörter" sind deshalb nie reiner Luxus; sie erbringen eine je spezifische Leistung, und sei es nur die, z.B. eine snobistische Haltung, ein gewisses Prestigedenken usw. zum Ausdruck zu bringen. Auch derartige "Nuancen" gehören zum Kommunikationsinhalt, ja in vielen pragmatischen Situationen sind sie sogar der Kern der Mitteilung. Die Unterscheidung zwischen Bedürfnis- und Luxuslehnwörtern ist somit außerordentlich prekärer Natur und beruht letztlich auf einer kaum zu rechtfertigenden Verabsolutierung des darstellungsfunktionalen (denotativen) Aspekts der zwischenmenschlichen Kommunikation (cf. auch Höfler 1971:60).

3.3. Bis jetzt haben wir immer von *Lehnwörtern* im engeren Sinne gesprochen, obwohl vereinzelt auch Beispiele berücksichtigt wur-

---

21 In Klammern steht jeweils die vor der Übernahme für die betreffende Bezeichnungsfunktion verwendete Lexie.

22 Cf. hierzu unten, Kap. 6.6.

23 Ich verwende hier die Terminologie von Bühler 1965:24ss.

den, die zumindest unter gewissen Aspekten nicht in diesen Bereich gehören (z.B. *antichambre* < it. *anticamera*). In der Tat gibt es neben den sogenannten Lehnwörtern auch die Lehnprägungen, das sogenannte "innere Lehngut". Es handelt sich hierbei um Bildungen, die auf die eine oder andere Weise fremde Lexien und deren Inhalt mit autochthonem sprachlichem Material wiederzugeben versuchen. Entscheidend ist dabei, daß eine enge Beziehung zwischen aufnehmender und gebender Sprache sowohl auf der Ausdrucks- als auch auf der Inhaltsebene (*signifiant/signifié*) besteht (cf. Höfler 1981). Innerhalb der Lehnprägungen unterscheidet man dann zwischen Lehnübersetzungen, Lehnübertragungen und Lehnbedeutungen. Höfler (1978:66) systematisiert diese Kategorien folgendermaßen:

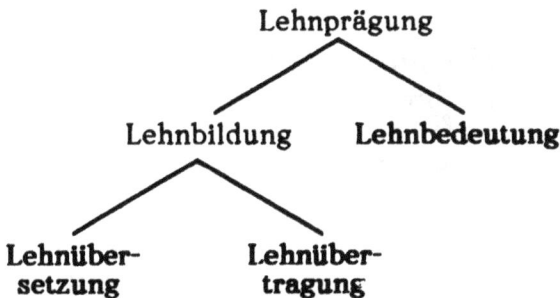

Lehnprägung

Lehnbildung **Lehnbedeutung**

**Lehnüber-
setzung** **Lehnüber-
tragung**

3.3.1. Die Lehnübersetzung ist eine "Glied-für-Glied-Nachbildung eines fremden Vorbilds", wobei danach differenziert werden kann, ob das Sequenzmuster der aufnehmenden oder der gebenden Sprache dominiert[24] und ob eine Affinität auf der *signifiant*-Ebene existiert oder nicht:

– Sequenzmuster der aufnehmenden Sprache ohne *signifiant*-Affinität: *blue-stocking > bas bleu, sky-scraper > gratte-ciel, Erdnuß > noix de terre*;

– Sequenzmuster der gebenden Sprache ohne *signifiant*-Affinität: *Erdnuß > terre-noix, free trade > libre-échange*;

---

24 Bei den Sequenzmustern kann man mit Bally (1965:201ss:) zwischen einer progressiven und einer regressiven Sequenz unterscheiden. Im ersten Fall haben wir eine Abfolge 'determiniertes/determinierendes Element' (z.B. *bas bleu*), im zweiten die umgekehrte Ordnung (z.B. *libre-échange*). – Für das Französische ist die progressive Sequenz typisch, für das Deutsche und Englische dagegen die regressive.

– Sequenzmuster der aufnehmenden Sprache mit *signifiant*-Affinität: *Banknote > note de banque, birth control > contrôle de naissance, pjatiletnij plan > plan quinquennal*;

– Sequenzmuster der gebenden Sprache mit *signifiant*-Affinität: *Quartiermeister > quartier-maître, paper money > papier-monnaie, self-service > libre-service, surprise party > surprise-partie*.

3.3.2. Die Lehnübertragung ist eine "Teilübertragung eines fremden Vorbilds": Nur gewisse Elemente der Vorlage werden übersetzt, der Rest dagegen wird frei und mehr oder weniger sinngemäß ergänzt. Das Standardbeispiel für diesen Typus ist das deutsche *Wolkenkratzer < engl. sky-scraper*. Französische Beispiele für diese Kategorie wären z.B. *franc-jeu < fair-play, reporteur d'images < reporter-cameraman, gros-porteur < jumbo-jet*, die sich aber alle gegen die mit ihnen direkt konkurrierenden Anglizismen nur schwer behaupten können[25]. Anders verhält es sich mit *planche à voile < surf-board*, das sich wohl definitiv durchgesetzt hat.

3.3.3. Eine Lehnbedeutung liegt dann vor, wenn eine bereits existierende Lexie eine zusätzliche Bedeutung einer (meist verwandten Lexie) aus einer fremden Sprache übernimmt. Typische Beispiele für die Kategorie von Lehnprägungen sind fr. *réaliser* und *prohibition*. Das Verb *réaliser* bedeutete im Französischen ursprünglich nur 'verwirklichen'; seit dem Ende des 19. Jahrhunderts kommt dann aber zusätzlich noch die Bedeutung 'wahrnehmen, erkennen' dazu, die vom englischen *(to) realize* übernommen wurde. *Prohibition* bezeichnet seit dem 13. Jahrhundert generell ein 'Verbot'; im Gefolge der amerikanischen Prohibition (1919-33) kommt dann noch die spezifische, aus dem Amerikanischen entlehnte Bedeutung 'Alkoholverbot' dazu. Weitere Fälle dieser Art sind : *approche* (n.f.), ursprünglich nur 'Annäherung', unter dem Einfluß von englisch *approach* dann aber auch 'Art und Weise, ein Problem anzugehen'; *investir* (v.tr.) ursprünglich 'mit Befugnissen ausstatten, in ein Amt

---

25 Dies ist fast der Normalfall bei Ausdrücken, die gewissermaßen von Amts wegen und aufgrund der französischen Sprachgesetzgebung geschaffen und propagiert werden, um fremde Lexien zu verdrängen.

einführen/einsetzen' und auch 'mit Truppen umzingeln, angreifen',
dann auch nach englisch *(to) invest* 'Kapital anlegen, investieren';
usw.

3.3.4. Der Bereich der Entlehnung erweist sich somit als außerordentlich vielfältig und komplex; dem entspricht auch eine gewaltige Materialfülle, von der hier nicht einmal annähernd ein Eindruck vermittelt werden konnte; die vorgelegten Belege haben
immer nur exemplarisch-illustrativen Charakter. Dagegen dürfte
deutlich geworden sein, wie wichtig für die Bewältigung dieses
Stoffberges ein griffiges Inventar von (wohldefinierten) wissenschaftlichen Termini (und Begriffen) sowie auf diesen beruhende
methodische Verfahrensregeln sind. Das hier präsentierte Instrumentarium umfaßte:

— die Strattheorie (mit den Begriffen Strat, Substrat, Superstrat
  und Adstrat), die schon in Kapitel 2 benutzt wurde;
— die Auffassung des "Buchstabens" als zweiseitige Einheit eines sekundären semiologischen Systems, dessen Funktion es
  ist, ein primäres semiologisches System (die [gesprochene]
  Sprache) zu fixieren;
— den Integrationsbegriff, dem ein elastisches Anpassungskonzept für Lehnelemente zugrunde liegt, das vor allem auf
  der graphematischen, der phonematischen, der grapho-phonematischen und der morphologischen bzw. morphonologischen
  Ebene wirksam wird; auch die semantische Ebene ist jedoch
  nicht ausgeschlossen;
— eine Differenzierung des Begriffs "Lehnelement" in
  Lehnwörter[26] und *Lehnprägungen*, wobei die letzteren wieder
  in *Lehnübersetzungen*, *Lehnübertragungen* und *Lehnbedeutungen* zerfallen.

Allerdings erspart einem auch das beste Instrumentarium die mühselige Materialanalyse nicht, und ebensowenig macht es wissenschaftlichen Scharfsinn überflüssig.

---

26 *Lehnlexien* wäre vorzuziehen, ist leider aber so häßlich …

Aufgaben zu Kapitel 3

1. Erklären Sie aufgrund von Braselmann 1981 die Begriffe *graphematische, phonematische* und *grapho-phonematische Integration*. Diskutieren Sie die Frage, ob es sinnvoll sein könnte, zwischen *grapho-phonematischer* und *phono-graphematischer Integration* zu unterscheiden.

2. Diskutieren Sie unter Zuhilfenahme einschlägiger Wörterbücher die Integrationsphänomene bei folgenden Lexien: *hamburger, manifold, rosbif, roquette, toasteur, truisme, vulcaniser, warrant*.

3. Skizzieren Sie die Geschichte des englischen Suffixes *-ing* im Französischen nach Söll 1968.

4. Versuchen Sie zu erklären, inwieweit bei Fällen wie *semola* (it.) > *semoule, sottana* (it.) > *soutane, Pochhammer* (dt.) > *bocambre* historische Lautentwicklungen "nachgestellt" werden.

5. Diskutieren Sie die Berechtigung der Unterscheidung zwischen Bedürfnis- und Luxuslehnwörtern. Versuchen Sie, dies v.a. vor dem Hintergrund der Begriffe *Symbol-, Appell-* und *Symptomfunktion* (Bühler 1965) zu leisten.

6. Diskutieren Sie aufgrund von Wunderli 1981 (25ss.) den zweiseitigen Charakter der "Buchstaben".

7. *Diskutieren Sie in prinzipieller Hinsicht das Verhältnis zwischen Entlehnungen und den verschiedenen Arten von Straten, und versuchen Sie, dies anhand von Beispielen zu illustrieren.

8. *Versuchen Sie die Begriffe *Fremdwort* und *Lehnwort* aufgrund des Kriteriums "Konnotation von Fremdheit" (Braselmann 1981) gegeneinander abzugrenzen und dies mit geeignetem Beispielmaterial zu belegen.

9. *Versuchen Sie, möglichst viele Beispiele (mit unterschiedlichen Ausgangs- und Zielsprachen) für die Kategorien *Lehnübersetzung, Lehnübertragung* und *Lehnbedeutung* zusammenzutragen. Begründen Sie jeweils ihre Einordnung.

10. *Suchen Sie Beispiele für Integrationserscheinungen, die Ihrer Meinung nach auf dem Anpassungsdruck beruhen, der von der Zuordnung *Ausdruck/Inhalt (Funktion)* im Bereich der grapho-phonematischen Einheiten ("Buchstaben") ausgeht.

4. Die Wortbildung

Eine Sprache lebt; auch ihr Lexikon lebt. Dies äußert sich unter anderem darin, daß einerseits Lexien aus dem Gebrauch verschwinden, "sterben", andererseits aber auch laufend neue Lexien entstehen. Primär stellen solche Innovationen immer eine Bereicherung des Lexikons dar, wenn sie auch letztlich für den Untergang anderer Einheiten verantwortlich sein können.

Ausbau und Erneuerung des Lexikons einer Sprache erfolgen nun keineswegs **nur** über Entlehnungen — ganz im Gegenteil: Die Sprachen verfügen auch über spezifische Muster[1], die es erlauben, neue Lexien zu bilden. Solche Muster liegen z.B. den Filiationen *porter > porteur, faire > refaire, cigarette/filtre > cigarette-filtre* usw. zugrunde. Man spricht in diesem Falle in der Regel von "Wortbildung"; da der Wortbegriff aber problematisch ist[2], ziehe ich es mit Manfred Höfler und andern vor, den Terminus *Lexematik* zu verwenden. Man kann die Lexematik definieren als die Disziplin, die sich mit der Verbindung von Lexemen, Morphemen und Lexien nach bestimmten Mustern zu anderen/neuen Lexien befaßt.

Traditionellerweise — und vor allem in der historischen Grammatik des 19. und frühen 20. Jahrhunderts — wurde die Lexematik ("Wortbildung") als Teil der Morphologie angesehen. Dies läßt sich aus moderner Sicht nicht rechtfertigen, denn die Bildung (neuer) lexikalischer Einheiten hat mit der Flexion (Deklination, Konjugation) nichts zu tun, obwohl rein äußerlich beide in den uns geläufigen westeuropäischen Kultursprachen in der Regel irgendwie das "Wortende" betreffen. Der entscheidende Unterschied zwischen den beiden Bereichen besteht darin, daß die Lexematik neue Lexien schafft, die Morphologie bzw. Flexion dagegen nicht; sie adaptiert nur bestehende Lexien an variable syntaktische Kotexte[3]. Überdies unterscheiden sich die beiden Bereiche dadurch,

---

1   Mario Wandruszka und Hans-Martin Gauger sprechen in diesem Sinne von *Programmen*; cf. z.B. Wandruszka 1971:37ss., 42ss.; Gauger 1976:147ss.

2   Cf. oben, p. 14ss.

3   Ich verwende *Kotext* und *Kontext* hier im Sinne der pragmatisch orientierten anglo-amerikanischen Sprachwissenschaft: *Kotext* 'begleitender, eine Einheit oder eine Sequenz umgebender Text'; *Kontext* 'situative Einbettung einer sprachlichen Einheit oder Sequenz'.

daß die flexivischen Gegebenheiten (im Prinzip) immer für alle Einheiten einer Wortart oder einer wortartbezogenen Subklasse gültig sind, während sich die lexematischen Gegebenheiten (zumindest im Französischen) nicht ohne weiteres generalisieren lassen: Sie gelten im Normalfall nur für ausgewählte Lexien, wobei die Auswahlkriterien kaum zu systematisieren und noch weniger zu generalisieren sind.

Der Begriff des Musters (oder Programms) ist deshalb besonders wichtig, weil das Ergebnis lexematischer Verfahren in der Regel *nicht* additiver Natur ist: Zwischen den Bildungselementen bestehen vielmehr — zum Teil äußerst komplizierte — Abhängigkeits- und Hierarchierelationen. Diese Beziehungen zwischen den Konstituenten einer Lexie lassen sich über Paraphrasen explizieren[4]. So ist z.B. eine *cigarette-filtre* nicht einfach die Summe von *cigarette* + *filtre*, sondern eine '*cigarette munie d'un filtre*'; *porteur* kann paraphrasiert werden als '*X (homme, objet, etc.) qui porte [quelque chose]*'; ein *avant-poste* ist ein '*poste qui se trouve 'avant' [devant] X*', während ein *avant-bras* mit '*la partie (X) 'avant' [antérieure] du bras*' umschrieben werden kann; usw. (cf. auch Wunderli 1979). Man hat in diesem Sinne auch von einer "wortinternen Syntax" (Saussure 1931) gesprochen.

Von besonderer Wichtigkeit ist im Bereich der Wortbildung die Unterscheidung von Synchronie und Diachronie, von (für eine bestimmte Epoche) aktueller und historischer Perspektive. Diese Differenzierung wird z.B. von Meyer-Lübke (1921) einfach vernachlässigt, was bei ihm zu vollkommen heterogenen Klassen führt. Zwar ist *panier* historisch auf PANEM (> *pain*) und das Suffix -ARIUM zurückzuführen; das Resultat dieser Verbindung hat aber im Laufe der Zeit sowohl inhaltlich als auch formal die Beziehung zu seinen ursprünglichen Konstituenten verloren; es ist deshalb (im Gegensatz etwa zu *guêpe* → *guêpier*) aus synchronischer Sicht

---

4 Ich insistiere auf die reine Explikationsfunktion der Paraphrasen; ich folge in diesem Punkt nicht der generativen Transformationsgrammatik, die die Paraphrasen als genetische Grundlagen der durch sie repräsentierten lexematischen Einheiten ansieht. Die Paraphrase ist nichts anderes als eine *post festum*-Interpretation des Linguisten im Rahmen eines vage definierten, verschiedene Anwendungen und Auslegungen zulassenden Programms.

nicht mehr analysierbar. Ähnliches gilt für *message* (< MISSUM x -ATICUM), *courage* (< COR x -ATICUM) usw. — Innerhalb der analysierbaren Bildungen ist zwischen "vitalen" und produktiven Mustern zu unterscheiden (Höfler 1972:99). So sind z.B. de-adjektivische Substantivableitungen auf *-ise* wie *bête* → *bêtise*, *franc/franche* → *franchise* oder Diminutivbildungen auf *-eau/-elle* wie *jambon* → *jambonneau*, *tour* → *tourelle* usw. zwar noch analysierbar (d.h. "vital"), aber sie sind nicht mehr produktiv: Die Bildung von neuen, noch nicht vom Lexikon[5] sanktionierten Einheiten ist in diesem Falle so gut wie ausgeschlossen. Anders verhält es sich mit Suffixen wie *-isme* und *-iste*, mit Präfixen wie *archi-*, *super-*, *hyper-*, die immer für Neubildungen gut sind und in den letzten Jahren auch eine Fülle von zusätzlichen Lexien hervorgebracht haben, vom *super-marché* über den *hyper-marché* bis zum *super-gi*[6]: Sie können deshalb als produktiv gelten. Aufgrund der bisher diskutierten Kriterien könnte man die (komplexen) Lexien folgendermaßen klassieren:

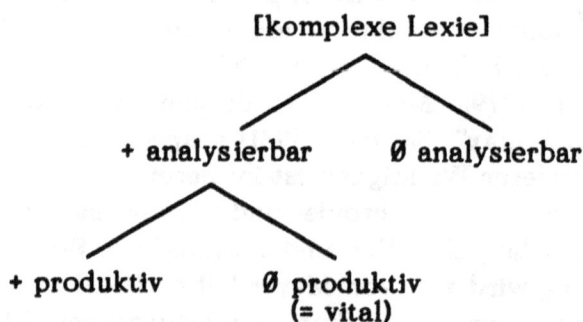

[komplexe Lexie]

+ analysierbar   Ø analysierbar

+ produktiv   Ø produktiv
                       (= vital)

Wie bereits erwähnt, sind jedoch selbst produktive Muster des Französischen in der Regel nicht vollkommen frei anwendbar: Sie unterliegen hinsichtlich der Nutzung zahlreichen, oft sehr schwer oder kaum kontrollierbaren Restriktionen, wodurch sich die französischen Gegebenheiten deutlich von denen im Italienischen und Spanischen unterscheiden. Zu Recht fordert deshalb Thiele (1985:23) eine Aufarbeitung dieser bis heute in der französischen Lexematik kaum oder zumindest nicht systematisch berücksichtigten Problematik.

---

5   Hier verstanden im Sinne Coserius als "Register der Norm".
6   Wiedergabe der engl. Aussprache für *Super-G*, für '(slalom) super-géant'.

4.1. Die lexematischen Bildungen im Französischen können sowohl nach formalen als auch nach inhaltlichen Kriterien klassiert werden. Im formalen Bereich unterscheidet man normalerweise zwischen der Komposition einerseits und der Derivation andererseits. Bei der Komposition treten zwei anderweitig freie, autonome Lexien zusammen, um eine neue Einheit zu bilden, z.B. *cigarette-filtre*, *tablier-blouse*, *montre-bracelet* usw. Im Falle der Derivation haben wir eine Verbindung zwischen einem Lexem oder einer Lexie einerseits und einem gebundenen Monem (Morphem oder Lexomorphem[7]) andererseits; dabei zerfallen die Derivativa in Präfixbildungen und Suffixbildungen: *indissoluble*, *désavouer*, *antiparasite*, *après-guerre*, *hypermaché*; *changement*, *arroseuse*, *profitable*, *fraîcheur* usw. Im Prinzip gibt es im Französischen auch sogenannte Infixbildungen, z.B. solche mit *-onn-*, *-ill-* oder *-ott-* wie *chantonner*, *sautiller*, *tremblotter* usw.; aufgrund ihrer Position nach dem Lexem werden sie jedoch meist (wie *-ifier*, *-iser* etc.) als komplexe Suffixe behandelt (anders dagegen Thiele 1985:140ss.). Verzichtet man darauf, eine separate Kategorie der Infixe zu führen, kann man die lexematischen Bildungen formal folgendermaßen klassieren[8]:

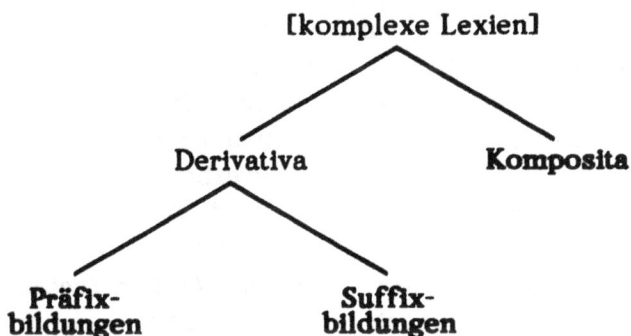

```
                  [komplexe Lexien]
                  /              \
           Derivativa          Komposita
           /        \
      Präfix-      Suffix-
     bildungen    bildungen
```

---

7   Unter einem *Lexomorphem* verstehe ich eine Einheit, die sich zwar formal wie ein (gebundenes) Morphem verhält, inhaltlich aber gleichwohl Leistungen erbringt, die denjenigen eines *Lexems* ähnlich sind. Ein typisches Lexomorphem ist z.B. *-eur* (in *porter → porteur*), das einerseits morphologisch den Übergang *Verb → Substantiv* markiert, andererseits aber auch die (lexikalische) Information '*être/chose qui* [Verb]' liefert.

8   Führt man die Infixbildungen als eigenständige Kategorie, dann muß der Bereich der Suffixbildungen entsprechend aufgespalten werden.

Allerdings gibt es auch eine Tradition, die die Präfixbildungen den Komposita zuordnet (z.B. Darmesteter 1877). Dieses Vorgehen erklärt sich daraus, daß viele Präfixe mit Präpositionen oder Adverbien formal identisch sind (z.B. *à [a-]*, *après*, *arrière*, *avant*, *contre*, *entre*, *sur* usw.); es ist aber deshalb unbefriedigend, weil es andererseits Moneme (Präfixe) wie *dé- (des)*, *en- (em-)*, *re- (ré-)*, *in- (im-)*, *mé- (mes-)* gibt, die zu den gebundenen Morphemen zu zählen sind. Eine scheinbare Lösung bildet der Versuch von Rohrer (1977:122ss.), unter die Komposita nur Bildungen mit solchen "präfixalen" Elementen einzureihen, die auch tatsächlich als Präpositionen oder Adverbien vorkommen. Bei dieser Lösung ergeben sich sofort wieder Probleme, wenn auch auf einer anderen Ebene: Man stellt nämlich sehr schnell fest, daß z.B. der Bedeutungsumfang von *avant-* (Präfix) denjenigen von *avant* (Präposition) bei weitem übersteigt, denn er schließt auch 'devant', 'antérieur' usw. mit ein. Ähnlich verhält es sich auch mit *après*, *sous*, *sur* usw. Aus diesem Grunde scheint es mir sinnvoll, unter den Komposita nur diejenigen Bildungen zu berücksichtigen, die (ausschließlich) aus Lexien im engeren Sinne bestehen, d.h. aus Elementen, die den vier Wortarten mit außersprachlicher Referenz (Substantive, Adjektive, Verben und Adverbien) angehören (vgl. Kleiber 1981). In diesem Sinne sind zwar *bien-être*, *mal-élevé* usw. Komposita, nicht aber *avant-guerre*, *survoler*, *sous-estimer* usw.

Im derivationellen Bereich werden suffixale Ableitungen normalerweise nach Ausgangs- und Zielkategorie subklassifiziert[9]. So kann man z.B. unterscheiden: deverbale Substantivbildungen (*changer* → *changement*, *abolir* → *abolition*, *rigoler* → *rigolade*; *enchanter* → *enchanteur*, *libérer* → *libérateur* usw.), deadjektivische Substantivbildungen (*faible* → *faiblesse*, *lent* → *lenteur*, *gauche* → *gaucherie*, *franc/franche* → *franchise* usw.), desubstantivische Substantivbildungen (*cuisine* → *cuisinier*, *collège* → *collégien*, *dent* → *dentiste* usw.), deverbale Adjektivbildungen (*punir* → *punissable*, *faire* → *faisable*), desubstantivische Adjektivbildungen (*banque* → *bancaire*; *fisc* → *fiscal*, *culture* → *culturel*, *route* → *routier* usw.), deadjektivische Adjektivbildungen (*jaune* → *jaunâtre*, *aigre* → *aigrelet*,

---

9 Ausgangskategorie ▪ Wortart der Lexie, die der Neubildung zugrunde liegt; Zielkategorie ▪ Wortart der aus dem lexematischen Verfahren resultierenden Lexie.

pâle → *pâlot*, *fin* → *finaud* usw.), denominale Verben (*avis* → *aviser*, *différence* → *différencier*, *moteur* → *motoriser* usw.), deverbale Verben (*crier* → *criailler*, *traîner* → *traînasser*, *trotter* → *trottiner* usw.).

4.2. Für die inhaltliche (funktionelle) Klassifikation unterscheidet Coseriu (z.B. 1973a:119ss.) zwischen den Kategorien **Modifizierung**, **Entwicklung** und **"Komposition"**; diese Kategorien würden den Bereich der sekundären paradigmatischen Strukturen[10] des Lexikons bestimmen. Unter *Modifizierung* versteht Coseriu "eine 'inaktuelle' grammatische Determination, d.h. eine Determination, die keine spezifische Funktion des modifizierten primären Begriffs (im Satz) impliziert"; hierher würden Diminutive, Kollektiva, Präfixverben usw. gehören, z.B. *maison* → *maisonette*, *feuille* → *feuillage*, *voir* → *prévoir* usw. Die *Entwicklung* "entspricht einer grammatischen Determination, die eine spezifische Funktion des Begriffs im Satz impliziert", z.B. *beau* → *beauté*, *différence* → *différencier*, *banque* → *bancaire* usw. Auch Derivationsketten wie *nation* → *national* → *nationaliser* → *nationalisation* gehören hierher. Die etwas unglücklich *"Komposition"* genannte Kategorie, die sowohl eigentliche Komposita als auch Ableitungen umfaßt, ist dahingehend definiert, daß sie "immer das Vorhandensein von zwei Basiselementen [impliziert], die in grammatischer Beziehung zueinander stehen". "Generische" Komposita wären z.B. *pomme* → *pommier*, *vendre* → *vendeur*, "spezifische" Komposita z.B. *compte-gouttes*, *phrase-clé* usw.[11]

Eine ähnliche Klassifikation findet sich bei Gauger (1971a:16, 60ss; 1972), der aber anstelle von Coserius Terminologie die Begriffe **Variation**, **Verschiebung** und **Ausgriff** verwendet. Auch in den Definitionen dieser drei Kategorien weicht Gauger von Coseriu ab, was v.a. auf einem Rückgriff auf die Referenzleistung des Definiens beruht. Die *Variation* wird definiert als Modifikation der Bedeutung des Basiswortes, dergestalt, daß die Bedeutung der Ableitung im durch das Basiswort gegebenen Rahmen bleibt (*maison* → *maisonnette*, *tour* → *tourelle*); eine *Verschiebung* ist eine Wortklassenverän-

---

10 Die primären paradigmatischen Strukturen sind die durch die Lexeme ("Stämme", "Wurzeln" usw.) gebildeten Inventare.

11 Unter "generischen Komposita" versteht Coseriu Suffixbildungen, die ein Lexomorphem (cf. oben, N 7) enthalten; die "spezifischen Komposita" entsprechen meinem eigenen Kompositionsbegriff.

derung ohne inhaltliche Modifikation (*beau* → *beauté, changer* → *changement, tendre* → *tendrement*); beim *Ausgriff* schließlich handelt es sich um die Bezeichnung eines neuen "Gegenstandes", der verschieden ist vom durch die Basislexie (die Basislexien) bezeichneten Gegenstand (*pomme* → *pommier, compter/goutte* → *compte-gouttes* usw.).

Diese inhaltlichen (funktionellen) Kategorien können nun mit den formalen Kriterien kombiniert werden. Dabei kennt Gauger neben Komposita, Präfix- und Suffixbildungen auch noch die Subtraktivbildungen (*marcher* → *marche, pincer* → *pince, oublier* → *oubli, troubler* → *trouble* usw.); Coseriu und andere arbeiten hier mit dem (nicht unumstrittenen) Begriff eines Nullmorphems und können damit diese Fälle den Suffixbildungen zuordnen. Theoretisch müßten sich so 12 (3 x 4) Kategorien ergeben, doch sind nach Gauger nur deren sieben belegbar: 1. ausgreifende Suffixwörter (*pomme* → *pommier*); 2. Präfixwörter (*faire* → *refaire*); 3. ausgreifende Subtraktivwörter (*pincer* → *pince*); 4. Wortzusammensetzungen (*cigarette/filtre* → *cigarette-filtre*); 5. verschiebende Suffixwörter (*tendre* → *tendresse*); 6. verschiebende Subtraktivwörter (*marcher* → *marche*); 7. variierende Suffixwörter (*maison* → *maisonnette*). Diese Klassifikation scheint mir insofern unvollständig zu sein, als bei den Präfixbildungen und den Komposita zwischen Ausgriff und Variation unterschieden werden kann und auch unterschieden werden muß: Bei *partir* → *repartir, faire* → *refaire* etc. bewegen wir uns immer noch in einem Bezeichnungsfeld, das innerhalb desjenigen der Basislexie liegt (Variation); bei *communisme* → *anticommunisme, guerre* → *après-guerre* usw. dagegen liegt der neue Referenzbereich eindeutig außerhalb desjenigen der Basislexie (Ausgriff). Zur ersten Gruppe gehören wohl auch Bildungen wie *mini-jupe, super-marché/hyper-marché* usw. — Entsprechendes gilt für die Komposita, wo man variierenden Bildungen wie *cigarette-filtre, wagon-lits* (ebenso *grand-café, bébé-cellule* etc.) ausgreifende Zusammensetzungen wie *cache-nez, casse-croûte* usw. gegenüberstellen kann. Damit erhöht sich die Zahl der realisierten Kategorien bereits auf neun. Weiter ist in Rechnung zu stellen, daß — zumindest in dem wichtigen Bereich der Verben — auch ein Typus mit einbezogen werden kann oder sogar muß, den man als (variierende) Infixbildung bezeichnen könnte[12]; in diese Kategorie würden Fälle wie *rêver* → *rêvasser*, *chanter* → *chantonner* usw. gehören[13].

Die vorhergehenden Bemerkungen zeigen, wie problematisch Klassifikationen dieser Art sind. Diejenige Gaugers krankt daran, daß er bei Präfixbildungen und Komposita nicht zwischen einem *endozentrischen* Typus (*mini-jupe, wagon-lits*) und einem *exozentrischen* Typ (*après-guerre, cache-nez*) unterscheidet[14]; nach seinen Definitionen dürfte er die endozentrischen Bildungen nicht dem Ausgriff zuordnen, sondern müßte sie zur Variation rechnen. — Auch Coserius Klassifikation scheint nicht geeignet, diesem Problem gerecht zu werden. Weiter ist es fraglich, ob man im Rahmen der Modifizierung Diminutive (*maison* → *maisonnette*) einfach neben Kollektiva wie *feuille* → *feuillage* stellen darf.

4.3. Oft werden im Rahmen der Lexematik auch die sogenannten *Motionssuffixe* abgehandelt. Es handelt sich hierbei um innerhalb einer Lexie auf ein Lexem folgende Morpheme, die scheinbar nichts anderes leisten, als einen Genuswechsel am Nomen zu markieren: *chanteur* → *chanteuse, docteur* → *doctoresse, instituteur* → *institutrice* usw., aber auch *compagnon* → *compagne* (Subtraktivbildung) u.ä. Entsprechende Leistungen können auch durch Komposita vom Typus *femme auteur* etc. erbracht werden.

Die Verwandtschaft dieser Typen mit gewissen lexematischen Verfahren wie Derivation und Komposition ist offensichtlich, und trotzdem erweist sich ihr Status als problematisch. Stellt man sich nämlich auf den Standpunkt, daß es hier um Genusmarkierung und nur um Genusmarkierung geht, dann müßte man diese Fälle ein-

---

12 Dies setzt natürlich voraus, daß man die Infixbildungen als eigenständige Kategorie von den Suffixbildungen ablöst oder zumindest eine derartige Möglichkeit ins Auge faßt; cf. oben.

13 Der Status von scheinbaren nominalen Infixen wie *-el[et], -er[on], -er[ie]* ist außerordentlich problematisch; zumindest aus der Sicht der modernen Synchronie haben wir es hier wohl einfach mit zweisilbigen Suffixen zu tun (die historisch allerdings auf eine Kumulation von zwei [autonomen] Suffixen zurückzuführen sind).

14 *Endozentrisch* = Bedeutung innerhalb des Bereichs der Basislexie (bzw. des Determinatums [bei Komposita]) liegend; *exozentrisch* = Bedeutung außerhalb des Bereichs der Basislexie (des Determinatums) liegend.

deutig aus der Lexematik ausklammern und der Morphologie zuweisen: Morphologische Kategorien sind der Reflex von sprachinternen Organisationsmustern und haben mit außersprachlicher Referenz nichts zu tun.

Eine derartige Haltung muß aber unweigerlich Widerspruch auslösen. Wie kann man sich auf diesen Standpunkt stellen und gleichzeitig die Kategorien *Entwicklung* (Coseriu) bzw. *Verschiebung* (Gauger) im Rahmen der Wortbildung behandeln? Schließlich ist doch längst bekannt, daß die "Wortarten" einzelsprachliche Kategorien ohne externe Referenz sind, die einzig der Organisation des sprachlichen Materials und der Botschaften dienen. Sie unterscheiden sich also keineswegs von der *nominalen* Subkategorisierung nach dem Genus. Muß man die Motionssuffixe also im Zusammenhang mit der Kategorie Entwicklung/Verschiebung behandeln?

Dies mag in vielerlei Hinsicht sinnvoll erscheinen, doch gibt es auch Argumente, die gegen eine solche Lösung sprechen. Das sprachliche Genus ist zwar im Normalfall vollkommen arbiträr und subklassifiziert die Nomina auf willkürliche Art und Weise und ohne jede außersprachliche Motivation: *une auto/une voiture*, aber *un avion*; *une bicyclette*, aber *un vélo*; *un coûteau*, aber *une cuillère*; *un projectile*, aber *une fusée*; usw. Im Bereich der sprachlichen Einheiten (v.a. Nomina), die das Merkmal 'belebt' (cf. '*animé* ') enthalten[15], liegen die Dinge jedoch anders: Hier wird das Genus als Repräsentant für die Kategorie des Sexus verwendet. Damit bekommt aber die scheinbar rein innersprachlich begründete Kategorie außersprachliche Referenz. Geht man weiter davon aus, daß im Französischen das Maskulinum regelmäßig den nicht-markierten, das Femininum den markierten Term einer partizipativen Opposition darstellt, dann rücken diese Fälle plötzlich in die Nähe der Kategorien *Modifizierung* bzw. *Variation* (cf. *maison* → *maisonnette*); beide lassen sich hinsichtlich des (referentiell gegebenen) Inklusionsverhältnisses analog darstellen[16]:

---

15 Zur Merkmalanalyse und ihren Problemen cf. unten, Kap. 6.2.

16 Die Schemata sagen nichts anderes aus, als daß der nicht-markierte Term immer für den markierten Term stehen kann, daß aber die Umkehrung sich keineswegs regelmäßig als annehmbar erweist.

```
┌─────────────────────────┐   ┌─────────────────────────┐
│ maskulin                │   │ maison                  │
│ Ø                       │   │ Ø                       │
│    ┌────────────────────┤   │    ┌────────────────────┤
│    │ feminin            │   │    │ maisonnette         │
│    │ +                  │   │    │ +                   │
└────┴────────────────────┘   └────┴────────────────────┘
```

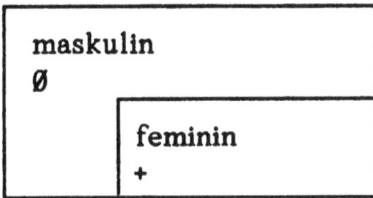

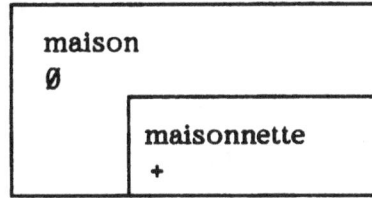

Müssen wir nun angesichts dieses prekären, irgendwie zwischen allen bisher diskutierten Positionen liegenden Status der Motionssuffixe resignieren und sie als "nicht klassierbar" einstufen? Eine solche Entscheidung wäre methodisch überhaupt nicht zu vertreten, denn die aufgezeigten Probleme beweisen nur eines: daß die Motionssuffixe letztlich zu keiner der im einen oder andern Sinne affinen Kategorien gehören. Die aufgetretenen Zuordnungsprobleme lassen nur folgenden Schluß zu: Die Motionssuffixe bilden einen eigenen Typus; eine pauschale Zuordnung zu einer der übrigen Kategorien führt unweigerlich in Aporien.

Die hier vorgetragenen Überlegungen haben aber keineswegs abschließenden Charakter; eine definitive Lösung des Problems erfordert noch gründliche und vertiefte Analysen sowohl auf theoretischer als auch auf materieller Ebene.

4.4. Wenn wir nun zur Behandlung der einzelnen Typen[17] übergehen, dann kann es nicht darum gehen, vollständige Listen der Suffixe, Präfixe und Kompositionstypen zu geben; hierfür verweise ich vielmehr auf Thiele (1985). Entsprechend unserer Aufgabenstellung, prinzipielle Aspekte zu diskutieren und methodische Instrumente für den Zugriff auf die Materialfülle zur Verfügung zu stellen, wollen wir vielmehr auch hier diesen Weg beschreiten. Dabei scheinen vor allem einige Bemerkungen zur Produktivität angezeigt, wobei immer im Auge zu behalten ist, daß das Französische im Vergleich zu den übrigen romanischen Sprachen (und insbesondere dem Spanischen und Italienischen) in diesem Bereich deutliche Defizite zeigt.

---

17 Unter Typen kann man im Prinzip sowohl eine funktionelle, eine semantische als auch eine formale Klassifikation der lexematischen Phänomene verstehen. Da die formale Inventarisierung die differenzierteste und am leichtesten zugängliche ist, werden wir uns im folgenden an diese halten.

4.4.1. Obwohl man aufgrund der ausgeprägten Nominalisierungs-tendenz des Modernfranzösischen[18] davon ausgehen könnte, daß der Bereich der nominalen Ableitung besonders produktiv wäre, trifft dies keineswegs generell zu: Viele noch "vitale" (d.h. als solche in bestehenden Derivaten isolierbare) Affixe sind heute vollkommen unproduktiv. Dies gilt z.B. für *-erie* (*agacerie, causerie*), *-ail(le)* (*épouvantail, volaille*), *-esse* (*bassesse*), *-ise* (*bêtise*), *-illon/-ille* (*faucillon, flottille*) usw. Kaum mehr produktiv sind *-at* (*assassinat*), *-oir* (*égouttoir, rasoir*), *-ie* (*vilenie, jalousie*), *-ion* (*correction, satisfaction*), *-aire* (*incendiaire*), Diminutive auf *-eau/-elle* (*jambonneau, ruelle*) usw.

Diesem "toten" Bereich der Lexematik stehen andererseits auch durchaus expansive Typen gegenüber. Hierzu gehören z.B. deverbale Substantivableitungen auf '[Vokal] + *-tion*'[19], repräsentiert durch Beispiele wie *actualisation, collectivisation, formation, remilitarisation, abolition, finition* usw. Ähnliches gilt für Bildungen auf *-ment* wie *autofinancement, regroupement, blanchiment, glouglouement* usw., wie das vor allem in der jüngsten Vergangenheit sehr erfolgreiche *-age*: *accrochage, affichage, rasage, finissage* usw. Diese Suffixe sind nur **selten** kommutabel, d.h. ohne Bedeutungsveränderung gegeneinander austauschbar wie z.B. im Falle von *embrouillage/embrouillement, émondage/émondement* (dagegen existieren **embrouillation* und **émondation* überhaupt nicht). Scheinbare Äquivalenzpaare wie z.B. *détachage/détachement, perforage/perforation, finissage/finition* usw. sind semantisch keineswegs gleichwertig; da die Unterschiede weder direkt vom Lexem noch vom Morphem herrühren können, sind Einheiten dieser Art als *Ganzes*, als inzwischen lexikalisierte Ableger eines ursprünglich rein lexematischen Prozesses zu betrachten. — Alle diese Fakten lassen nur einen Schluß zu: Selbst an sich produktive Suffixe sind im Französischen nicht frei anwendbar, sondern unterliegen (im Moment noch schwer oder überhaupt nicht durchschaubaren) Nutzungsrestriktionen.

---

18 Vgl. hierzu z.B. Bally 1965, Malblanc 1968.

19 Der diesem Bildungselement vorangehende Vokal variiert je nach verbaler Subklasse ("Konjugation"), so daß letztlich Sequenzen vom Typus *-ation, -ition, -ution* in Rechnung zu stellen sind.

Produktiv im deverbalen Bereich sind weiterhin auch -eur/-euse (mit den Varianten -teur/-trice, -ateur/-atrice usw.); neben der ursprünglichen Funktion der Personenbezeichnung[20] (planificateur, réalisateur, unificateur usw.) schiebt sich hier in der jüngsten Vergangenheit immer mehr diejenige einer Apparate- und Gerätebezeichnung in den Vordergrund: aspirateur, calculateur, calculatrice, arroseuse, faucheuse usw.[21]; das traditionelle Suffix für diese Funktion, -oir(e) (cf. arrosoir, rasoir, rôtissoire usw.) hat dadurch seine Produktivität fast ganz verloren.

Im deadjektivischen Bereich scheinen vor allem -ité, -ie und -ion für die Bezeichnung von Eigenschaften, Phänomenen usw. produktiv zu sein (Thiele 1985:44); zur Bezeichnung von Personen, Berufen, Anhängern von Gruppen, Parteien, Strömungen etc. dient -(ic)ien/-(ic)ienne: brechtien, électronicien, gaullien, kolkhozien, esthéticienne usw., wobei als Ableitungsbasis neben Adjektiven auch Substantive und Eigennamen (EN) möglich sind. — In den beiden erwähnten Bereichen ragen bezüglich der Produktivität -isme und -iste hervor, mit denen fast beliebig Bezeichnungen für Lehren und deren Anhänger produziert werden können: dirigisme/dirigiste, fascisme/fasciste, gaullisme/gaulliste, castrisme/castriste, dodécaphonisme/dodécaphoniste, racisme/raciste usw. gehören zu einem Typus von ursprünglich gelehrten Bildungen, der in den letzten zwei Jahrhunderten einen wahren Siegeszug erlebt hat. Die beiden Suffixe sind (im Rahmen ihrer semantischen Möglichkeiten) praktisch uneingeschränkt anwendbar geworden und können auch zur Bildung von ad hoc -Ableitungen dienen.

Ganz anders liegen die Dinge bei den Diminutivsuffixen. Unter den zahlreichen Einheiten dieser Kategorie wie: -eau/-elle, -et(te), -ot(te), -in(e), -on(ne), -ule, -illon(ne), -onnet(te), -eton(ne), -elet(te) usw. (cf. Hasselrot 1957:169ss.) ist heute nur noch -et(te) produktiv: camionette, fourgonnette usw.; auch hier sind ad hoc-Bildungen durchaus möglich, z.B chaînette, fisset (< fils), fissette, gaminette usw. (cf. Hasselrot 1957:194s.). Gleichwohl sind (vor allem nicht-lexikalisierte) Diminutive wegen ihres hohen Affektgehaltes

---

20 Genauer: 'Bezeichnung desjenigen, der eine Tätigkeit X ausführt'.

21 Diese neue Funktion geht wohl ursprünglich auf eine animistische Metapher zurück, hat sich aber inzwischen als eigenständiger (teilweise allerdings mit dem primären überlappender) Wert etabliert.

oft für neutrale Kommunikationssituationen unangemessen, weshalb in diesen Fällen dann zu analytischen Konstruktionen vom Typus *petit/mince /ténu* usw. + *N* ausgewichen wird. Diese analytische Tendenz wird weiter dadurch gefördert, daß auch bei -*et(te)* zusätzliche Gebrauchsrestriktionen nicht zu fehlen scheinen.

Produktiv ist weiter auch das augmentativ-pejorative -*ard* [22], cf. *chéquard, combinard, flemmard, gueulard, veinard*; Bildungen dieser Art bezeichnen immer Träger von (sehr bzw. übermäßig) ausgeprägten Eigenschaften.

Im Bereich der (deverbalen) Adjektivbildungen können natürlich Partizipien (und vor allem das Partizip Präsens[23]) immer adjektivisch verwendet werden. Bei den eigentlichen Ableitungen ist das Suffix -*able* (mit den verbklassengebundenen Varianten -*ible* und -*uble*) in hohem Maße produktiv; es dient zur Bezeichnung von Möglichkeiten, Fähigkeiten, Notwendigkeiten, kurz der Potentialität: *ministrable, skiable, éjectable, parachutable, extractible* usw. — Unter den desubstantivischen Ableitungen dominiert bezüglich der Produktivität -*ique*: *étatique, filmique, supersonique, génique, zazique* (< *Zazie*) usw. Es folgen dann -*el/-al*: *carentiel, racial* etc., sowie -*if*: *compétif, contraceptif* usw. Vor allem gilt es, darauf hinzuweisen, daß die oben erwähnten Bildungen auf -*iste* (zu -*isme*) in der Regel auch adjektivisch verwendet werden (cf. auch Thiele 1985:111).

Das Bild im Bereich der Suffixableitungen ist gesamthaft wenig einheitlich. Während die Mehrzahl der Suffixe nicht mehr produktiv ist, gibt es durchaus einige, die immer wieder Neubildungen liefern; mit wenigen Ausnahmen sind sie aber nicht frei verfügbar, sondern

---

22 Ursprünglich ist -*ard* reines Augmentativsuffix; Einheiten dieser Kategorie scheinen im Französischen, in den übrigen romanischen Sprachen und in einer Reihe weiterer Idiome generell eine Tendenz zum Pejorativen zu haben. Die Begründung dieser Erscheinung ist wohl im kulturpsychologischen Bereich zu suchen, d.h. außerlinguistischer Natur.

23 Ich verwende hier diesen traditionellen Ausdruck, weil jedermann weiß, welche Formen damit gemeint sind. Davon bleibt die Tatsache unbeschadet, daß Partizipien nichts mit der Zeitstufengliederung zu tun haben (weder im Französischen noch in den übrigen romanischen Sprachen). Das *"participe présent"* bezeichnet einen Prozeß im Zustand des *Vollzugs*, das *"participe passé"* in demjenigen der *Vollzogenheit* — und dies auf jeder beliebigen Zeitstufe. Cf. hierzu Wunderli 1976:4ss.

unterliegen starken Gebrauchsrestriktionen. Angesichts dieser äusserst lückenhaften Situation, die weit davon entfernt ist, die vielfältigen kommunikativen Bedürfnisse im Bereich der Lexematik erfüllen zu können, liegt es auf der Hand, daß diese Defizite durch Rückgriffe auf analytische Verfahren kompensiert werden müssen[24].

4.4.2. Auch im Bereich der Präfixe gibt es viele Einheiten, die nicht mehr produktiv sind (cf. Thiele 1985:55ss., 118ss.; 142ss.), z.B. *amphi-, contra-, para-* ('*contre*'). *dis-, mé-* usw. Viele andere Präfixe kommen nur in gelehrten Bildungen vor: *a(n)-, caco-, dia-, ecto-, endo-, epi-, eu-, exo-, hémi-, hypo-, méta-, péri-* usw.

Andererseits sind aber auch gerade die produktivsten Präfixe im Modernfranzösischen gelehrter Herkunft: Sie stammen in der Regel aus dem Lateinischen oder Griechischen. Ich liste im folgenden einige der wichtigsten aus dieser Gruppe auf; in einer Reihe von Fällen ist es unerheblich, welcher Wortart das Basislexem angehört:

— *ex-: ex-ministre, ex-président, ex-directeur* usw. (nur mit Substantiven);

— *anti-: anticommuniste, antifascisme, antimissile, antineutron, antibiotique, antitank, anticancéreux* usw. (mit Substantiven und Adjektiven);

— *pro-: proïmpérialiste, procapitaliste, prosandiniste, proaméricain, prosoviétique* usw. (mit Substantiven und Adjektiven);

— *co-: coaccusé, coprésident, copropriété, coparticipant, copossesseur, cohabiter, cohabitation, coposséder* usw. (mit Substantiven, Adjektiven, Verben);

— *demi-: demi-frère, demi-sœur, demi-vierge, demi-ton, demi-circulaire, demi-fin* (mit Substantiven, Adjektiven);

— *semi-: semi-coke, semi-auxiliaire, semi-automatique, semi-précieux* usw. (mit Substantiven, Adjektiven);

— *inter-: interattraction, intergroupe, interplanétaire, interdisciplinaire, intersyndical, interconnecter, interclasser* usw. (mit Substantiven, Adjektiven, Verben).

---

24 Cf. hierzu unten, Kap. 5.

Eine ganz besondere Rolle spielen in der jüngeren Vergangenheit die "superlativierenden" Präfixe, die alle in hohem Maße produktiv sind:

— *archi-*: *archicube*, *archicélèbre*, *archisot* usw. (mit Substantiven und Adjektiven);

— *super-*: *supercarburant*, *superforteresse*, *supermarché*, *superfin*, *superfluide* usw. (mit Substantiven und Adjektiven);

— *extra-*: *extra-fort*, *extra-qualité*, *extra-fin*, *extra-souple* usw. (mit Substantiven und Adjektiven);

— *hyper-*: *hypermarché*, *hyperorganisme*, *hypercorrect*, *hypertendu* usw. (mit Substantiven und Adjektiven).

Mit diesen gelehrten Bildungselementen steht das erbwörtliche *sur-* in Konkurrenz, das ebenfalls sehr produktiv ist: *surchoix*, *surfin* etc.

Auch einige andere nicht-gelehrte Elemente sind durchaus produktiv, so z.B. *sans-*, *in-*, *non-*, *dé(s)-*, *mal-*, *bien-*, *sous-* und vor allem *re-/ré-*[25], das über den verbalen auch in den nominalen Bereich eingedrungen ist: *re-bonjour*, *re-métro*, *re-voiture* usw. (Thiele 1985:66); etc. Gesamthaft ist aber auch im präfixalen Bereich (und ungeachtet der Produktivität einzelner Affixe) festzustellen, daß die Bildungsmöglichkeiten für neue Lexien sehr beschränkt sind und die Nutzung bestehender Muster oft schwer durchschaubaren Restriktionen unterliegt[26]; auch hier ist oft ein Ausweichen auf analytische Verfahren nicht zu umgehen.

4.4.3. Zwischen den Präfix- und den Suffixbildungen stehen die sogenannten Parasynthetika — oder besser: Bei den parasynthetischen Bildungen werden beide Verfahren in einem einzigen Bildungsakt kombiniert, indem von einer Basislexie ausgehend unter gleichzeitiger Nutzung eines Präfixes und eines Suffixes eine

---

25 Die Varianten *dé-/dés-* und *re-/ré-* sind über den phonologischen Kontext konditioniert (konsonantischer/vokalischer Anlaut des folgenden Monems).

26 Die systematische Untersuchung derartiger Nutzungsrestriktionen stellt ein dringendes Postulat der zukünftigen Forschung dar. Inwieweit sie sich allerdings konkret definieren lassen, ist im Moment schwer zu sagen; es könnte sich (zumindest teilweise) auch um vollkommen zufällige Gebrauchsakzeptanzen handeln.

neue Lexie geschaffen wird[27]. Damit eindeutig davon ausgegangen werden kann, daß ein Parasynthetikum vorliegt, darf weder eine (reine) Präfix- noch eine (reine) Suffixbildung existieren, die als Zwischenstufe für eine Ableitung in zwei Schritten dienen könnte. Ein typisches Beispiel für die parasynthetische Bildungsart ist *barque → embarquer*, wobei **embarque* und **barquer* (cf. Thiele 1985:24; Bally 1965:104 et passim).

Echte Parasynthetika sind nur für den verbalen Bereich *qua* Zielkategorie üblich; sie sind entweder desubstantivischer oder deadjektivischer Natur: *genou → agenouiller, lune → alunir, mer → amerrir, terre → atterrir, prison → emprisonner, racine → enraciner; brut → abrutir, doux → adoucir, grave → aggraver, pauvre → appauvrir* usw. (Thiele 1985:144). Dagegen halten alle angeblichen Parasynthetika, die Thiele für die Zielkategorien Substantiv und Adjektiv zitiert, einer näheren Überprüfung nicht stand (Thiele 1985:66, 125): Es handelt sich durchweg um sekundäre Ableitungen von parasynthetischen Verben, wobei sich die Relationen folgendermaßen darstellen lassen:

atterrissage: *terre → atterrir* (Parasynth.) ✳ *atterrir → atterrissage* (deverbales Subst.)

décavaillonneuse: *cavaillon → décavaillonner* (Parasynth.) ✳ *décavaillonner → décavaillonneuse* (deverbales Subst.)

démembrement: *membre → démembrer* (Parasynth.) ✳ *démembrer → démembrement* (deverbales Subst.)

encolure: *col → encoler* (Parasynth.) ✳ *encoler → encolure* (deverbales Subst.)

détoxication: *toxique → détoxiquer* (Parasynth.) ✳ *détoxiquer → détoxication* (deverbales Subst.)

Die Beispiele für die Zielkategorie Adjektiv sind ausschließlich in adjektivischer Funktion lexikalisierte Partizipien, d.h. auch hier liegt ein verbales Parasynthetikum zugrunde. — In einigen Fällen wie

---

27 Es muß unterstrichen werden, daß die sukzessive Nutzung des präfixalen und des suffixalen Verfahrens *keine* Parasynthetika liefert: *recommencement* gehört nicht in diese Kategorie, ganz gleichgültig, ob man eine Filiation *commencer → recommencer → recommencement* oder *commencer → commencement → recommencement* ansetzt.

z.B. *apiéceur* ist das vermittelnde Verb (*apiécer*) inzwischen untergegangen; dies ändert aber nichts an der Tatsache, daß *apiéceur*
genetisch kein Parasynthetikum, sondern eine deverbale Substan-
tivbildung ist. Wir müssen somit in allen nominalen[28] Fällen eine
mindestens zweistufige Ableitungshierarchie ansetzen, wobei nur
die erste (verbale) Stufe parasynthetischen Charakter hat.

Die Produktivität der Parasynthetika ist sehr gering, wenn auch
nicht vollkommen inexistent, wie Beispiele vom Typus *dénazifier*,
déduvalliser (← *Duvallier*) usw. belegen.

4.4.4. Der Bereich der Komposita ist insofern ein Problembereich,
als es zuerst einmal gilt, all das auszusondern, was zwar normalerweise unter diesem Stichwort abgehandelt wird, aber nicht
wirklich zu einer *französischen Lexematik* gehört. An erster Stelle
wären hier einmal Lexien vom Typus *Adj. + Subst., Subst. + Adj.,
Subst. + Präp. + Subst., Subst. + Präp. + Verb, Adv. + Adj., Verb +
Subst.* usw. zu nennen, d.h. Beispiele wie: *carte perforée, blouson
noir, dessin animé, guerre froide, gros mot, blanc-bec, plein air;
pomme de terre, avion à réaction, bombe au cobalt, crème à raser,
carte à jouer* usw.; *nouveau-né, frais émolu, grand ouvert* (Adverb
in adjektivischer Form, cf. auch *peser lourd* usw.); *prêter la main,
avoir peur, tenir tête*; etc. Hier liegen keine speziellen Wortbil-
dungsmuster vor, sondern vielmehr Bildungen aufgrund von nor-
malen Syntagmenbauplänen (z.T. in archaischer Form [vorange-
stelltes Adjektiv; artikelloses Substantiv]), die sich als solche ver-
festigt haben und zu global abrufbaren lexikalischen Einheiten geworden sind. Die Lexikalisierung läßt sich meist leicht aufgrund
der Tatsache feststellen, daß Sequenzen dieser Art sich nur noch
global modifizieren lassen: zwar ist *crème à raser parfumée* möglich, nicht aber **crème parfumée à raser, *crème à raser rapide-
ment*[29]. Aufgrund des formalen Kriteriums 'Fehlen eines spezifischen Wortbauplans' rechne ich — anders als Thiele 1985 — diese
Fälle nicht zu den Komposita, sondern betrachte sie als "Phraseo-

---

28 *Nomen* hier als Oberbegriff für *Substantiv* und *Adjektiv*.

29 Im ersten Beispiel determiniert *parfumée* die Sequenz *crème à raser* als
    Ganzes; im zweiten dagegen würde sich *parfumée* direkt auf *crème* be-
    ziehen, im dritten *rapidement* auf *raser*.

logismen", d.h. in unserem Falle als lexikalisierte syntagmatische Sequenzen[30].

Ein zweites Problem stellen die (links- oder rechtsorientierten[31]) **gelehrten** Bildungselemente dar: *crypto-, homo-, idio-, méga-, xéno-* usw.; *-crate/-cratie, -game/-gamie, -nome/nomie, -cide, -algie, -drome* etc. Hier liegen Moneme vor, deren semantische Intension[32] diejenige normaler Präfixe und Suffixe bei weitem übersteigt und derjenigen von Lexemen im substantivischen, adjektivischen und verbalen Bereich oft durchaus vergleichbar ist. Gerade dieser Aspekt ist wohl im wesentlichen dafür verantwortlich, daß Bildungen mit diesen Elementen oft unter den Komposita abgehandelt werden. Andererseits erfüllen gerade diese Bildungselemente das entscheidende formale Kriterium für die Konstituenten von Komposita **nicht**: Sie existieren im Französischen nicht als autonome Lexien (oder zumindest als freie Morpheme). Nun sind allerdings Lexien wie *cryptogamie, embryogénie, iconolâtrie, ichthyiophagie, amygdalectomie, biopsie, tétrachlorure, hétérochronie, oxycéphale, picrotoxine, tachycardie* usw. gar keine französischen Bildungen: Sie gehören vielmehr einer internationalen, vor allem auf dem Griechischen und Lateinischen beruhenden Technik- und Wissenschaftssprache an (→ *Internationalismen*) und sind als fertige Bildungen vom Französischen entlehnt worden. Aus diesem Grunde sind sie nicht Gegenstand einer französischen Lexematik. — Dies schließt nun allerdings noch nicht aus, daß zumindest der gebildete, der klassischen Sprachen kundige Sprecher solche Einheiten zu analysieren und zu interpretieren versucht. Solche sekundären Analysen können dann zu "Rekompositionen" führen[33], und in diesem Moment besteht auch die Möglichkeit, daß analog (mit wenigstens teilweise autochthonem Material) im Französischen selbst Bildun-

---

30 Auf eine ausführlichere Behandlung der Phraseologismen muß hier aus Raumgründen verzichtet werden; vgl. hierzu z.B. Thun 1978, Rey 1986.

31 *Linksorientiert* = Suffixe; *rechtsorientiert* = Präfixe.

32 *Intension* = Gehalt an semantischen Merkmalen einer sprachlichen Einheit; *Extension* = Anwendungsbereich einer intensional definierten sprachlichen Einheit.

33 Die *Rekomposition* ist nichts anderes als ein neues Bewußtsein beim Sprecher (bzw. bei einer Sprechergruppe) vom Muster, das (importierten) Bildungen dieser Art zugrunde liegt.

gen dieses Typs entstehen. Viele der obengenannten Elemente sind denn auch in der Tat im Französischen selbst produktiv geworden, wie die folgenden Belege beweisen: *boulodrôme, cinémathèque, maxi-manteau, microbus, minicar, minibus, minisalaire, pseudosavant, monorail, budgétivore, multiforme, multinational* usw. Aus den obengenannten Gründen können diese Bildungen aber nicht zu den Komposita gezählt werden[34]: Eines der Bildungselemente hat nicht-autonomen Status. Obwohl die Affixe inhaltlich Lexemen entsprechen, verhalten sie sich somit formal wie Präfixe und Suffixe; ich spreche deshalb von *Präfixoiden* und *Suffixoiden*.

Anders liegen die Dinge dagegen bei einer Reihe von Bildungen mit *auto* und *télé*: Immer dann, wenn diese Elemente als Reduktionsformen von *automobile* und *télévision* bzw. *téléphérique* angesehen werden können, liegen eigentliche Komposita vor, und zwar deshalb, weil *auto* und *télé* in dieser Funktion autonome Lexien des Französischen sind[35]; dies trifft z.B. zu für: *auto-école, autoradio, autoroute, autostop*; *téléspectateur, téléjournal*; *télécabine, télésiège, téléski*; usw.

Im Bereich der eigentlichen Komposita sind drei Haupttypen zu unterscheiden. Den ersten würde ich als *kumulativ* bezeichnen (Thiele: *Koordination*): Ein *bracelet-montre* ist ein Gegenstand, der gleichzeitig als Armband und als (Armband-)Uhr dient; oft ist die Reihenfolge der Konstituenten bei Bildungen dieser Art auch umkehrbar: *montre-bracelet*. Zu dieser Kategorie gehören ferner: *bar-épicerie, porte-fenêtre, taxi-camionette, général-président*; *aigre-doux, sourd-muet* usw., wobei in der ersten Serie von Beispielen nichts einer Vertauschung der Konstituenten im Wege steht. Charakteristisch für diese Bildungen ist, daß die beiden in sie eintretenden Lexien als gleichrangig zu gelten haben; ihre Verbin-

---

34 Dies gilt selbst dann, wenn die gr.-lat. Vorbilder u.U. diesen Status beanspruchen können; dies ist für uns aber insofern irrelevant, als französische Einheiten aufgrund der Gegebenheiten des Französischen (innereinzelsprachlich) analysiert und interpretiert werden müssen.

35 Dies läßt sich leicht durch einen Einsetzungs- oder Kommutationstest beweisen, indem man die beiden Einheiten in entsprechenden Satzmustern in nominale Positionen einsetzt: *la maison est belle → l'auto est belle* usw.

dung im Rahmen eines Kompositums markiert eine Doppelzuge-
hörigkeit zu zwei unabhängigen Klassen[36].

Den zweiten Typus kennzeichnet ein eigentliches Determina-
tionsverhältnis; bei den Substantivkomposita ist das Determinans in
der Regel rechts-, bei den Adjektivkomposita linkspositioniert, d.h.
wir haben je nach der Wortklassenzugehörigkeit eine Dominanz
der progressiven bzw. regressiven Sequenzierung[37]: *assurance
maladie, bas nylon, mot-clé, poids plume, usine pilote, pause-café,
wagon-restaurant, wagon-couchettes, grève surprise; sud-améri-
cain, ouest-allemand* usw. Versucht man den Inhalt derartiger
Bildungen über Paraphrasen zu explizieren, wird deutlich, daß
durch ein einziges Muster Determinationsverhältnisse unterschied-
lichster Natur wiedergegeben werden können: Eine *assurance maladie* ist eine 'assurance contre la maladie'; ein *bas nylon* ist ein
'bas en nylon'; ein *poids plume* entspricht einem 'poids comparable
à une plume'; eine *usine pilote* ist mit 'usine qui sert de pilote
(d'exemple)' zu umschreiben; eine *pause-café* ist eine 'pause pour
[boire] le café'; ein *wagon-couchettes* entspricht einem 'wagon
avec des couchettes'; usw. Kompositionsmuster könnten deshalb
als hochgradig polysem eingestuft werden[38]; ich ziehe es vor zu
sagen, daß die von ihnen zum Ausdruck gebrachte Relation außerordentlich abstrakter Natur ist und unterschiedliche Konkretisierun-
gen in Form von Paraphrasen zuläßt.

Der dritte Typus schließlich besteht aus einem (nicht weiter
spezifizierbaren) verbalen Element und einem Nomen in Objekts-
funktion (cf. Bierbach 1982); die (exozentrische[39]) Bildung als

---

36 Gerade die Möglichkeit, die Reihenfolge der Konstituenten in vielen Fäl-
    len zu vertauschen, macht deutlich, daß hier keine Determination, sondern
    ein additives (kumulatives) Verhältnis vorliegt. Eine unverrückbare Ordnung
    haben wir meist nur bei traditionell lexikalisierten Einheiten wie *aigre-
    doux, sourd-muet* (cf. oben); diese Fixierung ist jedoch rein gebrauchsbe-
    dingt und hat nichts mit einer Determinationsabfolge zu tun.

37 Zur Unterscheidung von progressiver/regressiver Sequenz cf. vor allem
    Bally 1965:201ss.

38 Zur Polysemie cf. unten Kap. 6.5. Dort geht es allerdings um Polysemie
    auf (lexie-)semantischer Ebene, während wir es hier mit (morpho-)syntak-
    tischer Polysemie zu tun hätten.

39 Zum Begriff *exozentrisch* cf. oben, N 14.

Ganzes hat substantivischen Charakter: *brise-vent, cache-sexe, casse-tête, essuie-glace, gratte-ciel, lance-flammes, pince-nez, tire-fesse* usw. — Ähnliche Bildungen finden sich zum Teil auch mit einem adverbialen statt des nominalen Elements: *couche-tôt, lève-tard, gagne-petit* usw.

Alle diese Kompositionstypen sind (in Grenzen) produktiv; vor allem beim verbalen Typ gibt es eine Reihe von (erneut) schwer faßbaren Restriktionen, da bei weitem nicht alle Verben in Bildungen dieser Art eintreten können (cf. Thiele 1985:72s.).

4.4.5. Ein verbreitetes lexematisches Verfahren ist die Wortkürzung, bei der allerdings keine neuen Lexien, sondern nur Kurzformen zu bereits bestehenden Lexien entstehen; dieser Typus betrifft somit nicht das sprachliche Zeichen bzw. den sprachlichen Zeichenkomplex als zweiseitige Größe, sondern nur dessen Ausdrucksseite[40]. Bereits der Standardsprache gehören Kurzformen an wie: *auto, cinéma (ciné), dactylo, kilo, métro, micro, photo, piano, pneu, radio, taxi, télé, vélo*. An untere Sprachschichten (Populär-/Vulgärsprache) oder Gruppensprachen gebunden sind z.B.: *ampli (amplificateur), calva (calvados), imper (imperméable), labo (laboratoire), prof (professeur), sous-off (sous-officier)*. Aus dem adjektivischen Bereich, der von diesem Phänomen bedeutend seltener betroffen wird, stammen *impec (impeccable), formid (formidable), sensass (sensationnel)* etc.

Zum Teil gehen solche Kurzformen auch wieder in Komposita ein, wie dies bereits oben im Zusammenhang mit *auto-* und *télé-* dargelegt wurde. Ein besonders auffälliges Beispiel dieses Typs ist *turboprof* 'Spagatprofessor'[41], liegt hier doch ein Kompositum vor, das aus zwei Kurzformen besteht.

4.4.6. Sehr verbreitet sind im Modernfranzösischen auch die Abkürzungen, die — wie die Wortkürzungen — keine neuen Lexien lie-

---

40 Die Inhaltsseite der ursprünglichen (vollständigen, unverkürzten) Einheit bleibt dabei im Prinzip unberührt. Allerdings lassen sich *spätere* semantische Eigenentwicklungen von verkürzten Einheiten *a priori* nicht ausschließen.

41 Sowohl die deutsche wie die französische Bildung bedeuten: 'Professor, der gleichzeitig an zwei verschiedenen, weit auseinanderliegenden Orten lehrt'.

fern: Auch hier haben wir nur eine ausdrucksseitige Modifikation bei gleichzeitiger Bewahrung der inhaltsseitigen Struktur und ihres Gehalts[42]. Dabei sind je nach Aussprachemodalität zwei Typen zu unterscheiden. Im ersten Fall werden die Bildungen gewissermaßen buchstabiert: *C.G.T.* /seʒete/ (*Confédération générale du travail*), *P.C.F.* /peseɛf/ (*Parti Communiste Français*), *C.N.R.S.* /seɛnɛʀɛs/ (*Centre National de la Recherche Scientifique*), *R.T.F.* /ɛʀteɛf/ (*Radiodiffusion-Télévision Française*), *S.N.C.F.* /ɛsɛnseɛf/ (*Société Nationale des Chemins de Fer*) usw. Beim zweiten Typus werden die Initialen nicht buchstabiert, sondern als Phonemsequenz realisiert: *ONU* /ony/, *C.R.E.D.I.F.* /kʀedif/ (*Centre de Recherches et d'Etudes pour la Diffusion du Français*), *S.M.I.G.* /smig/ (*salaire minimum interprofessionnel garanti*), *E.N.A.* /ena/ (*École Nationale d'Administration*), *C.A.P.E.S.* /kapɛs/ (*Certificat d'aptitude pédagogique à l'enseignement secondaire*) usw.

Die Kürzel sind bereits derart integriert, daß in zahlreichen Fällen Ableitungen (mit substantivischer und/oder adjektivischer Funktion) auf dieser Basis gebildet werden, wobei beim ersten Typus der Buchstabierungsmodus bei schriftlicher Wiedergabe (annähernd) in normale Orthographie umgesetzt werden muß: *C.G.T.* → *cégétiste*, *T.C.F.* → *técéfiste*, *C.A.P.E.S.* → *capésien*, *S.M.I.G.* → *smigard*.

4.4.7. Zum Abschluß noch zwei Bemerkungen. Es versteht sich von selbst, daß alle Lexien — gleichgültig welcher Herkunft — im Rahmen von rhetorischen Figuren wie Metapher, Metonymie, Synekdoche und Ellipse eingesetzt werden können[43]; dies gilt natürlich auch für Derivativa, Komposita und Phraseologismen. Gerade bei auf Syntagmen beruhenden Phraseologismen ist dieses Phänomen im Modernfranzösischen von besonderer Häufigkeit: *pur-sang* (Pferd), *bas-bleu* (Frau), *blouson noir* (Mensch), *deux-mâts* (Schiff), *six-cylindres* (Auto), *deux-chevaux* (Auto), *trois-pièces* (Kostüm) usw.

Weiter muß — im Vorgriff auf Kapitel 6 — darauf hingewiesen werden, daß lexikalische Einheiten in der Regel polysem sind: Ihr Semantem zerfällt meist in mehrere Sememe. Hilty (1983) hat nun

---

42 Natürlich gilt auch hier das in N 40 Gesagte.
43 Zur Definition der rhetorischen Figuren cf. z.B. Lausberg 1965.

zeigen können, daß bei Ableitungen (und Komposita) der Bedeutungsumfang der Lexien in der Regel massiv reduziert wird, ohne daß es aber zu einer Monosemierung kommen muß: Von den acht Sememen von *voler* sind z.B. im Diminutivverb *voleter* nur noch deren drei vertreten. Auch *voleter* ist somit noch polysem, aber in beschränktem Umfang. Systematische Analysen über die Reduktion der Polysemie im Rahmen von lexematischen Verfahren fehlen bis heute noch; sie stellen ein dringendes Desiderat der zukünftigen Lexikologie dar.

Aufgaben zu Kapitel 4

1. Versuchen Sie aufgrund der gegebenen Darstellung ein Urteil über die lexematische Produktivität im Modernfranzösischen abzugeben. Vergleichen Sie die französischen Verhältnisse mit denjenigen in anderen Ihnen bekannten Sprachen.

2. Unterziehen Sie den Begriff der "vitalen" lexematischen Bildung einer kritischen Diskussion, und überprüfen Sie, ob im Sinne der Ausführungen zur partizipativen (privativen) Opposition in Kapitel 6.8. nicht überhaupt auf den Terminus *vital* verzichtet werden könnte.

3. Diskutieren Sie aufgrund eigener Beispiele die Frage, ob man Präfixbildungen besser zu den Komposita oder zu den Derivativa stellt.

4. Diskutieren Sie die Problematik des Begriffes *Komposition* bei Coseriu (z.B. 1973a:119ss.). Wie könnte eine terminologisch bessere Lösung aussehen?

5. Versuchen Sie die Begriffe *endozentrisch* und *exozentrisch* in lexematischer Hinsicht zu definieren. Stellen Sie aufgrund einschlägiger Wörterbücher zusätzliches Belegmaterial für die beiden Kategorien zusammen.

6. Was ist ein Parasynthetikum? Versuchen Sie, zusätzliche Beispiele für diesen lexematischen Typus zu finden, und diskutieren Sie die dabei zu fällenden Entscheidungen.

7. Versuchen Sie aufgrund der gegebenen Beispiele und Ausführungen zu definieren, was Präfixoide und Suffixoide sind.

8. Versuchen Sie zu ermitteln, inwieweit und in welchem Sinne Wortkürzungen konnotativ (cf. Kapitel 7) markiert sind.

9. Stellen Sie Beispiele für ausgreifende und variierende Präfixbildungen zusammen und begründen Sie Ihre Interpretationen.

10. Stellen Sie Beispiele für ausgreifende und variierende Komposita zusammen und begründen Sie ihre Interpretationen.

11. Versuchen Sie zu ergründen, ob es für die Setzung bzw. Nichtsetzung des Bindestrichs bei Komposita eine Regel gibt.

12. *Versuchen Sie eine Typologie der verschiedenen lexematischen Bildungsmuster zu erstellen, und definieren Sie die jeweiligen Klassifikationskriterien.

13. *Stellen sie anhand von Meyer-Lübke 1921 Beispiele zusammen, die zwar aufgrund der bei Bally 1965 genannten Kriterien aus diachronischer Sicht als lexematische Bildungen eingestuft werden können, denen aber aus synchronischer Sicht dieser Status nicht mehr zukommt. Begründen Sie ihre Entscheidung in jedem einzelnen Fall.

14. *Stellen Sie aufgrund von Bally 1965 (cf. Index, s. *zéro*) Beispiele zusammen, wo man von einem *Nullmorphem* sprechen könnte. Vergleichen Sie dazu auch den Begriff des *Nullartikels* bei Weinrich 1969. Warum ist dieses Konzept problematisch, und unter welchen Voraussetzungen läßt sich ein Rückgriff auf einen derartigen Ansatz unter Umständen rechtfertigen?

15. *Diskutieren Sie aufgrund von Heinimann 1962 die Frage, inwieweit französisch -*o* als Suffix betrachtet werden kann. Behalten Sie dabei vor allem im Auge, ob jeweils eine der Kategorien von Gauger (1971a, 1972) vorliegt oder nicht.

16. *Stellen Sie aufgrund von einschlägigen Gebrauchswörterbüchern superlativierende Bildungen mit *sur-*, *extra-*, *archi-*, *super-*, *hyper-*, *ultra-* zusammen. Versuchen Sie aufgrund der Datierungen Produktivitätsschwerpunkte zu definieren. Lassen sich Kombinationsrestriktionen, Bedeutungsdifferenzierungen und Affinitäten zu bestimmten semantischen Feldern ermitteln?

17. *Versuchen Sie die Zwischenstellung der Motionssuffixe zwischen Morphologie und Lexematik, Modifizierung und Entwicklung (Variation/Verschiebung) zu begründen. Illustrieren Sie Ihre Ausführungen mit eigenen Beispielen.

5. Die Translation

Bei der Behandlung der lexematischen Verfahren im vorhergehenden Kapitel sahen wir uns immer wieder gezwungen, auf die Unproduktivität gewisser Muster hinzuweisen: Das Gesamtspektrum der Lexematik erweist sich im Modernfranzösischen als außerordentlich defizitär und ist weit davon entfernt, alle sich im Rahmen der vielfältigen Kommunikationssituationen stellenden Bedürfnisse abdecken zu können[1].

In dieser Situation bietet sich ein Rückgriff auf syntagmatische Verfahren an. Wenn es z.B. keinen spezifischen Terminus für (deutsch) *Schimmel* und *Rappe* im Französischen gibt, dann muß eben auf Konstruktionen wie *cheval blanc* und *cheval noir* zurückgegriffen werden[2]. Allerdings stößt man auch in diesem Bereich sehr schnell an die Grenzen der Möglichkeiten, fehlen doch oft die nach den morphosyntaktischen Regeln erforderlichen Komplementäreinheiten (Adj. → Subst.; Adv. → Verb; usw.): Ich brauche z.B. eine Lexie um auszudrücken, daß das Portal, von dem die Rede ist, nicht das Portal des Stadthauses, sondern dasjenige der Kathedrale ist; aber ein Adjektiv *cathédralique* o.ä. zu *cathédrale* ist unmöglich. Oder ich möchte den Ausdruck *un chant séducteur* in den verbalen Bereich transponieren. Dies ist im Falle von *chant* → *chanter* ohne Probleme möglich; aber wo kriege ich ein Adverb zu *séducteur* her? Die massiven Restriktionen im Bereich Verschiebung/Entwicklung (Gauger/Coseriu) machen den Rekurs auf eine syntagmatische Lösung oft unmöglich. Aus dieser Sackgasse kann in vielen Fällen das Verfahren der Translation heraushelfen.

---

1   Die Existenz von Ausweichverfahren in der Form von syntagmatischen und translatorischen Konstruktionen ist allerdings nicht ausschließlich auf die lexematische Schwäche des Französischen zurückzuführen, finden sich doch entsprechende Lösungen auch immer wieder im Spanischen und Italienischen, die in lexematischer Hinsicht als sehr produktiv gelten können. Die syntagmatischen und translatorischen Verfahren sind offensichtlich primär sprachökonomisch begründet (im Sinne einer Limitierung des Lexikons).

2   Zwar existiert im Fr. die Lexie *moreau*. Es handelt sich hierbei aber primär um ein Adjektiv, das wie alle Adjektive durch die Verbindung mit einem Artikel substantiviert werden kann. Darüber hinaus bedeutet es nicht einfach 'schwarz', sondern 'glänzend schwarz', entsprechend lat. NIGER (im Gegensatz zu ATER).

Der Translationsbegriff stammt von Lucien Tesnière (1953, 1959); allerdings ist er inhaltlich nicht vollkommen neu, denn er nimmt (mit gewissen Modifikationen) den Transpositionsbegriff von Charles Bally (1922, 1965) wieder auf[3]. Definiert wird die Translation bei Tesnière folgendermaßen: " ... la translation consiste ... à transférer un mot plein d'une catégorie grammaticale dans une autre catégorie grammaticale ..." (Tesnière 1959:364)[4]. — In der Folge unterscheidet Tesnière dann zwischen Translationen ersten und zweiten Grades, wobei der Umsetzungsmechanismus das eine Mal über Lexien, das andere über Sätzen bzw. Propositionen operiert. Als Beispiele mögen die folgenden Sequenzen dienen:

   — Translation 1. Grades: *sport* → *(voiture) de sport*; *laver* → *(machine) à laver*;

   — Translation 2. Grades: *je viens* → *(Pierre sait) que je viens*; *je l'ai prié de rester* → *(il est parti) quoique je l'aie prié de rester*; usw.

Aus der Sicht der Suppletion von Lexien bzw. ihrer Adaptation an die unterschiedlichen Wortklassen interessieren uns hier natürlich vor allem die Translationen 1. Grades.

Bei Tesnière werden nun analytische und synthetische Verfahren zum Wortklassenwechsel praktisch undifferenziert nebeneinander gestellt: *génie* → *génial* steht neben *génie* → *de génie*. Baum (1976:115) scheint dieses Verfahren kritiklos zu übernehmen, obwohl damit die lexematische Kategorie *Verschiebung/Entwicklung* auf die gleiche Stufe wie die im strengen Sinne translatorischen Verfahren gestellt wird. Dies scheint mir deshalb außerordentlich problematisch zu sein, weil wir oben gesehen haben, daß die (synthetischen) lexematischen Verfahren bezüglich ihrer Anwendungsmöglichkeiten nicht nur zum Teil, sondern sogar in der Regel sehr starken Restriktionen unterliegen; Translationen dagegen sind — immer natürlich unter Beachtung der syntaktischen Rahmenbedingungen — praktisch frei anwendbar. Überdies ist in Rechnung zu stellen, daß lexematische Bildungen normalerweise

---

3   Wie Helbig (1971:208) gezeigt hat, finden sich ähnliche Ansätze auch schon bei Behaghel und Heyse.

4   Unter *mot plein* ist in etwa das zu verstehen, was wir als Lexie bezeichnen (im Gegensatz zum [freien] Morphem).

im Lexikon (*qua* Register der Norm) abgespeichert werden und dort dem Sprecher als direkt abrufbare Einheiten für seine kommunikativen Bedürfnisse zur Verfügung stehen (cf. Rettig 1981:135ss.). Gerade dies ist bei Translationen in der Regel nicht der Fall: Wir haben es mit einem *ad hoc*-Verfahren zum Wortklassenwechsel zu tun, das von Fall zu Fall wieder neu angewendet werden muß (cf. auch Tesnière 1959:365s.); translative Sequenzen haben deshalb meist kreativen Charakter. Dies schließt allerdings nicht aus, daß es — wie bei den auf (ursprünglich freie) Syntagmen zurückgehenden Phraseologismen — vereinzelt zu globalen Lexikalisierungen solcher Sequenzen kommt[5]. — Schließlich ist noch darauf hinzuweisen, daß die von den lexematischen Verfahren abgedeckten Strukturen der wortinternen Syntax viel komplexerer Natur sind als die der (analytischen) Translationen; diese lehnen sich auf das engste an die freie Syntax an.

All dies scheint eine strenge Trennung der Lexematik (und innerhalb derselben besonders des Bereichs *Verschiebung/Entwicklung*) von der Translation zu erfordern. Ich betrachte deshalb im folgenden (und im Gegensatz zu Tesnière) nur die analytischen Verfahren zum Wortklassenwechsel als Translationsphänomene. Die entsprechenden Prozeduren haben als in der *langue* gegebene Regeln zu gelten, die bei kommunikativem Bedarf *ad hoc* angewendet werden, und die es erlauben, Inkongruenzen zwischen der syntaktisch geforderten Wortklassenzugehörigkeit einerseits, den semantischen Dependenzstrukturen und den diese repräsentierenden Lexien andererseits zu überbrücken.

5.1. Der Ansatz von Tesnière erfordert aber nicht nur im genannten Sinne, sondern auch unter anderen Aspekten noch zahlreiche Korrekturen. Sie betreffen erneut die Ausgrenzung des Translationsphänomens und zeigen, daß in dieser Hinsicht nicht mit der nötigen Umsicht vorgegangen wurde. Dies hat zur Folge, daß der Translationsbereich bei Tesnière zu einem Sammeltopf für äußerst disparate Erscheinungen wird. Dies muß natürlich die Kritik wachrufen und diskreditiert so unnötig eine interessante und von ihrer explikativen Potenz her gesehen beachtenswerte Idee.

---

5   Vgl. hierzu auch die Ausführungen unten, Kap. 5.4.

Verhängnisvoll ist z.B. die Tatsache, daß Tesnière neben den Präpositionen auch den Artikel, die Subjektspronomina und die Konjugation[6] zu den Translativen (Translationsoperatoren 1. Grades) zählt (Tesnière 1959:396ss., 411). Da Artikel, Subjektspronomina und Auxiliarien jedoch unabhängig von jeder Translation in bestimmten syntaktischen Konstellationen das Substantiv bzw. das Verb charakterisieren (cf. *la beauté/le beau*; *je chante, je vais chanter/j'ai chanté*), scheint es wenig sinnvoll, sie als Translative zu betrachten: Ihr Auftreten ist vielmehr eine Folge der Tatsache, daß ein bestimmtes Element als Substantiv oder Verb zu gelten hat, vollkommen gleichgültig, ob ihm diese Funktion primär oder erst sekundär zukommt. Man kann ihnen deshalb höchstens den Charakter von Indikatoren für die Wortklassen, keinesfalls aber die Funktion von Wortklassenmodifikatoren zusprechen.

Kritik muß bei Tesnière auch die ständige Vermischung von Synchronie und Diachronie hervorrufen. Eine flagrante Vermischung dieser beiden methodischen Perspektiven findet sich zum Beispiel bei der Behandlung des Adjektivs *méditerranéen*, das über fünf Translationen auf ein indogermanisches *ters-a* zurückgeführt wird (Tesnière 1959:375s.):

ters-a (subst. Adj.) > *terra* (Subst.) > *mediterraneus/méditerrané* (Adj.) > *méditerranée* (Subst.) > *méditerranéen* (Adj.)

Ähnlich verhält es sich mit *une après-midi*, das aufgrund folgender Translationskette expliziert wird (Tesnière 1959:388):

midi (Subst.)> *après midi* ("locution adverbiale") > *(une) après-midi* (Subst.)

Aus synchronischer Sicht liegt hier jedoch in beiden Fällen nicht eine einzige Translation vor, denn sowohl *méditerranéen* (Adj.) als auch *après-midi* (Subst.) sind als solche im Lexikon verfügbare Einheiten. Als Translationen können aber nach unserer Definition nur rein synchronische *ad hoc*-Phänomene gelten[7]; aus diesem

---

6 Diese allerdings nur insoweit, als es um die Unterscheidung zwischen einfachen und zusammengesetzten Formen geht.

7 Dies schließt natürlich nicht aus, daß im Rahmen einer diachronischen Darstellung gewisse Schnitte auftauchen können, die eine Translation beinhalten; die Genese einer sprachlichen Einheit kann zwar ihr aktuelles So-Sein (weitgehend) erklären, sie ist jedoch für ihr Funktionieren im Rahmen einer *hic et nunc* gegebenen Synchronie irrelevant.

Grunde gibt es Translationsketten, wie sie Tesnière nicht nur bei den beiden zitierten Beispielen, sondern auch im Falle von *(voir les choses) par en dedans* von der Präposition *dans* ausgehend annimmt, im Rahmen einer Synchronie in aller Regel nicht: *dedans* ist nicht nur Adverb, sondern eben auch Präposition, d.h. es ist polyfunktional; selbst *en dedans* wird vom *Petit Robert* (s. *dedans*) als präpositionale Wendung verzeichnet — und dies zu Recht. Die einzige echte Translation im letztgenannten Beispiel ist somit *en dedans* (Präp.) → *par en dedans* (Adv.).

Genau wie Tesnière irrtümlich die Bildung der *temps composés* und *surcomposés* der Translation zuweist[8], so betrachtet er auch eine Reihe von anderen Phänomenen fälschlicherweise als zu dieser Kategorie gehörig. Dies gilt unter anderem für die sogenannte *transformation formelle* (Tesnière 1959:388ss.), die neben anderen mit folgendem Beispiel illustriert wird:

Peut-être seras-tu général. — Ce 'peut-être' est une insulte.

Was hier vorliegt, ist ein metasprachlicher bzw. metakommunikativer Gebrauch einer Einheit[9], wobei sich Sequenzen dieser Art im Hinblick auf ihren Einbettungskontext immer wie Substantive verhalten. — Nicht minder problematisch ist die sogenannte *translation atténuée* (Tesnière 1959:393ss.). Ausgehend von der Behauptung, *dîner, souper* usw. *qua* Infinitive seien bereits Substantivtranslate[10], bereiten Tesnière Konstruktionen mit Artikel wie *le dîner, le souper* etc. große Schwierigkeiten, betrachtet er doch den Artikel als Translator (cf. oben). Wozu soll hier ein Translator dienen, wenn die ihm unterstellte Einheit bereits der angestrebten Zielkategorie angehört? Tesnière zieht sich nicht gerade elegant aus der Affäre, indem er den beiden Faktoren (Infinitiv und Artikel) nur einen Teil des Trans-

---

8   Daß es sich hierbei nicht um Translationen handeln kann, geht schon aus der Tatsache hervor, daß ein Wechsel zwischen einfacher und analytischer Form in keinem Fall einen Wortklassenwechsel beinhalten kann (beides sind ja schließlich auch Verbformen!). Operationell kann dies mit Kommutationstests bewiesen werden.

9   Zum Begriff der *Metasprache* cf. z.B. Hjelmslev 1968:161ss.; Lewandowski 1976:449.

10 Diese Auffassung geht zurück auf die Behandlung des Infinitivs in der traditionellen Grammatik, wo er als "substantivische Form des Verbs" geführt wird; cf. hierzu auch unten, Kap. 5.2.

lationseffekts zuerkennt, d.h. die Leistung der beiden als begrenzte Translationsfunktion (*translation atténuée*) einstuft. Ich werde diesen Sachverhalt im nächsten Kapitel ganz anders interpretieren. – Schließlich ist auch der Begriff der *translation fonctionnelle* anfechtbar. Tesnière (1959:401s.) versteht darunter gewisse Subkategorisierungen wie die der Präposition *à* für das *complément d'objet indirect* (entsprechend dem Dativ im Lateinischen usw.). Auch hier liegt jedoch kein Wortklassenwechsel, sondern die Markierung einer spezifischen syntaktischen Funktion vor; sofern dabei Translationen eine Rolle spielen, werden sie anderweitig realisiert, cf. z.B. *je pense à venir/à sa venue/à ce qu'il viendra.*

Mit diesen kritischen Bemerkungen dürfte der Translationsbegriff gegenüber der Darstellung bei Tesnière erheblich präzisiert worden sein.

5.2. Ein besonderes Problem stellen der Infinitiv und die Partizipien dar, mit denen sich auch die traditionelle Grammatik immer schwer getan hat. Aufgrund ihrer substantivischen bzw. adjektivischen Verwendungen betrachtet Tesnière diese Formen als deverbale Translate (1959:379s., 409, 417ss., 451ss.). Dies verstößt natürlich zuerst einmal gegen die oben etablierten Prinzipien der analytischen Struktur und des *ad hoc*-Charakters. Darüber hinaus muß man aber auch fragen, was denn mit den verbalen Verwendungen der beiden Formen ist, sei es nun in Verbindung mit einem Auxiliar, sei es in absoluten Konstruktionen[11]. Nicht weniger problematisch ist übrigens die Position der traditionellen Grammatik, wenn sie den Infinitiv einfach als substantivische, die Partizipien als adjektivische Formen des Verbs bezeichnet[12].

Gleichwohl ist diese Redeweise nicht allzu weit vom wirklichen Sachverhalt entfernt. Denn die Infinitive können sowohl verbal als auch substantivisch, die Partizipien sowohl verbal als auch adjektivisch (und von dieser Funktion aus auch substantivisch) verwendet werden, und zwar ohne daß bei den nicht-verbalen Nutzungen eine irgendwie markierte Translation stattfinden würde:

---

11 Gemeint sind damit Konstruktionen vom Typus *Le travail terminé, il partit.*

12 Ein typisches Beispiel hierfür ist der *Bon usage* von Maurice Grevisse (§ 1424), wo überdies auch noch eine "adverbiale" Form des Verbs erwähnt wird; diese würde durch den sogenannten *gérondif* repräsentiert.

Infinitiv:

*Il espère **venir** à Pâques.*

*Il payera cher son **venir** tard.*

Partizip:

***Ayant terminé** son article, il est allé boire une bière.*

*Il m'a rendu l'article **corrigé**.*

*Le **blessé** a été transporté à l'hôpital.*

Im Rahmen einer strukturell-semantischen Analyse[13] kann diese Situation nur dahingehend gedeutet werden, daß die fraglichen Formen bezüglich der Unterscheidung *Verb/Nomen*[14] indifferent sind: Sie verhalten sich wie Architerme (z.B. Archilexeme) und können die ihnen untergeordneten Kategorien gleichermaßen vertreten[15], d.h. in unserem Falle eben ohne Translation in eine verbale oder substantivische (Inf.), eine verbale oder adjektivische (Part.) Position eines syntaktischen Bauplans einrücken. Innerhalb des nominalen Bereichs scheint zwischen Substantiv und Adjektiv eine partizipative Opposition mit dem Substantiv als markiertem Oppositionsterm zu existieren. Dies erklärt, warum Adjektive ohne weiteres als Substantive verwendbar sind, nicht aber Substantive als Adjektive, und warum Partizipien nicht nur als Adjektive, sondern auch als Substantive, nicht aber Infinitive als Adjektive fungieren können. Graphisch lassen sich diese Relationen folgendermaßen darstellen:

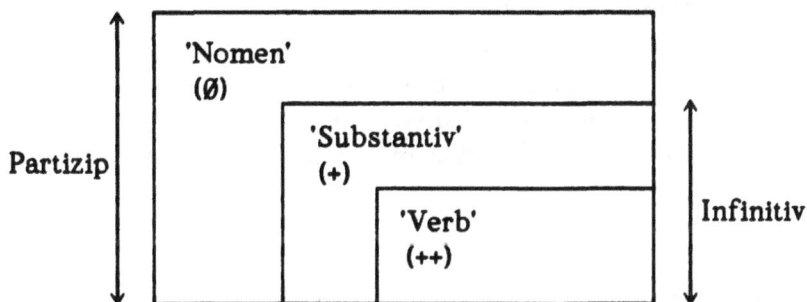

---

13 Ob diese den lexie-semantischen Bereich wie in Kap. 6 oder den morphosyntaktischen Bereich wie hier betrifft, ist irrelevant.

14 Ich verwende hier den Begriff *Nomen* in der auf die antike Grammatik zurückgehenden, auch heute in romanisch-sprachigen Ländern noch oft gebrauchten Bedeutung als Oberbegriff von *Substantiv* und *Adjektiv*.

15 Zum Problem der Architerme cf. unten, Kap. 6.9.

Worin die Affinität des Infinitivs zum Substantiv, diejenige der Partizipien zum Adjektiv begründet ist, stellt ein noch offenes Problem dar; unter Umständen spielt hierbei die fehlende bzw. vorhandene Differenzierung bezüglich des Aktionsstandes[16] eine entscheidende Rolle.

Vor diesem Hintergrund löst sich nun eine Reihe von Problemen. Einmal ist bei den zusammengesetzten Verbformen (d.h. denjenigen, die aus einem Auxiliar und einem sogenannten *participe "passé"* bestehen) keine "Reverbalisierung" mehr nötig, wie sie Tesnière annimmt. Dann ist es aber auch nicht mehr nötig, den Artikel (weder beim Infinitiv noch beim Adjektiv oder Partizip) als Translativ einzustufen oder gar so etwas wie ein Nulltranslativ anzunehmen: Angesichts der beschriebenen strukturellen Relationen sind diese Klassen *per se* "substantivfähig"; die oben vorgeschlagene Einstufung des Artikels als Index erweist sich somit als sinnvoll.

5.3. Nach diesen Überlegungen allgemeineren Charakters, die wieder einmal die Funktion hatten, den für uns relevanten Teilbereich exakter auszugrenzen und so ein effizientes theoretisches Instrument für den Zugriff auf die Materialfülle bereitzustellen[17], geht es nun im folgenden noch darum, die verschiedenen Translationstypen im einzelnen darzustellen.

5.3.1. Wichtigstes Translativ für den Kategorienwechsel *Substantiv → Adjektiv* ist die Präposition *de* (Tesnière 1959:438ss.): *un homme de cœur, une faim de loup, un poète de génie, une voiture de luxe, une chemise de nuit, une maison de campagne* usw. Anstelle von *de* kann auch *à* auftreten, das in der Standardsprache aber zusätz-

---

16 Unter Aktionsstand verstehe ich den Gegensatz zwischen Verbformen, die die Entwicklung eines Prozesses zum Ausdruck bringen (*accomplissement*), und solchen, die seine "Entwickeltheit" (*accompli*) markieren; dieser Gegensatz wird im Französischen u.a. markiert durch die Oppositionen *participe "présent"/"passé", einfache/zusammengesetzte Verbformen* usw. Cf. hierzu Wunderli 1976:6ss.

17 Im hier zur Diskussion stehenden Fall handelt es sich allerdings nicht um ein vollkommen neues Instrument; es ging vielmehr darum, ein bestehendes Werkzeug zu optimieren.

lich eine "possessive" Nuance ('avec', 'pour' usw.) einbringt[18]: *une femme à barbe, une voiture à bras, une brosse à dents* etc. Als direkter Konkurrent von *de* findet sich *à* nur in der Populärsprache: *le chapeau à (de) mon père*; es scheint in diesem Fall im wesentlichen aber an Personenbezeichnungen und Eigennamen (EN) gebunden zu sein. — Obwohl sich betreffende Beispiele nur selten finden, ist in dieser Funktion prinzipiell auch jede andere Präposition möglich, wenn es darum geht, eine spezifische Relation zu explizieren: *vente par correspondance, coiffeur pour dames, vol sans escale, service après vente, amour contre nature, vol sans pilote* usw. In all diesen Fällen leisten die Präpositionen nicht nur eine Translation *Substantiv* → *Adjektiv*, sie erfüllen gleichzeitig auch noch die Funktion eines Präfixes und bewirken damit eine semantische Spezifikation (cf. *amour contre nature* ≈ **amour antinaturel*).

Nach Tesnière gäbe es auch zahlreiche Fälle mit einem Nulltranslativ: *un sifflement canaille, un livre cochon, un exemplaire type, une ferme-modèle, un chapeau rose, une étoffe marron* usw. Das Postulieren von Nullmorphemen ist aber ganz generell eine problematische Angelegenheit; derartige Lösungen sollten wo immer möglich vermieden werden[19]. Bei den hier vorliegenden Beispielen muß man überdies feststellen, daß in keinem Fall eine *ad hoc*-Umsetzung vorliegt: Entweder haben wir es mit Komposita zu tun (*exemplaire type, ferme-modèle* etc.), oder aber die angeblich die

---

18 Der Ausdruck *possessiv* darf in diesem Falle aber ebensowenig wörtlich (im Sinne von 'Besitz') genommen werden wie bei den sogenannten Possessiva: Während es im zweiten Falle um eine reine Relation zu einer der drei Kommunikationspersonen geht, liegt bei der standardsprachlichen Translation mit *à* die Idee einer Eigenschaft oder der Zugehörigkeit zu einer bestimmten Klasse vor.

19 Selbst das Postulat, nur dann ein Nullmorphem anzusetzen, wo es eine Parallelkonstruktion mit explizitem Morphem gibt, erweist sich oft als nicht hinreichend. Aufgrund des funktionellen Parallelismus zwischen dt. *Er sagt, er komme* und *Er sagt, daß er komme* (ähnlich im Englischen) scheint sich im ersten Fall die Annahme eines Nullmorphems aufzudrängen. Bei näherem Zusehen stellt man aber fest, daß Intonation, Wortstellung und Modus das gleiche leisten wie *daß*: Wir haben bei seinem Fehlen nur eine Reduktion der sprachlichen Redundanz; die Annahme eines Nullmorphems erweist sich als vollkommen überflüssig.

Rolle eines Adjektivs spielenden Substantive (*canaille, cochon, rose, marron* usw.) sind in den einschlägigen Wörterbüchern auch als genuine Adjektive verzeichnet. Wie diese Zusatzfunktion genetisch zu erklären ist, wäre im einzelnen abzuklären; es kommen hierfür sowohl appositionelle als auch elliptische Konstruktionen als Ausgangspunkt in Frage.

5.3.2. Eine analoge Leistung erbringen die Präpositionen auch im Rahmen der Translation *Substantiv → Adverb: il demeure ici/à Paris, il viendra demain /à Noël, il habite ici/chez sa mère, il passera ici/ devant la caserne, il part demain/à l'aube, il chante bien/à merveille, il travaille beaucoup*[20]*/comme un fou; il voyage confortablement/en auto, il vient volontiers/avec plaisir* usw. Während Kommutationsproben über den adverbiellen Charakter solcher Konstruktionen Aufschluß geben, läßt sich die Zugehörigkeit zu einer adverbiellen Subklasse am ehesten über den Fragetest ermitteln (*où?, quand?, comment?, pourquoi?* usw.). Nicht klar ist, nach welchen Kriterien die Artikelsetzung erfolgt; sieht man einmal von den Bildungen mit Eigennamen und dem Sonderfall *en*[21] ab, so scheint sich die Artikellosigkeit vor allem bei traditionellen, lexikalisierten Fügungen zu finden, ohne daß damit aber eine hinreichende Erklärung gegeben wäre. Wendungen wie *à la fois* 'auf einmal', *à l'aveuglette, à la légère, à la française* stellen Sondernutzungen des Artikels dar, die außerhalb des allgemeinen Problemfeldes liegen.

Einen Sonderfall stellen ferner die Wochentagsnamen (*lundi, mardi* etc.) sowie Ausdrücke vom Typus *le matin, le soir* usw. dar, die als solche in adverbieller Funktion lexikalisiert sind und damit keiner Translation bedürfen. Im Falle von *parler la bouche pleine, courir la bride sur le cou, partir les larmes aux yeux* usw. haben wir es wohl nicht mit Translationen zu tun, sondern mit einem spezifischen Syntagmenbauplan der Frageklasse "comment?".

---

20 Daß es sich im Falle des Adv. *beaucoup* etymologisch um ein Syntagma vom Typus *Adj. + Subst.* handelt, ist in der Perspektive der modernen Synchronie irrelevant.

21 *En* wird im Modernfranzösischen in der Regel ohne Artikel gebraucht; sein Auftreten ist weitestgehend an festgefügte Wendungen (*locutions figées,* Phraseologismen) gebunden und spiegelt einen älteren Sprachzustand wider. Vgl. Grevisse 1980: § 2392.

5.3.3. Als Verbalisierungstranslativ fungiert in erster Linie das Auxiliar *être*, das sowohl über substantivischer, adjektivischer als auch (zumindest teilweise) adverbieller Basis operieren kann: *être médecin/charcutier/professeur/président* usw.; *être malade/jeune/beau/idiot/insupportable* etc.; *être bien/mal/loin/tôt/tard*. Neben *être* kann eine entsprechende Leistung (zumindest in Teilbereichen) auch von Semi-Auxiliarien wie *devenir, sembler, paraître, demeurer, rester* usw. erbracht werden.

5.3.4. Substantivierungstranslationen, gleichgültig ob auf verbaler, adjektivischer oder adverbialer Basis, werden nach Tesnière über den Artikel *le/la/les* bzw. über Substitutionsformen[22], die im Rahmen des Kommutationsverfahrens an dessen Stelle treten können, realisiert (Tesnière 1959:414ss.; cf. auch Baum 1976:117ss.). Warum bei den substantivisch gebrauchten Infinitiven, Partizipien und Adjektiven aber keine Translation vorliegen kann und der Artikel nur Indexfunktion hat, wurde bereits dargelegt[23]. Bei den Typen *le bien*, *le mal* usw. haben wir es mit Lexikalisierungen zu tun, die synchronisch nicht mehr als Translationen gelten können. Ähnliches gilt für Fälle wie *le commerçant, le participant, l'étudiant* usw.; historisch liegt all diesen Bildungen eine elliptische Konstruktion zugrunde.

5.3.5. Präpositionen spielen auch eine entscheidende Rolle bei der Translation *Adverb → Adjektiv* (cf. auch Tesnière 1959:450ss.); wiederum steht *de* im Vordergrund: *la mode d'aujourd'hui/d'hier/de demain, un verre de trop*; ebenso *d'ici, de chez nous, de plus, de moins* usw. Dieses Verfahren ist aber auf Adverbien auf -*ment* (aus offensichtlichen Gründen[24]) nicht anwendbar, und auch im

---

22 Paradigmen, deren Einheiten im Französischen (zumindest unter gewissen Voraussetzungen) mit dem "bestimmten" Artikel kommutieren können, sind u.a.: der "unbestimmte" Artikel (inkl. "Teilungsartikel"), nicht-prädikative Demonstrativa, Possessiva, Indefinita, Interrogativa sowie die Kardinalzahlen.

23 Cf. oben, Kap. 5.2.

24 Für den Fall, daß ich mich bezüglich der Offensichtlichkeit täuschen sollte: Adverbien auf -*ment* sind von Adjektiven abgeleitet; um ein ihnen entsprechendes Adjektiv zu bekommen, ist es sinnvoller, direkt auf das Basisadjektiv zurückzugreifen und nicht zu einer Translation vom Typus *de + Adv.* zu greifen.

Bereich der nicht suffixmarkierten Adverbien gibt es eindeutige Gebrauchsrestriktionen im Rahmen des Translationsmusters: Bildungen wie *de tôt, *de tard usw. sind nicht möglich.

Daneben wird bei *bien* (*un homme bien*), zum Teil auch bei *mal*, oft ein Nulltranslativ angenommen; diese Verwendungsweisen gehen jedoch schon auf das Altfranzösische zurück und können als lexikalisiert gelten. Ebenso wird auch *debout* (*une place debout*; *vent debout*; usw.) in den Wörterbüchern als Adjektiv geführt und kann aus der Sicht der heutigen Synchronie nicht mehr als Translat gelten. — Problematisch sind einige Fälle mit *avant, arrière* etc.: *traction avant, roue avant, marche arrière* usw. Thiele (1985:135) nimmt hier eine Translation *Adverb → Adjektiv* an, was jedoch bezüglich des Ausgangspunktes sowohl formal als auch inhaltlich Schwierigkeiten bereitet[25]; es liegt näher, in diesen Elementen als Adverbien verabsolutierte Präfixe zu sehen und die Bildungen als Komposita einzustufen.

5.3.6. In allen hier nicht ausdrücklich als Translationen anerkannten Typen liegt nach unserer Auffassung dieses Phänomen auch nicht vor. Der Wechsel *Adjektiv → Adverb* mit Hilfe des Suffixes *-ment* (Tesnière 1959:468ss.) ist im Modernfranzösischen ein Phänomen der Wortbildung (Verschiebung/Entwicklung). Der Wechsel *Verb → Adjektiv* mit Hilfe der Partizipien beruht auf der in Kapitel 5.2. diskutierten funktionellen Ambivalenz bzw. Undifferenziertheit dieser Formen und kann deshalb auch nicht als Translation gelten (cf. dagegen Tesnière 1959:451ss.). Und was den Wechsel *Verb → Adverb* angeht, so existiert dieser im Französischen nicht. Der sogenannte *Gérondif* (*en* + "participe présent") ist zwar eine Adverbialisierung mit Hilfe der Präposition *en*, doch operiert sie letztlich über einem adjektivisch zu interpretierenden Partizip Präsens (Tesnière 1959:470, 503ss.; 1959:470, 503ss.); aus den obenge-

---

25 Formal stellt sich das Problem, weil *avant, arrière* Präpositionen, nicht aber Adverbien sind (in adverbieller Funktion erscheinen die Formen *en avant, en arrière* usw.). Inhaltlich gibt es Probleme, weil in Konstruktionen dieser Art *avant, arrière* nicht den semantischen Gehalt der entsprechenden Adverbien aufweisen, sondern den viel umfassenderen der Präfixe *avant-/arrière-*.

nannten Gründen scheint es uns nicht möglich, hier von einer **doppelten** Translation zu sprechen[26].

5.4. Ebenso wie die Phraseologismen können auch Translationen lexikalisiert werden. Sie gehen dann als solche ins Lexikon ein, sind global abrufbar und verlieren zusammen mit dem *ad hoc*-Charakter auch gleichzeitig (aus synchronischer Sicht) ihren Translatstatus, der nur noch im Rahmen einer historischen Erklärung relevant ist.

Lexikalisierte Translationen im substantivischen Bereich (auf adjektivischer, adverbialer oder verbaler Basis) sind z.B. *le bien, le mal, le bleu, le vert, le passé, le commerçant, l'étudiant* usw. Beispiele für lexikalisierte Adjektivtranslationen sind unter anderem *d'avant garde, de point, de gauche, de droite* etc. Als lexikalisierte Adverbialtranslationen könnte man etwa anführen: *à pied, à cheval, en voiture, en face; à droite, à gauche, à côté; à la fois, à l'aveuglette, à la légère; en avant, en arrière, en dehors, au-dehors, au-dedans* usf. Das diesbezügliche Material, auf das man bei einer Durchforstung jedes beliebigen Lexikons unter diesem Blickwinkel stößt, ist praktisch endlos. Obwohl die Translation primär einmal dazu dient, Defizienzen des Lexikons und der Lexematik zu überwinden und über *ad hoc*-Bildungen die Kommunikation zu garantieren, wird sie so über die Lexikalisierung selbst zu einem Verfahren der Lexikonbereicherung. Diesen scheinbar widersprüchlichen Status teilen die Translate mit den Phraseologismen[27].

---

26 Cf. Kap. 5.1.

27 Allerdings stellen die Phraseologismen in ihrem Ursprung keine "Ersatzvornahmen" dar; gleichwohl ist die Grenze zu den Translaten fließend.

Aufgaben zu Kapitel 5

1. Versuchen Sie, die Begriffe *Syntagma*, *Translation* und *Phraseologismus* definitorisch zu fassen und gegeneinander abzugrenzen.

2. Diskutieren Sie das Schema in Kapitel 5.2. und versuchen Sie, die möglichen Oppositionen bzw. deren Neutralisierung sowohl mit Beispielen aus dem morpho-syntaktischen als auch dem lexiesemantischen Bereich zu belegen.

3. Stellen Sie aufgrund einschlägiger Wörterbücher Beispiele für scheinbare Adjektivtranslate mit Nulltranslativ zusammen (cf. Kap. 5.3.1.) und diskutieren Sie in jedem einzelnen Fall, ob nicht (in synchronischer Sicht) auch eine Erklärung auf genuin adjektivischer Basis oder als Kompositum möglich wäre.

4. Versuchen Sie zu explizieren, warum eine deadverbiale Adjektivtranslation mit *de* bei Adverbien auf -*ment* aus der Sicht der Norm zu inakzeptablen Resultaten führt.

5. Stellen Sie aufgrund eines Gebrauchswörterbuchs lexikalisierte Adjektiv- und Adverbialtranslate zusammen. Versuchen Sie, Ihre Entscheidungen zu begründen.

6. *Versuchen Sie, aufgrund einschlägiger Beispiele Kriterien zu ermitteln, die die Einstufung ursprünglicher Syntagmen und Translate als lexikalische Einheiten (Lexikalisierungen) rechtfertigen.

7. *Stellen Sie bei Tesnière 1959 Translationsbeispiele zusammen, in denen der Autor synchronische und diachronische Perspektive nicht sauber auseinanderhält und begründen Sie in jedem einzelnen Fall Ihre Kritik.

8. *Stellen Sie aufgrund eines frei gewählten Prosatextes Beispiele für denominale Adverbialtranslate zusammen und liefern Sie aufgrund des Fragetests eine semantische Subklassifikation.

6. Grundzüge einer Semantik

Oft wird die Auffassung vertreten, das Lexikon sei im Gegensatz zu anderen sprachlichen Teilsystemen wie zum Beispiel der Phonologie, der Morphologie usw. schlecht oder überhaupt nicht strukturiert. Diese Auffassung ist sicher historisch bedingt und erklärt sich aus der Entwicklung des Strukturalismus heraus, der sich vorerst — und forschungsstrategisch durchaus sinnvoll — den begrenzteren und in ihrem Aufbau leichter durchdringbaren Inventaren zugewandt hatte.

In der jüngeren Vergangenheit hat sich nun in zunehmendem Maße die Auffassung verbreitet, daß es durchaus systematisch und konsequent aufgebaute lexikalische Strukturen gibt, daß diese aber nur Teilbereiche des Lexikons betreffen und keinen durchgängigen Charakter haben (Berruto 1976:59; Coseriu 1978:197; Schifko 1977: 52s.; Wotjak 1971:55; usw.). Beim heutigen Forschungsstand ist eine derartige Formulierung nichts anderes als die redliche Folgerung aus den vorliegenden Ergebnissen. Es stellt sich jedoch die Frage, ob angesichts der Fülle des zu analysierenden Materials, das die für den phonologischen und morphologischen Bereich zu berücksichtigenden Fakten in kaum vorstellbarer Weise übersteigt, die Forschung einfach noch nicht genügend weit gediehen ist, um die durchgängige Systematizität des Wortschatzes aufdecken zu können[1]. In diesem Bereich dürften noch die Anstrengungen von Generationen nötig sein, um zu einem abschließenden Urteil zu kommen. Leider stagniert die strukturelle Semantik seit einigen Jahren (cf. Geckeler 1981:53ss.), was sich wohl aus der Komplexität und Vielfältigkeit der sich stellenden Probleme erklärt: Sie lassen keine raschen und spektakulären Erfolge zu und sind deshalb bei jüngeren Forschern wenig beliebt.

Um die lexikalischen Strukturen freilegen zu können, sind auf jeden Fall eine Reihe von Vorbedingungen zu erfüllen, deren Einhaltung oft erhebliche Probleme schafft. Die drei wichtigsten sollen hier kurz andiskutiert werden:

---

1   Wäre der Begriff der (linguistischen) Relativitätstheorie nicht schon von Whorf in Anspruch genommen, dann würde sich ein Vergleich mit der Entdeckung der Relativitätstheorie durch Einstein anbieten bzw. mit der Situation in der Physik vor diesem Ereignis.

1. Es muß streng zwischen synchronischen und diachronischen Gegebenheiten geschieden werden (cf. Coseriu 1978:215ss.; Schifko 1975:23: usw.). Wie wichtig dies z.B. bezüglich der Translationen ist, haben wir im vorhergehenden Kapitel gesehen — und im semantischen Bereich verhält es sich nicht anders[2]. Vor allem müssen lexikalisierte Elemente syntagmatischer Natur, das heißt Phraseologismen und (festgefügte) Translate als eigenständige Lexien betrachtet werden, gehen sie doch (auf Normebene) direkte Oppositionen mit einfachen Lexien ein; würde man diese komplexen Einheiten einfach undifferenziert zu ihren lexikalischen Konstituenten stellen, könnte weder das Funktionieren des Lexikons in seiner Gesamtheit adäquat erfaßt noch die spezifische Bedeutung vieler in ihrer Entstehung komplexer Einheiten angemessen beschrieben werden.

2. In jedem Falle muß man sich der Analyseebene genau bewußt sein, auf der man gerade argumentiert (cf. auch Schifko 1975:24ss.). Diese Ebenen sind im sprachlichen Bereich: das System (die *langue* im Sinne Saussures), die Norm (als deskriptive Norm im Sinne Coserius), die Σ-*parole* (im Sinne Hegers) und die Rede (bzw. *parole* im Sinne Saussures)[3]. Sprachliche Einheiten *qua* Systemeinheiten sind virtueller Natur und funktionell über (und nur über) ihre Distinktivität definiert. Sprachliche Einheiten *qua* Redeeinheiten stellen konkrete Einzelrealisierungen von virtuellen Einheiten im kontextuellen und situationellen Zusammenhang (im *Kotext* und *Kontext*) dar und erfahren durch diese Einbettung entsprechende Modifikationen. Die Norm schließlich umfaßt all das, was "nicht unbedingt funktionell (distinktiv), wohl aber traditionell (sozial) fixiert, was allgemeiner Gebrauch der Sprachgemeinschaft ist" (Coseriu 1978:232). Oder mit anderen Worten: Das System umfaßt die Gesamtheit der möglichen Realisierungen, die Norm dagegen die typisierte Gesamtheit des schon Realisierten. Zwischen Norm und *parole* führt Heger nun noch die Σ-*parole* ein, in deren Rahmen (quantitativ erfaßbare) Vorkommensmengen aufgrund der Typus-Vorkommen-Relation, das heißt unter Rückgriff auf das System (und die Norm) klassiert werden (Heger 1976:26s.). Kon-

---

2   Angesichts der Komplexität und der Vielfältigkeit des semantischen Bereichs wirkt sich hier eine fehlende oder unsaubere Trennung der beiden Bereiche im Gegenteil noch viel verheerender aus.

3   Cf. hierzu oben, Kap. 1.2.1.

krete Realisierungen, Klassen von konkreten Realisierungen, traditionelle Typen und funktionelle Möglichkeiten kennzeichnen somit diese vier Ebenen im Sinne einer fortschreitenden Abstraktion, wodurch sich von Stufe zu Stufe je unterschiedliche Existenzformen und damit andere Analysebedingungen ergeben.

3. Schließlich ist für eine semantische Analyse (gleichgültig auf welcher Ebene) streng zu trennen zwischen dem, was sprachlicher Natur ist (d.h. was als kodiert, traditionell fixiert, übermittelt usw. gelten kann), und dem, was außersprachlichen Charakter hat, sei es nun, daß es (auf einer relativ abstrakten Ebene) aufgrund unserer Weltkenntnis gegeben sei (enzyklopädisches Wissen), sei es, daß es sich um spezifische Eigenschaften des jeweiligen Referenzobjektes (des im Rahmen des Kommunikationsaktes bezeichneten Außersprachlichen) handele. Daß zum Beispiel ein *Schweineschnitzel* ein Schnitzel vom Schwein, ein *Jägerschnitzel* ein Schnitzel mit einer Pilzsauce ist (und nicht ein Schnitzel vom Jäger), ist enzyklopädisches Wissen; daß die Jägersauce gegebenenfalls nur Champignons oder auch andere Pilzsorten enthält, ist ein spezifisches Charakteristikum des jeweiligen Referenzobjekts. Beides hat nichts mit der Semantik des Kompositums bzw. Kompositionstyps zu tun. Allerdings muß zugestanden werden, daß die Grenze zwischen sprachlicher (inhaltlicher) Kodierung und enzyklopädischem Wissen fließend ist und daß die inhaltliche Kodierung letztlich auf einem "primitiven"[4] enzyklopädischen Wissen beruht; gerade dieser genetische Zusammenhang ist für den fließenden Charakter der Grenze verantwortlich.

6.1. Seit Saussure gehört es — zumindest in der europäischen Linguistik — praktisch zu den Gemeinplätzen, daß ein sprachliches Zeichen aus einer Ausdrucks- und einer Inhaltsseite besteht; diese beiden Komponenten der bedeutungtragenden Einheiten werden *signifiant* und *signifié* genannt. Die Beziehung zwischen den beiden Zeichenkonstituenten ist arbiträrer (d.h. unmotivierter), gerade deswegen aber notwendigerweise konventioneller Natur (Saussure 1931:97ss.; Schifko 1975:27ss., 1977:103; Körner 1977:7; usw.). Eine

---

4   "Primitiv" ist hier zu verstehen als 'vorwissenschaftlich', das heißt als nicht auf systematischer Erfassung und wohldefinierten Termini beruhend.

gewisse Ausnahme in dieser Hinsicht stellen nur die Onomatopoe-
tika dar (Guiraud 1966:23ss.), wobei allerdings selbst in diesem Bereich eine gewisse (willkürliche) Konventionalisierung offensichtlich ist; dies wird zum Beispiel schon aufgrund der Gegenüberstellung von dt. *kikeriki*, schweizerdt. *güggerügü*, fr. *coquerico*, it.
chicchirichi, engl. *doododeldoo* usw. deutlich (cf. hierzu Saussure
1931:101s.).

Komplexe Lexien, die in mehrere Moneme zerlegt werden
können[5], bezeichnet man als "relativ motiviert"; cf. zum Beispiel
re/faire, lente/ment, cigar(e)/ette/-filtre usw. (Saussure 1931:180ss.;
Rettig 1981). Sprachliche Zeichen sind nun aber im Laufe der Geschichte nicht stabil: Sie verändern sich ständig, sowohl bezüglich
ihrer Inhalts- und/oder Ausdrucksseite als auch hinsichtlich der
Zuordnungsrelation[6]. Eine entsprechende Mutabilität findet sich
auch in Bezug auf die Motivationen, die aufgrund der verschiedensten Faktoren in Bewegung geraten können. Ein typisches Beispiel
hierfür ist die Veränderung der Analyse von *gantier*: Ursprünglich
eine Suffixableitung von *gant* auf *-ier* (*gant/ier*), wird diese Lexie
nach dem Verstummen von *-t* in *gant* neu analysiert als *gan/tier*
(Wunderli 1981:71s.). Man spricht in diesem Fall von Reinterpreta-
tion, Remotivation, und — wenn es vordringlich um den lexiesemantischen Aspekt geht — von "Volksetymologie" (Körner 1977:
121s.).

Arbiträr ist nicht nur die Zuordnung von *signifié* und *signifiant*,
sondern auch diejenige zwischen dem sprachlichen Zeichen und dem
Referenzbereich. Gerade weil diese Relation arbiträr ist, fällt sie
auch einzelsprachlich verschieden aus. So deckt zum Beispiel fr.
mouton sowohl die Referenzbereiche von engl. *mutton* und *sheep*,

---

5   Für die *monematische Analyse* spielt es letztlich keine Rolle, ob die iden-
    tifizierten Einheiten den Status von Lexemen, Morphemen oder Lexomor-
    phemen haben.

6   Solche Veränderungen können die Ausdrucksseite oder/und die Inhalts-
    seite betreffen. Eine ausdrucksseitige Veränderung haben wir z.B., wenn
    vorkonsonantische Nasale verstummen (z.B. *chanter*: /ʃãnte/ > /ʃãte/);
    eine inhaltsseitige Veränderung liegt vor, wenn z.B. *réaliser* aufgrund der
    Gegebenheiten im Englischen auch die Bedeutung 'wahrnehmen' (neben
    'verwirklichen') umfaßt. Ganz gleichgültig, ob primär die Ausdrucks- oder
    die Inhaltsseite modifiziert wird: Die Relation zwischen den beiden
    Komponenten ist immer mitbetroffen.

fr. *cher* von dt. *lieb* und *teuer*, fr. *louer* von dt. *mieten* und *vermie-*
ten ab (Saussure 1931:158ss.); kymr. *glas* überdeckt nicht nur den
Bereich von fr. *bleu*, sondern reicht auch in denjenigen von *vert* und
gris hinein, ebenso wie fr. *bois* im Deutschen sowohl *Holz* als auch
einem Teil des Geltungsbereiches von *Wald* entspricht; usw. (cf.
Hjelmslev 1968:76ss.). Diese Art von Arbitrarietät wird von Amacker
(1975:20 und passim) als *arbitraire radical* (im Gegensatz zum
besser bekannten und oben erwähnten *arbitraire banal*) bezeichnet.

6.2. Das Signifkat (*signifié*) eines Zeichens ist der eigentliche Untersuchungsgegenstand der Semantik: Es handelt sich hierbei nicht um
eine einfache, sondern vielmehr um eine komplexe, gegebenenfalls
sogar um eine hochgradig komplexe Einheit. So kann z.B. dem *signi-*
fiant /sɑ̃/ auf der Inhaltsseite die folgende Serie von Lexien entsprechen[7]: *sans, cent, (le) sang, (je) sens, (tu) sens, (il) sent* usw. Wir
sprechen in diesem Falle von Homonymie (cf. unten) und sagen, das
Signifikat zerfalle in verschiedene Semanteme (im Falle von /sɑ̃/:
'*sans* = ohne', '*cent* = hundert', '*sang* = Blut', '*sentir* = fühlen' etc.).
Das Phänomen der Homonymie stellt allerdings nicht den
sprachlichen Normalfall dar; es hat vielmehr Ausnahmecharakter.
Aus diesem Grund fallen in der Regel Signifikat und Semantem
zusammen. Selbst in diesen Fällen weist die Inhaltsseite des Zeichens jedoch normalerweise noch eine komplexe Struktur auf: Das
Zeichen ist **polysem** ('mehrdeutig')[8] und zerfällt in verschiedene
Sememe, die zwar gewisse semantische Merkmale ('Züge' bzw.
Seme) gemeinsam haben, sich aber auch gleichzeitig bezüglich
anderer Merkmale voneinander unterscheiden (cf. Wotjak
1971:31ss., 40; Schifko 1975:32ss., 1977:57s., 105s., 180ss.; usw.).
Dies soll an einigen Beispielen verdeutlicht werden. Hilty hat für
französisch *jour* die folgenden fünf Sememe ermittelt (1971:253):

1. 'Zeiteinheit, während welcher sich die Erde einmal um ihre
eigene Achse dreht' (/vs./ Minute, Stunde, Monat usw.);

2. 'Zeiteinheit, während welcher sich die Sonne über dem Ho-
rizont befindet' (/vs./ *nuit*);

---

7   Ich verwende vorerst einmal einfach die traditionelle Orthographie.
8   Zur Polysemie cf. unten, Kap. 6.5.

3. 'Licht als Zustand' (/vs./ *obscurité*);

4. 'Licht als Ergebnis' (≈ Öffnung);

5. 'Licht als Ausdruck des Lebens' (≈ Geburt).

Das Verb *voler* 'fliegen' würde sogar 8 Sememe aufweisen, die sich (mit lateinischen Definitionen) folgendermaßen darstellen lassen (Hilty 1978:118):

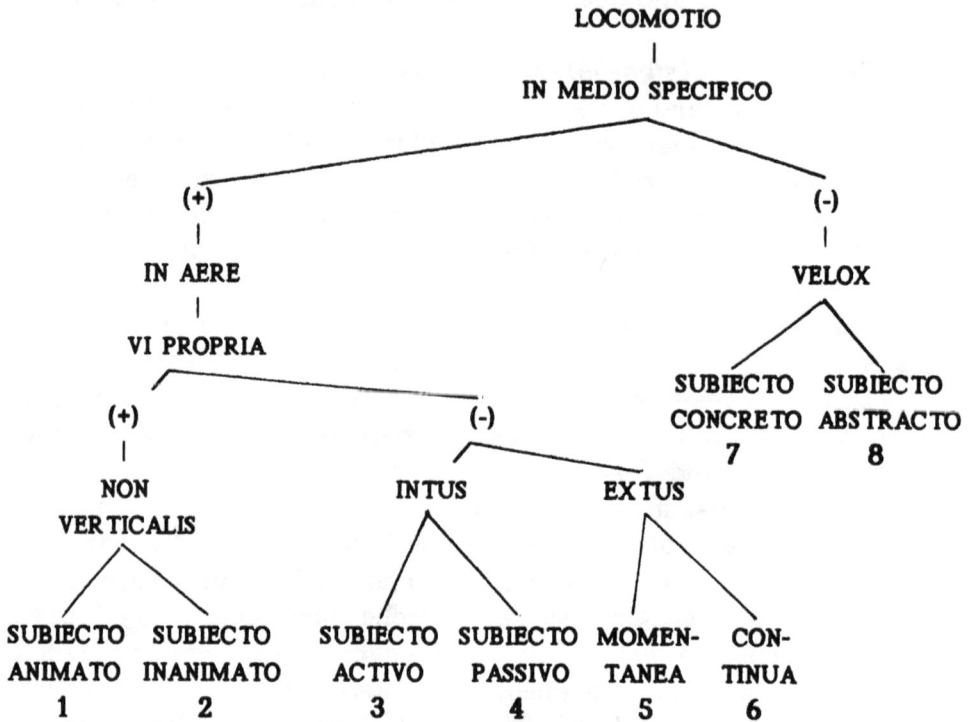

```
                        LOCOMOTIO
                            |
                    IN MEDIO SPECIFICO

         (+)                                        (-)
          |                                          |
        IN AERE                                    VELOX
          |
      VI PROPRIA
                                         SUBIECTO      SUBIECTO
     (+)                  (-)            CONCRETO      ABSTRACTO
      |                                      7             8
     NON              INTUS      EXTUS
  VERTICALIS

SUBIECTO   SUBIECTO   SUBIECTO  SUBIECTO  MOMEN-    CON-
ANIMATO    INANIMATO  ACTIVO    PASSIVO   TANEA     TINUA
   1          2          3         4        5         6
```

Diese acht Sememe können über folgende Beispiele illustriert werden:

1. *Un oiseau vole*;
2. *Un avion vole*;
3. *Ce pilote a cessé de voler*;
4. *Il paraît que nous volons à haute altitude*;
5. *Une flèche vole*;
6. *Le vent fait voler les flocons*;
7. *Son petit cheval volait*;
8. *Le temps volait.*

Sicher sind nicht alle diese Unterscheidungen gerechtfertigt und auf Sememunterschiede zurückzuführen: Die Unterscheidungen 1/2, 5/6 und 7/8 sind mit Sicherheit nicht im Verb angelegt, sondern beruhen auf der syntagmatischen Kombinatorik, und auch die Abtrennung von 5/6 von 1/2 scheint mir problematisch zu sein. Bei aller Kritik muß aber sicher anerkannt werden, daß im Falle von *voler* mindestens drei verschiedene Sememe vorliegen. Andererseits macht gerade dieses Beipiel deutlich, wie groß die Gefahr ist, daß man kontextuelle Faktoren auf die zu analysierende Einheit zurückprojiziert.

Es fragt sich nun, wie man diese Sememe ermittelt. Nach Hilty (1978:123; 1982) repräsentieren die verschiedenen "Bedeutungen" eines Wörterbuchs im Idealfall die verschiedenen Sememe. Darauf kann man nur antworten: Im Idealfall *sollte* es so sein. In der Praxis dagegen sind kaum Fälle beizubringen, in denen diese Forderung auch tatsächlich erfüllt wird, und dies einfach deshalb, weil die Bedeutungszuweisungen im Wörterbuch in der Regel auf intuitiver und damit schwer kontrollierbarer Grundlage erfolgen[9]. Zu gültigen Ergebnissen hinsichtlich der Sem- und Sememstrukturen kann man aber nur im Rahmen einer systematischen Analyse kommen, und zwar unter Berücksichtigung der folgenden Aspekte:

1. Die Analyse muß auf die paradigmatische Dimension eingehen, indem die zu analysierende Einheit im Rahmen des Wortfeldes (bzw. der Wortfelder)[10], dem (denen) sie angehört, untersucht wird[11].

2. Die Analyse muß auf die syntagmatische Dimension eingehen durch Berücksichtigung der Kombinationsfähigkeit der zu

---

9 Damit soll die Brauchbarkeit der Bedeutungsangaben in den Wörterbüchern für die sprachliche Praxis keineswegs in Frage gestellt werden, ja vielleicht sind diese Angaben im Alltag sogar viel besser und leichter zu nutzen als eine strukturell-semantische Analyse. Es darf nicht aus den Augen verloren werden, daß die Zielsetzung sowohl die Methode als auch die Ergebnisse in einem gewissen Sinne präjudiziert, und deshalb die unter verschiedenen Zielsetzungen erreichten Resultate nicht direkt vergleichbar sind.

10 Zum Wortfeld-Begriff cf. unten, Kap. 6.8.

11 Die Alternative zwischen Singular und Plural in dieser Formulierung ist dadurch bedingt, daß es neben den Lexien, die nur einem Wortfeld angehören, auch solche gibt, die in verschiedenen Wortfeldern beheimatet sind. Dieser zweite Fall hat keineswegs Ausnahmecharakter.

analysierenden Einheit mit anderen lexikalischen Einheiten und der sich dabei ergebenden semantischen Variationen[12].

3. Es ist weiter die jeweilige referentielle Leistung der Einheit im konkreten Sprechakt zu berücksichtigen (pragmatische Dimension).

Die semantische Analyse muß somit sowohl die System- und Normebene als auch die Realisierungsebene (*parole*) miteinbeziehen, sie muß versuchen, sowohl die kotextuellen als auch die kontextuellen Faktoren hinreichend zu würdigen. Diese verschiedenen Bereiche sind in hohem Maße miteinander verzahnt, gleichwohl aber bei weitem nicht direkt und auf exakt vorhersagbare Weise auseinander ableitbar. Gerade aus diesem Grunde sind sie alle in Betracht zu ziehen, denn nur so kann letztlich ermittelt werden, was wirklich distinktiv (und damit strukturell relevant) ist und was nicht; nur so können auch gleichzeitig gefährliche Übergeneralisierungen vermieden werden (cf. hierzu z.B. Lyons 1978:202ss.; Hilty 1978:122ss. und 1983:33s.; Schifko 1975:97 und 1977:120ss.; usw.). Eine Vernachlässigung des einen oder andern dieser Aspekte führt fast unweigerlich zu analytischen Fehlleistungen.

Aber die Sememe sind auch noch komplexe sprachliche Einheiten[13], aufgebaut aus distinktiven semantischen Zügen, den sogenannten Semen (cf. z.B. Berruto 1976:77ss., 111; Schifko 1977:57s, 106; Stati 1975:49ss.; Körner 1977:70ss.; Wotjak 1971:42ss.; usw.). Die Seme lassen sich als Differenzen zwischen den verschiedenen Sememen eines Semantems bzw. zwischen den Semantemen verschiedener, dem gleichen semantischen Feld angehörenden Lexien begreifen. Eine der bekanntesten Semanalysen ist diejenige von Pottier für das semantische Feld der Sitzgelegenheiten[14]:

---

12 Diese sind davon abhängig, daß der Kotext auf die in ihn eingebettete Einheit zurückwirkt; die semantische Leistung einer sprachlichen Einheit ist in der konkreten Anwendung somit kotext-determiniert. Entsprechendes gilt auch für die situative Einbettung (Kontext).

13 Die Komplexität kann linearer oder simultaner Natur sein: Eine komplexe Lexie ist primär eine lineare Abfolge von Monemen (obwohl dahinter ein Bauplan bzw. Bildungsmuster steht); die Komplexität eines Signifikats bezüglich der in ihm enthaltenen Semanteme, eines Semantems bezüglich der Sememe, eines Semems bezüglich der konstitutiven Seme dagegen ist paradigmatischer Natur und deshalb simultan. Cf. hierzu Wunderli 1981:93ss.

14 Hier zitiert nach der Version bei Geckeler 1973:31.

	s_1	s_2	s_3	s_4	s_5	s_6	
chaise	+	+	+	+	–	+	= S_1
fauteuil	+	+	+	+	+	+	= S_2
tabouret	–	+	+	+	–	+	= S_3
canapé	+	+	–	+	+	+	= S_4
pouf	–	+	+	+	–	–	= S_5

s_1: 'avec dossier'
s_2: 'sur pied'
s_3: 'pour 1 personne'
s_4: 'pour s'asseoir'
s_5: 'avec bras'
s_6: 'avec matériau rigide'

Eine ähnliche Analyse liefert Ricken (1983:149s.) für den Bereich der Landfahrzeuge. Lexien wie *la moto/la voiture/le camion*, *le vélo/la bicyclette*, *la charrette* usw. wären die Seme 'Transportmittel' und 'Fahrzeug' gemeinsam, wobei den ersten drei Einheiten noch das Sem 'mit Motor' zukommt. Das Sem 'für Personen' würde *voiture*, *taxi*, *bus* usw. von *camion*, *tracteur* etc. unterscheiden. Weitere distinktive Merkmale wären '+/– Bezahlung', '+/– größere Zahl von Personen' und '+/– Fernverkehr' (↔ 'Nahverkehr'). Die Lexien *voiture*, *taxi*, *bus*, *car*, *camion* würden sich (im vorgegebenen allgemeinen Rahmen) durch folgende Merkmalkonstellationen charakterisieren lassen:

	'für Personen'	'wenige Personen'	'größere Zahl Personen'	'für Nicht-Personen'	'öffentl. Dienstleistung'	'Nahverkehr'	'Fernverkehr'
voiture	+	+	–	–	–	Ø	Ø
taxi	+	+	–	–	+	Ø	Ø
bus	+	–	+	–	+	+	–
car	+	–	+	–	+	–	+
camion	–			+	Ø	Ø	Ø

Sowohl die Analyse von Pottier als auch diejenige von Ricken treffen sicher viel Richtiges, sind aber gleichwohl auch in mancher Hinsicht anfechtbar. Das von Pottier untersuchte Feld ist zum Beispiel bei weitem nicht vollständig erfaßt: Es fehlen unter anderem Lexien wie *banc, sofa, divan, berceuse, (rocking-chair), chaire, chaise longue* usw. Nur wenn man das Feld in seiner Gesamtheit analysiert, kann eine (mehr oder weniger) definitive Aussage über die Semstruktur seiner Einheiten gemacht werden. Weiter kann das Beispiel Pottiers leicht zu der falschen Annahme führen, Seme seien gewissermaßen im (außersprachlichen) Referenzbereich vorgegeben[15]; in Wirklichkeit kommt ihnen aber einzelsprachlicher und damit radikal-arbiträrer Charakter zu (cf. unten). Die Koinzidenz mit referentiellen Größen in unserem Beispiel ist rein akzidenteller Natur.

Fragmentarisch bleibt auch die Analyse von Ricken. Darüber hinaus scheinen auch die Seme zum Teil recht unglücklich definiert zu sein. Ob ein *taxi* oder ein *car* eine "öffentliche Dienstleistung" erbringt, mag vielleicht noch eine Frage des sozialistischen oder kapitalistischen Systems sein[16]; ganz sicher ist aber der Unterschied zwischen *bus/car* nicht der von 'Nahverkehr/Fernverkehr', sondern vielmehr derjenige von '+/- Linienverkehr' — ganz abgesehen davon, daß *bus* selbst wieder polysem ist und nicht nur den Autobus im Linienverkehr bezeichnet, sondern auch einen kleinen bis mittelgroßen Kastenwagen (meist mit seitlichen Fenstern).

Es zeigt sich somit, daß eine Semanalyse ein außerordentlich schwieriges und oft auch problematisches Unterfangen ist; das letzte gilt vor allem dann, wenn nicht mit der nötigen, der Kom-

---

15 Damit würde man – wenn auch in leicht modifizierter Form – zu der von Saussure mit aller Vehemenz bekämpften Nomenklaturthese zurückkehren, die sich für die Erfassung der sprachlichen Gegebenheiten als vollkommen inadäquat erwiesen hat. Cf. Saussure 1931:97ss.

16 Persönlich würde ich dies allerdings bestreiten und meinen, daß auch unter sozialistischen Vorzeichen die Öffentlichkeit eines Taxis oder eines Cars aufgehoben ist, sobald sie belegt bzw. gemietet sind; die "öffentliche Dienstleistung" ist damit (im Gegensatz zum Bus, zur Eisenbahn usw.) gerade nicht gegeben. – Weiter muß man sich auch fragen, ob überhaupt aus methodischen Gründen die Gegebenheiten in einem sozialistischen Staat für die Analyse der Verhältnisse im Französischen berücksichtigt werden dürften.

plexität des Gegenstandes angemessenen Umsicht und Vollständigkeit vorgegangen wird. Semanalysen lassen ganz offensichtlich keine "schnellen Erfolge" zu, sie erfordern vielmehr einen gewaltigen Arbeitsaufwand; als Beispiele hierfür seien nur die Analysen Geckelers für das Feld "alt-jung-neu" (1971a) und Baldingers für das Feld des Erinnerns (1966) genannt.

Die bisher zitierten Beispiele waren von unterschiedlicher Form: Wir hatten einerseits die Arboreszenz bei Hilty, andererseits die Matrix bei Pottier und Ricken[17]. Bei der Matrixdarstellung haben wir es mit einer (scheinbar) ungeordneten Häufung von Merkmalen zu tun, während die Arboreszenz zwingend eine hierarchische Ordnung der Seme voraussetzt. Überdies können bei einer Matrixdarstellung die Merkmale mehr oder weniger beliebig definiert werden; die Arboreszenz dagegen zwingt nahezu unausweichlich zur Definition der Oppositionen nach den binären Mustern +/- oder +/$\emptyset$[18]. Hier tut sich nun ein alter Streit in der Semantikdiskussion auf, der in der jüngeren Vergangenheit wohl immer mehr Vorteile für die Annahme einer (weitgehenden) Ordnung und Hierarchisierung der Merkmale gebracht hat (Hilty 1978:125ss. et passim; Lyons 1978:260; Schifko 1975:44ss., 1977:171ss.; Körner 1977:83s.; usw.). Hauptargumente für eine hierarchische Organisation sind vor allem die Neutralisierungsphänomene und die große Verbreitung von hyponymischen und hyperonymischen Relationen, Archilexemen usw.[19] Dadurch werden Matrixdarstellungen allerdings nicht nutzlos und überflüssig; sie bedürfen aber einer hierarchisierenden Ergänzung bzw. müssen so angelegt werden, daß sie sich jederzeit in eine Arboreszenz umsetzen lassen. Dies läßt sich zum Beispiel dadurch erreichen, daß man die Seme mit einem Index versieht, der die

17 Im Prinzip dürfte es sich hierbei eigentlich nur um einen Unterschied bezüglich des Darstellungsmodus handeln, der ohne inhaltliche Rückwirkungen bleiben müßte. In Wirklichkeit bleibt aber die anvisierte Form bleibt nicht ohne Folgen für die Ergebnisse. Eine Arboreszenz ist in der Regel in eine Matrix umsetzbar, das Umgekehrte ist aber fast nie der Fall. Cf. unten.

18 Dies gilt zumindest bei binarisierten Darstellungen, wie sie heute üblich sind. Mehrgliedrige Verästelungen wie z.B. in Hiltys Analysen von dt. *Tag* und fr. *jour* (1971:251, 253) lassen sich immer in eine Hierarchie von binären Verzweigungen auflösen. – Die obigen Formeln +/- (bzw. $+_1/+_2$) und +/$\emptyset$ stehen für die äquipollente bzw. privative Opposition; cf. unten, Kap. 6.9.

19 Cf. hierzu auch unten, Kap. 6.9.

Hierarchie der Merkmale wiedergibt, oder aber sie aufgrund einer Konvention so anordnet, daß ihre Abfolge direkt auf die Hierarchie bezogen werden kann. In beiden Fällen ist allerdings Voraussetzung, daß die Merkmaloppositionen streng binaristisch definiert werden (cf. oben).

6.3. Umstritten ist auch der Status der Sememe und vor allem der Seme: Haben sie jeweils einzelsprachlichen Charakter oder sind sie als Universalien zu betrachten? Während die meisten Forscher wenigstens die Sememe als einzelsprachliche Konfigurationen ansehen (cf. z.B. Lyons 1978:194), ist die Beurteilung der Seme außerordentlich kontrovers: Hilty (1978:129) hält sie — ebenso wie z.B. die generative Grammatik und die generative Semantik — für Universalien, während viele andere Forscher heute die Auffassung vertreten, auch die semantischen Minimaleinheiten seien im wesentlichen einzelsprachlich bedingt und hätten radikal-arbiträren Charakter; sie würden nur eher zufällig einmal mit Universalien zusammenfallen (Lyons 1978:191; Schifko 1975:44ss., 1977:106ss.; Stati 1977:56ss.; usw.). Der Dissens ist allerdings in Wirklichkeit bedeutend weniger groß als er auf den ersten Blick erscheint; wie so oft, dürfte es sich bis zu einem gewissen Grade um eine Frage der Perspektive handeln.

Erkennt man einmal den einzelsprachlichen Status der Sememe an[20], und definiert man die Seme als Differenzen zwischen (verwandten) Sememen, dann muß man auch diesen Unterschieden mehr oder weniger zwingend einzelsprachlichen Charakter zuweisen. Andererseits läßt sich nun aber auch nicht leugnen, daß man in allen Sprachen mit den Sememen auf eine in hohem Maße gleichartige außersprachliche Realität referiert[21] und — wenn Referenz sinnvoll sein soll — die Sememe nicht vollkommen unabhängig von

---

20 Hierfür spricht die Evidenz, die sich aus der kontrastiv-semantischen Analyse ergibt, und zwar nicht nur bei voneinander weit entfernten, sondern auch bei eng verwandten Sprachen.

21 Dies schließt natürlich Unterschiede im sozio-kulturellen und auch im physischen Bereich nicht aus, wobei diese Differenzen allerdings immer nur einen viel bedeutenderen Anteil von Gemeinsamkeiten überdecken; diese Gemeinsamkeiten könnte man einerseits als anthropologische, andererseits als terrestrische Konstanten bezeichnen.

dieser Realität sein können; dies gilt *mutatis mutandis* für die auf einer höheren Abstraktionsebene anzusiedelnden Seme. − Definiert man andererseits (wie z.B. Hilty 1978:127ss.; Wotjak 1971:42ss.) die Seme als Abstraktion von der außersprachlichen Wirklichkeit und die Sememe als einzelsprachliche Kombinationen dieser Merkmale, dann wird man dazu neigen, ihnen eine universelle Fundierung zuzusprechen; gleichzeitig muß man aber auch zugestehen, daß der Abstraktionsprozeß von Fall zu Fall unterschiedlich weit vorangetrieben wird, und zumindest in diesem Sinne ein einzelsprachlich-arbiträrer Charakter der Seme nicht geleugnet werden kann. Oder mit anderen Worten: Die substantielle Basis der Seme ist (weitgehend) universeller Natur, die formale Verarbeitung dieses Substrats dagegen hat im wesentlichen einzelsprachlichen Charakter (cf. auch Schifko 1975:53s.).

Da somit auch die Seme mindestens bis zu einem gewissen Grade als einzelsprachlich bedingt angesehen werden müssen, bestünde bei ihrer Beschreibung mit Termini aus der gleichen oder einer eng verwandten Sprache in hohem Maße die Gefahr der Zirkularität. Um dies zu vermeiden, greift man auf *Noeme* zurück. Bei einem Noem handelt es sich laut Heger (1976:41ss., 338; 1983) um einen "intensional definierten Begriff, der von einzelsprachlichen Bindungen frei (außereinzelsprachlich) ist" (cf. auch Kleiber 1981: 24ss.; Martin 1976:134ss.); damit ist auch gleichzeitig gesagt, daß Noeme nicht mit pragmatischen und/oder enzyklopädischen Informationen und Informationseinheiten gleichgesetzt werden dürfen. In der Konzeption von Kleiber stellen sie **konstruierte** minimale Inhaltselemente dar, mit deren Hilfe die Seme überhaupt erst tautologie- und widerspruchsfrei als Kombinationen solcher beschreibungstechnischer Versatzstücke dargestellt werden können[22]. Dadurch wird die Beschreibung der Sememe auf eine tragfähige Basis gestellt; der Begriff des Noems ermöglicht überdies auch erst eine

---

22 Theoretisch ist es allerdings auch möglich, irgend eine beliebige natürliche Sprache zum Bezugsystem zu machen und ihre Einheiten als "Maßeinheiten" für die zu beschreibende Sprache einzusetzen. In der Praxis bringt ein derartiges Vorgehen bei hinreichender methodischer Umsicht durchaus brauchbare Resultate. Es hat allerdings den Nachteil, daß die verwendeten Bezugseinheiten im wissenschaftstheoretischen Sinn nicht "wohldefiniert" sind.

sinnvolle Unterscheidung von *Semasiologie* und *Onomasiologie* (cf. Heger 1964; Baldinger 1964): Die Semasiologie fragt nach den (einzelsprachlichen) semantischen Leistungen eines Signifikanten, während die Onomasiologie einem Noem (oder einem Noemkomplex) einzelsprachliche Zeichen *qua* zweiseitige Entitäten (Signifikant/Signifikat) zuordnet[23]. Die beiden Disziplinen sind gerade **nicht** einfach (wie so oft behauptet) eine Umkehrung der jeweils anderen.

6.4. Seme und Sememe sind dazu da, die Anwendung von sprachlichen Zeichen auf außersprachliche Sachverhalte zu regeln: Sie stellen zeicheninterne Regeln für die Referenzfunktion dar. In diesem Sinne bezeichnet man den semantischen Gehalt eines Zeichens als seine *Intension*[24]. Die Verwendungsfähigkeit des Zeichens für die Bezeichnung außersprachlicher Sachverhalte nennt man seine *Extension*[25] (cf. auch Schifko 1977:108ss.). Der Referenzbereich eines Zeichens umfaßt dabei nicht nur die Welt *hic et nunc*, sondern auch alle *möglichen Welten* und die ihnen zuzuordnenden Diskurswelten. Wäre dem nicht so, müßte man Lexien wie *Pégase* ('Pegasus'), *licorne* ('Einhorn') usw. als referenzlos betrachten (was im Rahmen der traditionellen Sprachphilosophie auch nur allzu oft der Fall ist). Allerdings erweist sich der Ausdruck *Referenz* vor diesem Hintergrund als problematisch: Wirklich gerechtfertigt ist er nur bezüglich der (realen) Welt *hic et nunc*; im Hinblick auf die möglichen Welten würde man besser von Konstituenz sprechen, werden

---

23   Dies bedeutet nichts anderes, als daß eine semasiologische Beschreibung ohne Rückgriff auf die Noeme möglich ist, eine onomasiologische dagegen nicht. Will man allerdings die im Rahmen der Semasiologie eingesetzten Ausdrücke *definieren*, wird man wieder auf die Noeme angewiesen sein, wenn man Zirkularitäten vermeiden will; eine derartige Definition ist dann aber selbst wieder onomasiologischer Natur.

24   Man könnte die *Intension* eines Zeichens umschreiben als 'Gehalt an referenzsteuernden Merkmalen einschließlich ihrer hierarchischen Organisation'.

25   Die *Extension* eines Zeichens läßt sich umschreiben als 'potentieller Anwendungsbereich in referentieller Funktion aufgrund (und nur aufgrund) der intensionalen Steuerung'. Metaphorische, metonymische u.ä. Verwendungen gehören deshalb nicht primär zur Extension eines Zeichens; sie entstehen erst aufgrund der Anwendung übergreifend einsetzbarer "rhetorischer" Muster.

diese Welten doch überhaupt erst aufgrund von Sprache und ihren Einheiten konstituiert[26].

Die Diskussion um die Referenz hat inzwischen einen nur noch schwer überschaubaren Umfang angenommen. Kleiber (1981) hat diese gewaltige Literatur in einer überzeugenden Synthese aufgearbeitet und dabei gezeigt, daß sich die Referenz über verschiedene Ebenen hinweg realisiert und sukzessive präzisiert. Die Lexeme referieren (unabhängig von jeder Wortart) in dem Sinne, daß sie die Existenz eines konzeptuellen Referenten[27] präsupponieren. Auf der Ebene der Lexie (bestehend aus mindestens 1 Lexem + 1 effizientes, wortartbestimmendes Morphem[28]) sind die Substantive, und unter diesen insbesondere die sogenannten *kategorematischen* Substantive (z.B. *auto, arbre, fleur* etc. [vs. *blancheur, amabilité, rondeur* etc.) insofern referentiell privilegiert, als sie die einzigen sind, die die Existenz einer stabilen und homogenen Referenzklasse präsupponieren[29]. Die Nominalsyntagmen schließlich unterliegen — unabhängig von ihrer Position in der Aussage — einer restringierten Quantifikation und präsupponieren so die Existenz einer nicht-leeren Referenzklasse[30]. Wir kämen so zu der folgenden (aufsteigend-präzisierenden) Hierarchie der referentiell relevanten Ebenen:

1. Lexem
2. Lexie
3. Nominalsyntagma

---

26   Im Sinne Bühlers handelt es sich bei den möglichen Welten um "Phantasmen"; cf. Bühler 1965:133ss.

27   *Konzeptueller Referent* kann mit 'Begriff' wiedergegeben werden.

28   Zur Effizienz bzw. Nichteffizienz der Morpheme im Rahmen von Komposita vgl. oben (Kap. 1.1.4.).

29   Diese Charakterisierung ist nur für die *kategorematischen* Substantive gültig; *synkategorematische* Substantive verhalten sich in dieser Hinsicht nicht anders als Adjektive, Verben usw.: Die durch die jeweiligen Träger der Eigenschaften, Tätigkeiten usw. konstituierten Klassen sind heterogener Natur.

30   Dies bedeutet nichts anderes, als daß in der realen oder einer möglichen Welt von der Existenz von mindestens einer Trägereinheit ausgegangen werden kann, auf die die über die Semkonstellation zum Ausdruck gebrachte Charakterisierung zutrifft.

Trotz dieser verschiedenen Präzisierungen erweisen sich die Lexien *qua* sprachliche Einheiten als unfähig, *per se* zu referieren. Die aktuelle Referenz ist vielmehr ein Akt des Sprechers, den dieser mit Hilfe sprachlicher Einheiten (cf. die obige Hierarchie) im Rahmen des propositionalen Aktes zusammen mit einem Prädikationsakt leistet (Searle 1969); dabei referiert das logische Subjekt aktuell, das logische Prädikat dagegen nur konzeptuell[31]. Die partikuläre aktuelle Referenz bedarf dabei immer sogenannter Referenzpunkte (pragmatische "Aufhänger"), die eine zeitlich-räumliche Fixierung leisten; nur so kann die aktuelle Referenz verwirklicht werden. Diese Referenzpunkte müssen allerdings nicht unbedingt objektiv gegeben und überprüfbar sein: Es reicht, wenn der Sprecher an die partikuläre, räumlich-zeitlich fixierbare Existenz des Referenzobjekts im Rahmen seines Diskursuniversums **glaubt** (cf. auch Martin 1987).

Im Rahmen des Sprechaktes wird nun nicht nur referiert; Voraussetzung für das referentielle Gelingen ist vielmehr die Monosemierung[32] (Desambiguierung) der in semantischer Hinsicht vielschichtigen (polysemen) sprachlichen Einheiten. Wenn z.B. von einem *Schloß* die Rede ist, muß irgendwie deutlich werden, ob ein Schloß an einer Tür (an einem Gegenstand) oder ein Schloß als Gebäude gemeint ist; die (partikuläre) Referenz stellt in dieser Hinsicht nur eine Vollendung des fortschreitenden Eingrenzungs- und Präzisierungsprozesses dar. Um dies zu verdeutlichen, sei nochmals ein Blick auf die verschiedenen für uns relevanten sprachlichen Ebenen geworfen (wenigstens soweit sie das Lexikon betreffen):

1. Die Ebene der *langue* liefert ein Inventar von minimalen Einheiten mit Zeichencharakter; je nach ihrer Leistung handelt es sich um Lexeme, Morpheme oder (Lexie-)Baupläne; höherrangige Einheiten wie Syntagmen- und Satzbaupläne werden nur dort (und überdies nur indirekt) relevant, wo sie als Ganzes lexikalisierten Einheiten

---

31 Der propositionale Akt ist die Äußerung *hic et nunc* eines Sprechers; im Rahmen dieser Äußerung findet (im logischen Sinne) eine Prädikation statt.

32 Da es hierbei nicht um die Wahl zwischen verschiedenen Semen, sondern zwischen verschiedenen Sememen geht, wäre eigentlich *Monosememierung* der korrekte Ausdruck.

des entsprechenden Ranges zugrundeliegen. In der Regel ist die Ebene der *langue* im Rahmen des Referenzaktes nicht relevant, es sei denn, die kommunikativen Bedürfnisse erfordern eine *ad hoc*-Neubildung mit traditionellem Material (so wäre es zum Beispiel theoretisch jederzeit möglich, zu dem Adjektiv *canin* nach dem Muster *humain/inhumain* ein *incanin zu bilden: *des conditions de vie* *incanines.

2. Die für das Lexikon spezifische Ebene ist nicht diejenige der *langue*, sondern diejenige der Norm. Hier sind die traditionell gegebenen lexikalischen Einheiten unabhängig von ihrem Komplexitätsgrad (von den Monemen bis zu den Phraseologismen) inventarisiert; es sind die Entitäten dieses Ranges, auf die der Sprecher für die Kodierung im Rahmen des Sprechaktes, der Hörer für die Dekodierung im Rahmen des Verstehensaktes einen direkten Zugriff hat (Rettig 1981). Die Lexien auf dieser Ebene sind in aller Regel noch komplexer Natur: Sie umfassen meist mehrere Sememe (das heißt sie sind polysem) und müssen für ihre Verwendung noch monosemiert (monosememiert) werden.

3. Die Ebene der monosem(em)ierten lexikalischen Einheiten ist die Ebene der Σ-*parole*, denn hier geht es nicht um die lexikalischen Einheiten *per se*, sondern um die verschiedenen Auftretenstypen jeder lexikalischen Einheit. Die Monosem(em)ierung erfolgt aufgrund von Kompatibilitäts- bzw. Inkompatibilitätsbeziehungen zu den verschiedenen Kontexttypen (cf. auch Heger 1976:53s.). Dabei ist zu beachten, daß es nur um Typen, und nicht um konkrete Kontexte geht: Um zum Beispiel zwischen *langue* 'Zunge' und *langue* 'Sprache' unterscheiden zu können, reicht eine Kontextanbindung an 'essen' bzw. 'lernen' aus, unabhängig von allen weiteren möglichen Variablen. Obwohl nur auf der Ebene der Σ-*parole* isoliert, sind die verschiedenen Sememe eines Semantems aber bereits auf Norm- und *langue*-Ebene im Rahmen der Inhaltsstrukturierung der einzelnen Zeichen präfiguriert[33].

---

33 In diesem Sinne stellen z.B. die schematischen Darstellungen bei Hilty als Ganzes die Semanteme, hinsichtlich der einzelnen Stränge dagegen die Sememe dar und konfrontieren so die Ebenen der Norm und der Σ-*parole*. Cf. z.B. oben, p. 118.

4. Die Ebene der *parole* ist die Ebene der konkreten Rederealisierung und damit der spezifischen Kontexteinbettung. Erst hier wird z.B. bei synkategorematischen Einheiten die Bezugsskala fixiert: *Une grande souris* ist vielleicht über 10 cm groß, *un grand homme* dagegen über 1 m 90; *une vieille voiture* ist vielleicht 10 Jahre alt, während *une vieille femme* dagegen zum Beispiel in ihrem 80. Lebensjahr steht; usw. Eine Anwendung der Kriterien des jeweilig ersten Falles auf den zweiten (und umgekehrt) würde zu unsinnigen Aussagen führen, denn ein 50 cm großer Mensch ist nicht 'groß', ein 15 Jahre altes Mädchen nicht 'alt'. Was auf der Ebene der Σ-*parole* fixiert werden kann, ist der "Sinn", die "Meinung", fr. die *signification* (cf. Coseriu 1973; Martin 1976:16ss.; Schifko 1975:79ss.; Wunderli 1981).

5. Die letzte der in Betracht zu ziehenden Ebenen ist die pragmatische, das heißt die Ebene der *parole en situation*; sie ist gekennzeichnet durch die partikuläre (singuläre), von den jeweiligen Referenzpunkten[34] abhängige Referenz: Wenn Herr X am ·1.8.1987 um 9 Uhr 15 vor dem Hauptbahnhof in Lyon erklärt: *Cette vieille femme me fait pitié*, meint er damit z.B. Frau Dominique Dupont (*7.5.1900); wenn Herr Y am 2.8.1987 um 14 Uhr 30 auf dem Flughafen Charles de Gaulle in Paris den gleichen Satz äußert, referiert er damit z.B. auf Mme Claudine Garnier (*10.11.1899); usw. Man kann hier mit Coseriu (1978:2s.) auch von der Bezeichnungsfunktion sprechen.

Wichtig ist auf jeden Fall festzuhalten, daß sowohl *signification* als auch Referenz über die Semantik gesteuert werden, nicht aber mit ihr zusammenfallen: Auf den Ebenen der *parole* und der *parole en situation* sind diese Erscheinungen aufgrund ihrer unendlichen Vielfalt nicht systematisierbar. Dies ist nur mit Hilfe der abstraktiven Relevanz (Bühler 1965:44 et passim) auf einer höheren Abstraktionsebene möglich.

6.5. Bis jetzt haben wir die Relationen zwischen den semantischen Einheiten immer im Rahmen der Lexien diskutiert; es gilt nun noch, diese Bezeihungen als solche zu behandeln und die verschiedenen Typen kurz zu charakterisieren.

---

34 Zu den Referenzpunkten cf. auch oben.

Von den Relationen zwischen verschiedenen Sememen wurde bereits mehrmals die *Polysemie* erwähnt[35]. Die Polysemie setzt eine Identität der Signifikanten voraus und wird von Heger (1976:61s.) definiert als "disjunktive Verbindung von zwei oder mehr Sememen", wobei "alle möglichen Paare von Sememen eines Signifikats durch mindestens ein gemeinsames Sem bzw. durch mindestens eine gemeinsame Sememkomponente, die in einem oder beiden Sememen Sem-Status hat, verbunden sind". So würde z.B. zwischen *langue* 'Sprache' und *langue* 'systemhaftes Inventar sprachlicher Elemente mit Wertcharakter (Saussure)' Polysemie, zwischen diesen beiden Sememen und *langue* 'Zunge' dagegen Homonymie bestehen (cf. unten). Ein eindeutiger Fall von Polysemie ist auch das bereits oben diskutierte Beispiel *voler* 'fliegen' von Hilty, während zwischen *voler* 'fliegen' und *voler* 'stehlen' wieder Homonymie anzusetzen ist. Polysemie findet sich im Französischen praktisch bei jeder Lexie der Normalsprache; eine Ausnahme machen meist nur spezifische Einheiten von Fachterminologien. Die Polysemie stellt also geradezu den Normalfall des sprachlichen Alltags dar.

Nicht mit der Polysemie verwechselt werden dürfen rhetorische Figuren wie Metapher, Metonymie und Synekdoche — zumindest soweit sie *ad hoc* eingesetzt werden. Im Falle von *Cette femme est un cheval* für eine grobschlächtige Frau, *C'est une plume brillante* für einen elegant und gefällig schreibenden Autor usw. haben wir es mit allgemeinen Aktualisierungsmustern zu tun, die im Prinzip jederzeit und überall eingesetzt werden können, ohne daß dadurch der Bedeutungsgehalt der jeweils betroffenen Einheit *qua* virtuelle, inventarisierte Größe irgendwie in Mitleidenschaft gezogen bzw. modifiziert würde[36]. Andererseits darf aber auch

---

35 Der entscheidende Faktor für die Differenzierung zwischen Polysemie und Homonymie ist das Vorhandensein oder Nichtvorhandensein eines gemeinsamen Sems; im 1. Fall ist die Beziehung innerhalb eines Semantems, im 2. Fall innerhalb eines Signifikats anzusiedeln, womit deutlich wird, daß das Semantem nur einen Sonderfall des Signifikats darstellt. Vgl. hierzu die folgende Definition, die das allgemeinere Signifikat als Bezugsrahmen wählt.

36 Der Effekt der rhetorischen Figur ist somit punktuell und momentan, also an das *hic et nunc* des jeweiligen Kommunikationsaktes gebunden. – Anders liegen die Dinge bei lexikalisierten rhetorischen Figuren, die ähnlich wie die Phraseologismen einzustufen sind.

nicht übersehen werden, daß lexikalisierte rhetorische Figuren im Laufe der Geschichte oft zur Konstitution neuer Sememe geführt haben: Das französische *tête* < TESTA 'Scherbe' ist eine lexikalisierte Metapher für CAPUT, und ähnliches gilt für das populärfranzösische *poire* mit der gleichen Bedeutung. Ebenso ist *chaise* 'Glockenstuhl, Gebälk usw.' nichts anderes als eine metaphorische Verwendung von *chaise* 'Stuhl', die inzwischen längst zum traditionellen, in der Norm gegebenen Bedeutungsinventar gehört; usw.

Gewissermaßen eine Umkehrung bezüglich der Relation *signifié/signifiant* stellt die sogenannte *Polymorphie* dar: Hier entspricht einer konstanten Struktur der Inhaltsseite eine unterschiedlich geformte Ausdrucksseite. Ein Musterbeispiel für die Polymorphie ist die Variation des Lexemsignifikanten des Verbs *aller*:

- /v(a/ɛ/ɔ̃)/ = *va/vas, vais, vont*
- /al-/ = *all-* in *aller, allons* etc.
- /iʀ-/ = *ir-* in *irai, iras, irais* usw.

Einen ähnlichen Fall haben wir im Fall von *œil* mit den Varianten /œj/, /jø/ und /okyl-/ (cf. *œil, yeux, oculaire* usw.). Diese Phänomene sind im Rahmen einer semantischen Analyse marginaler Natur; überdies ist die Polymorphie im Französischen aufgrund starker historischer Ausgleichstendenzen relativ selten: Variationen wie *treuve/trouvons, lieve/levons* usw. wurden schon im Mittelfranzösischen eliminiert und sind nur bei einigen hochfrequentigen unregelmäßigen Verben wie *vouloir* (*veut/voulons/veuille*), *pouvoir* (*peut/pouvons/puisse* usw.) erhalten geblieben.

Anders verhält es sich mit der *Homonymie*, die oft mit der Polysemie verwechselt wird und sich auch nur schwer von dieser abgrenzen läßt (cf. hierzu z.B. Schifko 1975:37, 66, 1977:183s.; Hilty 1978:125s.; Körner 1977:28ss.; Stati 1975:32; Berruto 1976:61s.; usw.). Definiert wird die Homonymie von Heger (1976:61s.) als "disjunktive Verbindung von zwei oder mehr Sememen", "wenn diese Sememe ... kein gemeinsames Sem bzw. keine gemeinsame Sememkomponente, die in mindestens einem Semem Sem-Status hat, aufweisen". Oder mit anderen Worten (und in meiner eigenen Terminologie): Die Homonymie ist eine Disjunktion im Rahmen des

Signifikats, die Polysemie dagegen in demjenigen des Semantems[37]. Typische Fälle von Homonymie sind z.B.:

— /sɑ̃/ = *sang, sans, sent, cent*;
— /sɛ̃/ = *saint, sain, sein, ceint, cinq*;
— /vɛʀ/ = *vert, vers* (Präp.), *vers* (n.m.), *verre, ver, vair*.

Dabei ist allerdings zu beachten, daß in gewissen Fällen die Homonymie über die Genusflexion und in der Liaison aufgehoben werden kann, cf. z.B. *sainte/saine, verte/vaire; sans_abri/cent_abris, saint_homme/cinq_hommes*; usw.

In den oben erwähnten Beispielen ist die Homonymie lautlicher Natur; man spricht deshalb auch von *Homophonie*. In den meisten zitierten Fällen werden die Homophone auf graphischer Ebene mit Hilfe der verschiedensten, normalerweise aufgrund der Gegebenheiten im Rahmen der historischen Lautlehre erklärbaren Verfahren unterschieden. Eine Ausnahme macht hier nur *vers*, das sowohl (maskulines) Substantiv als auch Präposition sein kann; diese Einheit ist sowohl homophon als auch homograph. In der Regel setzt die Homographie die Homophonie voraus (nicht aber umgekehrt); Ausnahmen von dieser Regel sind außerordentlich selten, cf. z.B. *négligent*: Solange diese Graphemsequenz vollkommen kontextfrei erscheint, sind sowohl die lautlichen Interpretationen /negli:ʒ/ als auch /negliʒɑ̃/ möglich. Ähnlich liegen die Dinge bei *est*: /ɛ/ vs. /ɛst/ ('3. Pers. Sg. Präs. Ind. *être*' vs. 'Osten'); usw.

Gesamthaft gesehen spielt die Homonymie im Französischen eine viel bedeutendere Rolle als in den übrigen romanischen Sprachen (in denen sie aber keineswegs fehlt!); dies ist darauf zurückzuführen, daß nirgends die lautliche Erosion im Laufe der Ge-

---

37 Diese Umschreibung entspricht im wesentlichen dem, was Heger zur Definition heranzieht, nämlich dem Nichtvorhandensein bzw. Vorhandensein von mindestens einem gemeinsamem Sem. Allerdings nur "im Prinzip" – denn es läßt sich nicht ausschließen, daß an irgendeiner Stelle in der Arboreszenz eben doch identische Seme auftreten; so wird z.B. bei den beiden Farbadjektiven *vert* und *vair* irgendwo ein gemeinsames Sem 'Farbe' vorkommen, obwohl hier sicher keine Polysemie vorliegt und die beiden Einheiten auch historisch vollkommen unabhängig voneinander sind. Der Unterschied zwischen Polysemie und Homonymie liegt dann darin, daß im ersten Fall die Gemeinsamkeit konstitutiv, im zweiten dagegen akzidentell ist.

schichte derart stark war wie im Bereich des fränkischen Super-
strats.

6.6. Das Problem der *Synonyme* (→ *Synonymie*) hat schon Ströme
von Tinte fließen lassen und ist gleichwohl auch heute noch nicht
definitiv gelöst. Unter Synonymie versteht man eine mehr oder weniger weitgehende Inhaltsidentität sprachlicher Zeichen auf einer
noch zu bestimmenden Ebene. Diese vage Umschreibung des
Sachverhalts[38] läßt noch verschiedene Definitionsmöglichkeiten zu;
die drei wichtigsten sind nach Martin (1976:113s.) die folgenden:

— Die **referentielle Definition**, nach der die Lexien *a* und *b* synonym sind, wenn sie das gleiche Objekt denotieren (bzw. denotieren können). Dieser Ansatz hat den Nachteil, daß er Referenz und Bedeutung unauflöslich miteinander verzahnt; er
bringt zwar im Bereich der Konkreta (cf. zum Beispiel das
Paar *livre/bouquin*) durchaus brauchbare Resultate; im Bereich
der Abstrakta dagegen (cf. z.B. *peine/chagrin*) stößt man auf
fast unüberwindbare Schwierigkeiten, und zwar deshalb, weil
es hier keine (scheinbar) "naiv-isolierbaren" Objekte gibt[39].

— Die **distributionelle Definition**, nach der *a* und *b* synonym
sind, wenn sie in einem identischen Kontext (*X—Y*) den gleichen Sinn ergeben. Allerdings wird auf diese Weise das Problem nur verlagert, stellt sich doch gleich die Frage, was man
denn unter "gleichem Sinn" zu verstehen hat. Von wo an sind
"Nuancen" als Sinnunterschiede relevant? Sind *Le livre est
abîmé* und *Le bouquin est foutu* synonym oder nicht? Eine
streng distributionalistische Definition der Synonymie ohne
Rekurs auf den "Sinn" ist deshalb unmöglich, weil es keine
zwei Lexien gibt, die wirklich exakt das gleiche Distributions-
spektrum zeigen würden — und sei der Unterschied auch nur
konnotativer Natur[40]. Die distributionelle Analyse erlaubt es

---

38 Ich habe sie bewußt gewählt und mit Absicht (wenigstens vorläufig) auf
    eine präzisere Formulierung verzichtet, um nicht vor der Diskussion der
    Probleme gewisse Aspekte zu verabsolutieren und andere auszuschließen.
39 Etwas "wissenschaftlicher" formuliert würde dies heißen, daß die Ergebnisse
    nur bei kategorematischen Substantiven brauchbar sind.
40 Zur Konnotation cf. unten, Kap. 7.

aber immerhin, das Phänomen der Synonymie von demjenigen der Polymorphie zu trennen (cf. auch Heger 1976:67s.): Bei Polymorphie liegt regelmäßig eine komplementäre Distribution[41] vor, während bei Synonymie eine derartige Ausgrenzung über den Kontext nicht möglich ist.

— Die **komponentielle Definition** (Merkmalsdefinition), nach der *a* und *b* dann synonym sind, wenn sie die genau gleichen Seme enthalten, und diese Seme in einer identischen Struktur angeordnet sind. Da *Lexien* in der Regel polysem sind, dürfte es auf dieser Ebene so gut wie keine Fälle von Synonymie geben; das Phänomen könnte allerhöchstens für die Relation zwischen Sememen geltend gemacht werden (cf. auch Heger 1976:52). Überdies stellt sich hier die Frage, ob nicht auch die konnotativen Merkmale dem Semem zuzurechnen sind. Bejaht man dies, dann dürfte es vor dem Hintergrund dieser Definition auch auf Sememebene so gut wie keine Synonyme geben.

Die erwähnten drei Definitionen situieren die Synonymie auf den Ebenen der *parole*, der Σ-*parole* bzw. der Norm; je abstrakter die Ebene ist, umso weniger läßt sich die Existenz des Phänomens "Synonymie" glaubhaft machen. Schon Gauger (1972) hat festgestellt, daß es absolute Inhaltsidentität nur auf der Ebene der *parole*, nicht aber auf derjenigen der *langue* (bzw. der Norm) gebe.

All den erwähnten Aspekten trägt Martin (1976:113) Rechnung, wenn er die Synonymie über die Paraphrase definiert, die er ihrerseits logisch fundiert[42]: "On dira ... de deux unités *a* et *b* qu'[elles] sont synonymes, si la substitution de *a* à *b* conduit à une paraphrase *q* de *p*." Obwohl deutlich auf eine *parole*-Äquivalenz abzielend, läßt diese Definition durchaus noch verschiedene Möglichkeiten der Synonymiebegründung offen. Um diese Fälle in einer Typologie einzufangen, führt Martin (1976:114s.) die Unterscheidungen *absolute/relative* Synonymie und *totale/partielle* Synonymie ein:

---

41 *Komplementäre Distribution* bedeutet nichts anderes, als daß die eine Polymorphie ausmachenden Einheiten nicht in den gleichen unmittelbaren Kontexten auftreten können; cf. z.B. die Stämme *all-*, *v-* und *ir-* des Verbs *aller*.

42 Nach Martin (*loc. cit.*) liegt eine Paraphrase dann und nur dann vor, wenn eine logische Äquivalenz (d.h. identische Wahrheitswerte) bei zwei Sätzen *p* und *q* für jeden Sprecher in jeder Situation gegeben ist.

— *absolute Synonymie*: *a* und *b* haben in einem gegebenen Ko- und Kontext gleichen denotativen und konnotativen Wert. Diese Fälle sind außerordentlich selten. Vielleicht liegt ein Beispiel dieser Art im Falle von *Pierre enlève/ôte son manteau* vor, doch macht sich im heutigen Französisch eine deutliche Tendenz zur "Literarisierung" von *ôter* bemerkbar; dies bedeutet nichts anderes, als daß zwischen den beiden Sequenzen ein konnotativer Unterschied aufgebaut wird: Der Status dieses Beispiels ist offensichtlich hochgradig prekär.

— *relative Synonymie*: Hier unterscheidet Martin zwei Typen. Im ersten Fall liegt zwar eine Identität von *a* und *b* im denotativen, nicht aber im konnotativen Bereich vor: *policier/flic*, *livre/bouquin*, *soixante-dix/septante* [43]. Daneben kann auch bei geringer Abweichung im denotativen Bereich (→ Semstruktur) die Beziehung zwischen *a* und *b* noch so eng sein, daß in bestimmten Kotexten eine Paraphrasenrelation entsteht, d.h. der Unterschied zwischen den beiden betroffenen Einheiten neutralisiert wird: cf. z.B. den Gegensatz *fatigué/épuisé*.

— *totale Synonymie*: Totale Synonymie liegt dann vor, wenn *a* und *b* in allen denkbaren Kotexten vom Typus *X—Y* austauschbar sind; dies gilt z.B. für das bereits erwähnte Paar *livre/bouquin* trotz der konnotativen Unterschiede, die die Verwendung des einen der beiden Termini in bestimmten Situationen (Kontexten) verunmöglichen können[44].

— *partielle Synonymie*: In diesem Fall sind *a* und *b* nur in einem Teil der je möglichen Kotexte austauschbar: Ich kann *enlever* durch *ôter* ersetzen in *Pierre enlève son manteau*, nicht aber in *Pierre a fini par enlever cette affaire* und *Pierre a enlevé Marie la nuit passée*.

Die Unterscheidung *absolute/relative Synonymie* läuft somit auf das Nichtvorhandensein bzw. Vorhandensein von differenzierenden konnotativen Merkmalen hinaus (die denotativen Merkmale sind

---

43 Hierbei handelt es sich ohne Zweifel um den häufigsten der traditionell als "synonymisch" bezeichneten Typen.

44 So ist es z.B. kaum vorstellbar, daß Präsident Mitterand auf einem offiziellen Empfang und in aller Öffentlichkeit zum Nobelpreisträger Claude Simon sagt: *Votre dernier bouquin m'a beaucoup plu.*

[im Prinzip] identisch); der Gegensatz zwischen *totaler/partieller Synonymie* läßt sich dahingehend resümieren, daß wir im ersten Fall eine Äquivalenz der Semanteme, im zweiten dagegen nur der Sememe im denotativen Bereich haben.

Aufgrund der Kriterien '+/- (vollständige) denotative Identität' (A), '+/- konnotative Identität' (B) und '+/- (generelle) Kommutabilität' (C) kommt Martin dann zu der folgenden Typologie der Synonyme[45]:

1. **+A/+B/+C**: totale und absolute Synonymie. Dieser Fall scheint so gut wie nicht zu existieren außer bei gewissen *termini technici*; als Beispiele könnten z.B. die Paare *spirante/fricative* oder *occlusive/plosive* aus dem Bereich der Phonetik gelten. Da aber selbst in diesem Fall die Verwendung des einen oder anderen Ausdrucks auf die Zugehörigkeit oder Nähe zu einer bestimmten Schule verweist, ist Kriterium C nicht oder nur bedingt erfüllt; der Gegensatz zwischen den betreffenden Ausdrücken suggeriert einen Unterschied, der zumindest eine konnotative Differenzierung *in nuce* erahnen läßt[46].

2. **+A/+B/-C**: absolute, aber nicht totale Synonymie. Die Kommutabilität beruht auf Sememidentität und ist deshalb auf bestimmte Kotexte beschränkt; typische Beispiele für diesen Fall sind Paare wie *paraître/sembler, commencer/débuter* usw.

3. **+A/-B/+C**: denotative Identität und generelle Kommutabilität, aber konnotative Unterschiede. Dieser Fall ist außerordentlich häufig; einschlägige Beispiele sind u.a. Paare wie *policier/flic, livre/bouquin, quatre-vingt/huitante (octante), vélo/bicyclette, belle fille/bru* usw.

4. **+A/-B/-C**: Hier liegt ein dem vorhergehenden verwandter Typ vor mit dem einzigen Unterschied, daß die konnotativ abweichenden Einheiten nicht in allen Kotexten austauschbar sind: Die

---

45 Das dritte Kriterium ist nötig, weil sich nicht alle Verwendungsrestriktionen bzw. Kommutationshemmnisse auf Unterschiede im Bereich des konnotativen und/oder denotativen Merkmalinventars zurückführen lassen, sondern rein distributionell (ko- und kontextuell) bedingt sind; vgl. z.B. die Paare *paraître/sembler, commencer/débuter*, wo Unterschiede weder im denotativen noch im konnotativen Gehalt ausgemacht werden können.

46 Vgl. hierzu auch die Ausführungen zu *enlever/ôter*, p. 136 (oben).

denotative Äquivalenz gilt nur für einen Teilbereich, cf. z.B. *tête/citrouille/poire/chef, voiture/bagnole, lourdaud(e)/vache* usw.

5. **-A/+B/+C:** Da jede Bedeutungsdifferenz Rückwirkungen auf die Distribution hat, ist dieser Fall widersprüchlich und folglich ausgeschlossen.

6. **-A/+B/-C:** Dieser Fall von denotativer Teilidentität (mit unterschiedlicher Distribution) ist häufig; einschlägige Beispiele sind u.a. *un auteur/écrivain classique*, aber *l'auteur/ *l'écrivain du Cid*; *le directeur/le chef de l'entreprise*, aber *le chef/ *le directeur du parti socialiste*; usw.

7. **-A/-B/+C:** Dieser Fall ist wie die Nr. 5 widersprüchlich und deshalb nicht belegbar.

8. **-A/-B/-C:** Hier liegt ein relativ seltener Fall von akzidenteller Austauschbarkeit vor, obwohl weder im denotativen noch im konnotativen Bereich Merkmalidentität besteht; als Beispiel hierfür könnte *baiser/bise* (Subst.) angeführt werden.

Gesamthaft gesehen, spielt zwar die Synonymie im Französischen eine nicht zu vernachlässigende Rolle, ist aber gleichwohl von begrenzter Häufigkeit. Dies hängt einerseits damit zusammen, daß man im 17. Jahrhundert die Synonyme zum Teil systematisch bekämpft und eliminiert hat[47], andererseits aber auch mit einer Tendenz in der Sprachentwicklung, bedeutunsidentische oder bedeutungsähnliche Einheiten semantisch zu differenzieren. Beispiele für dieses letztgenannte Phänomen sind z.B. Paare wie *frêle/fragile*, *raide/rigide, froid/frigide, nourriture/nutrition, étendue/extension, étranglement/strangulation, sûreté/sécurité* usw. (cf. Körner 1977: 21). Trotz der gemeinsamen etymologischen Wurzeln haben sich die Einheiten dieser Paare zu unterschiedlichen Bedeutungen entwickelt, was z.T. auch dadurch begünstigt wurde, daß im einen Fall eine erbwörtliche, im andern eine lehnwörtliche Entwicklung vorliegt. Vereinzelt gibt es bei diesen Paaren noch Reste von synonymischen Verwendungsbereichen. eine Art "minimale Schnittmenge" (cf. z.B. *frêle/fragile*), in andern Fällen dagegen ist auch dieser letzte Rest

---

47 Diese Bekämpfung der Synonyme ist ein Effekt des Sprachpurismus, der bis heute von dem scheinbar unausrottbaren Irrglauben an das (einzig) richtige, zutreffende, passende usw. "Wort" geprägt ist.

von Gemeinsamkeiten inzwischen abgebaut (cf. z.B. *froid/frigide*).
Alle diese Probleme harren jedoch noch einer Spezialanalyse.

6.7. Gewissermaßen das Gegenstück zur Synonymie bildet die *Antonymie*, ein Begriff, mit dem man traditionell semantische Gegensatzrelationen bezeichnet. In der jüngeren Vergangenheit ist man in zunehmendem Maße dazu übergegangen, Antonymie nur noch für einen bestimmten Typus von Gegensatzrelationen zu verwenden, so daß zwischen einer Antonymie im weiteren (z.B. Martin 19776:59ss.) und einer Antonymie im engeren Sinne (z.B. Geckeler 1973:21; Berruto 1976:64s.; usw.) unterschieden werden muß[48]. Wir verwenden hier *Antonymie* im weiteren Sinne und benutzen zur Kennzeichnung der Subtypen die Adjektive *kontradiktorisch*, *konträr* und *konvers*[49].

Die *kontradiktorische Antonymie* (*Komplementarität*) beruht auf einem bipolaren (das heißt durch zwei und nur zwei Terme konstituierten) Gegensatz, der keine Gradation zuläßt. Die Opposition ist logisch so angelegt, daß wenn *p* wahr, *q* automatisch falsch ist (und umgekehrt); *tertium non datur*. Typische Repräsentanten dieses Typus sind Paare wie: *vivant/mort*, *masculin/féminin* (*mâle/femelle*), *animé/inanimé*, *parler/taire* usw. Eine Wendung wie "plus mort que vivant" stellt eine metaphorische Redeweise dar und ändert nichts am kontradiktorischen (und damit nicht graduierbaren) Charakter der betreffenden Lexien und ihrem Status als System- bzw. Normeinheiten[50].

Die *konträre Antonymie* (*Antonymie* im engeren Sinne) stellt einen auf mehr als zwei Elementen beruhenden Gegensatz dar, wobei diese Elemente eine Gradationsskala bilden; ein Musterbei-

---

48 Unter Antonymie im engeren Sinne sind die sogenannten konträren Relationen zu verstehen, mit denen die Extreme einer Gradationsskala bezeichnet werden wie z.B. *jeune –vieux, beau –laid, haut –bas* usw.; cf. unten.

49 Zur Antonymie im allgemeinen und für das Folgende cf. z.B. Lyons 1978:218ss., Schifko 1975:41ss., 1977:191ss.; Martin 1976:59ss.; Berruto 1976:64ss.; Gsell 1979:34ss.; usw.

50 Es ist ganz prinzipiell festzuhalten, daß Metaphern es immer erlauben, primär gegebene Merkmale außer Kraft zu setzen und sie im Rahmen eines konterdeterminierenden Kotextes (Weinrich 1976:317ss.) zu neutralisieren.

spiel hierfür stellt z.B. die Kette *froid-frais-tiède-chaud* dar. Die Zwischenstufen brauchen dabei nicht unbedingt durch eigene Lexien repräsentiert zu sein: Da Termini dieses Typs prinzipiell graduierbar sind, können zur Markierung von Zwischenstufen auch morphosyntaktische Mittel[51] eingesetzt werden, vorausgesetzt, die Extrempunkte der Skala sind lexikalisch abgedeckt[52]. Hierher gehören Dimensionen, die durch Paare gekennzeichnet werden wie: *grand-petit, rapide-lent, haut-bas, beau-laid, long-court/bref* usw. Konträre Antonyme sind durch ein spezifisches Verhalten im Wahrheitstest gekennzeichnet: Während bei der kontradiktorischen Relation -*p* automatisch *q*, *p* automatisch -*q* impliziert (cf. z.B. *non vivant* → *mort*), impliziert hier die Negation von *p* keineswegs zwingend die Wahrheit von *q*. Eine Aussage wie *Cet homme n'est pas grand* läßt im Folgekontext sowohl die Aussagen *Cet homme est petit* als auch *Cet homme n'est pas petit* zu. Allerdings impliziert die Wahrheit von *p*, daß *q* automatisch falsch ist. Während bei der kontradiktorischen Antonymie die Relation *p/q* symmetrischer Natur ist, erweist sie sich bei der konträren Antonymie als asymmetrisch.

Die *konverse Antonymie* (*Konversion, Konversität, Inversion*) unterscheidet sich von den beiden vorhergehenden Typen dadurch, daß die Wahrheitswerte bzw. Wahrheitswertrelationen nicht mehr definitionsrelevant sind. Vielmehr beruht die Konversion auf einer Art "Spiegelsynonymie": Zwei Lexien bzw. Sememe sind in konverser Relation, wenn mit ihnen gebildete Aussagen bei der Vertauschung von zwei Argumenten den gleichen Sachverhalt bezeichnen. Dies gilt z.B. für das Paar *père/fils* in Sätzen wie *Pierre est le père de Paul* und *Paul est le fils de Pierre*. Andere Paare dieses Typus

---

51 Solche Mittel sind z.B. im Lat. die synthetische Komparation aufgrund einer spezifischen Flexion, im Fr. die analytische Komparation aufgrund von Syntagmenbauplänen mit *plus/moins* usw.

52 In einigen Ausnahmefällen wird die Normalskala nicht durch die Extrempunkte, sondern durch Punkte aus deren näherem Umfeld konstituiert. Dies gilt z.B. für die Skala *froid-chaud*, die sowohl nach unten wie nach oben noch ergänzt werden kann über Lexien wie *gelé* einerseits, *bouillant* oder *brûlant* andererseits. Historisch stellten die für die Skala konstitutiven Einheiten wohl einmal die Extrempunkte dar; diese Position haben sie dann aber später verloren (je nachdem aufgrund der außersprachlichen und/oder der sprachlichen Entwicklung).

sind: *acheter/vendre, donner/recevoir, mari/épouse, à droite/à gauche, devant/derrière, au-dessus/au-dessous* usw.

Damit sind die möglichen Gegensatzrelationen im Rahmen des Lexikons noch lange nicht erschöpfend dargestellt (cf. auch Schifko 1977:194). Auch in diesem Bereich besteht für die Forschung noch ein großer Nachholbedarf, obwohl in jüngster Zeit eine Reihe von Studien (Geckeler 1979; Staib 1983; usw.) wichtige Fortschritte gebracht haben. Es steht fest, daß auch Antonymierelationen im wesentlichen auf Sememebene und nur im Ausnahmefall auf Semantemebene anzusiedeln sind. Die (systematische) Darstellung der verschiedenen Antonymietypen im Rahmen der Semstruktur der Lexien wirft aber nach wie vor große Probleme auf.

6.8. Die bisher beschriebenen Relationen zwischen den Inhaltsseiten verschiedener lexikalischer Einheiten decken nur einen Teil des ganzen Relationsbereichs ab. Es handelt sich immer nur um Beziehungen in einem eng begrenzten Rahmen von einigen wenigen, oft nur von zwei Einheiten. Diese Beziehungen können als *mikrostrukturell* bezeichnet werden. Daneben gibt es aber auch noch den Bereich der sogenannten **Makrostrukturen**.

Zu den Makrostrukturen gehören die sogenannten *lexikalischen Klassen* (oder auch *Wortklassen*), die Coseriu (1978b:241) folgendermaßen definiert:

> Die Klasse ist die Gesamtheit der Lexeme, die unabhängig von der Wortfeldstruktur durch einen gemeinsamen inhaltsunterscheidenden Zug zusammenhängen. Klassen manifestieren sich durch ihre grammatische und lexikalische "Distribution", d.h. die Lexeme, die zu derselben Klasse gehören, verhalten sich grammatisch bzw. lexikalisch analog: sie können grammatisch gleiche Funktionen übernehmen und erscheinen in grammatisch, bzw. lexikalisch analogen Kombinationen.

Merkmale, die lexikalische Klassen konstituieren, werden als *Klasseme* bezeichnet. Im Französischen fungieren z.B. folgende Merkmale als Klasseme: '+/- *animé*', '+/- *humain*', '+/- *transitiv*' (mit einer Reihe von Subklassifikationen im transitiven Bereich nach der Art des Objekts), '+/- *adlativ*' (= '*adlativ/ablativ*'), usw. So gehören z.B. jeweils der gleichen Klasse an:

'+ animé': *homme, femme, vache, chien, lion, chat, ...*
'- animé': *arbre, pierre, rocher, mer, herbe, route, maison, ...*

'+ humain': *homme, femme, garçon, fille, paysan, chevalier, boulanger, banquier,* ...

'- humain': *cheval, souris, rat, oiseau, moineau, coq, canard,* ...

'+ transitiv': *chanter, acheter, vendre, boire, nettoyer; penser à, aboutir à, accéder à, acquiescer à, contrevenir à; dévier de, diverger de, (se) désister de, (s')abstenir de;*...

'- transitiv': *vivre, mourir, dormir, exister,* ...

'+ adlativ': *venir, apporter, arriver, entrer,* ...

'- adlativ': *s'en aller, enlever, partir, sortir,* ...

Damit ist die Liste der Klasseme allerdings noch lange nicht komplett, ja es ist bis heute noch nicht hinreichend geklärt, welche Merkmale über den oben erwähnten Kernbereich hinaus als Klasseme zu betrachten sind. Eine extreme Haltung, die jedes in mehr als einem Lexem auftretende Merkmal als virtuelles Klassem betrachtet, ist durchaus möglich und argumentativ kaum zu widerlegen. Der Nutzen einer derartigen Position bleibt allerdings fraglich — ganz abgesehen davon, daß unsere Intuition und eine lange grammatische Tradition gegen ein solches Vorgehen sprechen.

Viel wichtiger für die Makrostruktur des Wortschatzes sind die sogenannten Wortfelder[53], die mit Coseriu (1978b:241) folgendermaßen definiert werden können:

> Ein Wortfeld ist in struktureller Hinsicht ein lexikalisches Paradigma, das durch die Aufteilung eines lexikalischen Inhaltskontinuums unter verschiedene in der Sprache als Wörter gegebene Einheiten entsteht, die durch einfache inhaltsunterscheidende Züge in unmittelbarer Opposition zueinander stehen.

Typische Wortfelder wären z.B. das bereits oben erwähnte Feld der Sitzgelegenheiten, das von Geckeler (1971a) analysierte Wortfeld *alt-jung-neu* oder das von Duchaček (1960) untersuchte Feld der Schönheit.

Ihren Ursprung hat die Wortfeldtheorie in Deutschland, wo sie v.a. von Leo Weisgerber und Jost Trier in der Zeit zwischen den beiden Weltkriegen propagiert wurde. Theoretische Elemente

---

53 Zu den Wortfeldern cf. Schmidt 1973; Geckeler 1971b:84ss.; Blanke 1973: 61ss.; Ullmann 1972:141ss.; usw. Ich orientiere mich in der folgenden Darstellung v.a. an Ullmann und Geckeler.

lassen sich bis Wilhelm von Humboldt, ja sogar bis Herder zurückverfolgen, doch dürften die maßgeblichen Anstöße von Husserl und Saussure ausgegangen sein. Von Saussure kommt sicher der Systemgedanke, wobei die sprachlichen Einheiten (auch und v.a. hinsichtlich ihres semantischen Aspekts) als sich gegenseitig (aufgrund von Oppositionen und Differenzen) bedingende Werte im Rahmen des Gesamtinventars aufgefaßt werden; das ganze Gefüge ließe sich mit einer Art Atommodell vergleichen, das in der gegebenen Form im Gleichgewicht ist und bei jeder noch so geringfügigen Veränderung ein neues Gleichgewicht über eine Restrukturierung finden müßte. Von Husserl dürften die allgemeinen Verfahren der phänomenologischen Analyse und der "Antipsychologismus" stammen, die die meisten Arbeiten dieser Orientierung kennzeichnen.

Ausgangspunkt für Weisgerber war eine engagiert geführte Diskussion um den Begriff der "inneren Sprachform" bei Humboldt[54], bei der er auf eine Reihe von Wortschatzbereichen gestoßen ist, die von Sprache zu Sprache unterschiedlich gegliedert sind. Das Paradebeispiel in dieser Hinsicht ist inzwischen der Bereich des Farbspektrums geworden, das z.B. von Hjelmslev (1968:77) für das Französische und das Kymrische (ausschnittweise) folgendermaßen wiedergegeben wird:

vert	*gwyrdd*
bleu	*glas*
gris	
brun	*llwyd*

Die unterschiedliche Gliederung im Farbenbereich geht so weit, daß man sogar (wenn natürlich auch vollkommen zu Unrecht) vermuten konnte, die Menschen in der Antike seien farbenblind gewesen! — Ein weiteres beliebtes Beispiel ist der Bereiche *Wald — Holz —*

---

54 Cf. hierfür und für das folgende Ullmann 1972:144ss.

Baum im Dänischen, Deutschen und Französischen[55], und nicht weniger interessant sind die Verwandtschaftsbezeichnungen im Latein und im Neufranzösischen (und den übrigen romanischen Sprachen). Im Latein wurde — auch in juristischer Hinsicht — zwischen Onkeln und Tanten väterlicherseits bzw. mütterlicherseits unterschieden, wovon die Paare *patruus/avunculus* und *amita/matertera* zeugen. Diese Opposition wird in den romanischen Sprachen nicht fortgeführt; die Bezeichnungen für die Geschwister eines der Elternteile fallen zusammen, und es wird nur noch nach dem Genus der betreffenden Person differenziert: fr. *oncle, tante*[56]. Also:

	Linie 'Vater'	Linie 'Mutter'	
männlich	*patruus*	**avunculus**	*oncle*
weiblich	**amita**	*matertera*	*tante*

$$\longleftrightarrow \qquad \longleftrightarrow$$
lat. > fr.

Auffallend ist, daß im Französischen ein Ausdruck aus der väterlichen, der andere aus der mütterlichen Linie fortgeführt wird; eine schlüssige Begründung für dieses Phänomen steht noch aus, zumal die Neutralisationserscheinungen im Lateinischen nicht signifikant zu sein scheinen[57].

Phänomene dieser Art haben Weisgerber zu der Überzeugung gebracht, die Sprache sei ein überindividuelles Kulturprodukt, das unsere Begriffe und unser Wissen, unsere Weltsicht und unsere Weltdeutung prägt: Jede Sprach- und Kulturgemeinschaft sieht die Welt anders. Dieser Sachverhalt ist später von Benjamin Lee Whorf als "sprachliches Relativitätsprinzip" bezeichnet worden[58].

---

55 Vgl. hierfür die graphische Darstellung bei Hjelmslev 1968:78.
56 Vgl. hierzu auch Coseriu 1964:169, 176, sowie Ullmann 1972:145 und Geckeler 1971b:138s.
57 Cf. Coseriu 1964:176 N 51.
58 Cf. u.a. Whorf 1984 (1956):12s.

Auf Weisgerber greift letztlich Jost Trier mit seiner großangelegten Arbeit über den *Deutschen Wortschatz im Sinnbezirk des Verstandes* (1931) zurück; er sollte seine Argumentation und Methode in den folgenden Jahren noch stark verfeinern und auch eine Reihe von romanistischen Schülern und Anhängern finden[59]. Trier ist fest davon überzeugt, daß es sich bei seinem Untersuchungsgegenstand um einen engmaschig gegliederten "Sinnbezirk" handelt, in dem sich die Bedeutung jeder einzelnen Einheit aus der Opposition zu den umgebenden Einheiten ergibt; die Einheiten würden das ganze Feld erfassen und lückenlos aufgliedern. Was für ein einzelnes Feld zutrifft, gilt nach Trier auch für den Wortschatz als Ganzes: Er würde somit ohne Rest in ein Gefüge von Feldern zerfallen, die ihrerseits wieder vollständig durch die einzelnen sprachlichen Einheiten abgedeckt würden. Triers Feldtheorie läuft somit auf eine Art hierarchisch organisierten Flickenteppich hinaus.

Gerade das Postulat der gewissermaßen lückenlosen (hierarchischen) Organisation hat sich allerdings als problematisch bzw. bis heute als nicht beweisbar herausgestellt[60]. Es gibt mit Sicherheit eine Reihe von in sich wohl organisierten Feldern, von denen wir einige genannt haben (Sitzgelegenheiten; Farben; Holz/Gehölz; Verwandtschaftsbeziehungen; usw.). Allerdings sind gerade der erste und der letzte der erwähnten semantischen Bereiche problemträchtig, weil sie sich auf objektiv faßbare außersprachliche Gegebenheiten stützen und deshalb in die Nähe von (Fach-)Terminologien rücken, die nicht (im linguistischen Sinne) strukturiert sind[61]. — Andere Bereiche scheinen dagegen bedeutend weniger konsequent strukturiert zu sein und auch eigentliche Lücken aufzuweisen. Wie soll man sonst erklären, daß es im Französischen z.B. keine adäquate Übersetzung für dt. *Heimweh, Gemütlichkeit* usw. gibt?

Ein weiteres Problem stellt Triers Postulat dar, die einzelnen Felder seien scharf und deutlich gegeneinander abgegrenzt. Dage-

---

59 Cf. hierfür u.a. Ullmann 1972:145 N 321.

60 Cf. hierzu auch oben unsere einleitenden Bemerkungen zum Semantikkapitel (p. 112).

61 Dafür können sie in der Regel für sich in Anspruch nehmen, wohldefiniert zu sein. Gerade dies schließt aber aus, daß den Einheiten Wertcharakter im Sinne Saussures zukommt.

gen spricht schon die Tatsache, daß es durchaus Lexien gibt, die ganz offensichtlich mehr als einem Feld angehören. So sind z.B. *père/mère* einerseits Termini aus dem Bereich der Verwandtschaftsbezeichnungen, andererseits dienen sie aber auch der Bezeichnung von kirchlichen bzw. monastischen Rängen. Ein *sein* ist einerseits ein populär-anatomischer Terminus, andererseits aber auch die Bezeichnung für eine Küstenformation. Die Lexie *jour* steht für eine Zeiteinheit, sie markiert einen Helligkeitsgrad (↔ Dunkelheit), kennzeichnet eine spezielle Stickereitechnik, usw. Gewisse Termini lassen sich also nicht eindeutig einem und nur einem semantischen Feld zuordnen. Der Einwand, hier lägen doch Metaphern vor, ist nicht stichhaltig bzw. höchstens historisch relevant: Es handelt sich in all diesen Fällen keineswegs mehr um *ad hoc*-Bildungen, sondern vielmehr um lexikalisierte Bedeutungen, die aber auch für den naiven Sprecher noch eindeutig zusammenhängen[62]. Allein schon diese Fälle legen die Vermutung nahe, daß es um die eindeutige Ausgrenzbarkeit der Felder nicht so gut bestellt sein dürfte wie Trier annimmt.

Aus diesem Grunde haben denn auch z.B. Porzig (1934) und Jolles (1934) versucht, Triers Feldbegriff einzuengen und so die Ausgrenzungsprobleme zu vermeiden. Porzig reduziert seine Felder auf Beziehungen vom Typus *Hund — bellen, Pferd — wiehern* usw., d.h. auf das, was Coseriu *lexikalische Solidaritäten* nennen wird[63]. Bei Jolles gelten als Felder Oppositionspaare vom Typus *rechts/links, oben/unten*, d.h. Bereiche, die unter unseren Antonymiebegriff fallen. Hier stellen sich die Probleme, die Trier hat, in der Tat nicht oder kaum — aber gleichzeitig wird auch die richtige Intuition von einer umfassenderen Organisation lexikalischer Bereiche einfach verschenkt.

Die neuere Forschung versucht nicht mehr, Wortfelder exakt auszugrenzen. Sie verfolgt vielmehr den Weg, den die Dialektologie schon um die Jahrhundertwende bezüglich der (heftig umstrittenen) Dialektgrenzen eingeschlagen hat: Es gibt keine Dialektgrenzen, sondern nur Dialektzentren, und zwischen diesen Zentren

---

62 Es liegt also aus synchronischer Sicht nicht ein Fall von Homonymie, sondern vielmehr Polysemie vor.

63 Cf. hierzu auch unten, Kap. 6.9.

konstituieren sich Spannungsfelder und Übergangszonen[64]. Eine entsprechende Neuformulierung der Problematik der Wortfeldgrenzen hat die semantische Merkmalanalyse ermöglicht, wobei die Seme für die Problemlösung eine ähnliche Rolle übernehmen wie die Isoglossen bei der Frage der Dialektgrenzen. Wortfelder konstituieren sich nach dieser neueren Auffassung einzelsprachlich über die Rekurrenz einer gewissen Anzahl von Semen (im Extremfall eines einzigen Sems (Wotjak 1971:44). Die Zugehörigkeit zu einem bestimmten Feld ist so durch eine vorgegebene Merkmalkonstellation gesichert, wobei aber gleichzeitig auch die Zugehörigkeit zu einem andern Feld aufgrund einer ebenfalls im Semem enthaltenen Merkmalgruppierung möglich ist. Prinzipiell dürften Felder umso leichter zu umschreiben sein, je größer die Zahl der feldkonstitutiven Seme ist.

Es darf aber nicht übersehen werden, daß selbst bei Einheiten, die die Zugehörigkeitskriterien (→ Vorhandensein einer bestimmten Semgruppierung) erfüllen, diese Zugehörigkeit ganz unterschiedlichen Grades sein kann. Dies ist darauf zurückzuführen, daß die rekurrenten Seme in den Sememen in der Hierarchie der Merkmale (→ Arboreszenz) ganz unterschiedlich plaziert sein können: Lexien bzw. Sememe, in denen der feldkonstitutive Semkomplex einen hohen Rang einnimmt, gehören zum Kern des Feldes; solche, in denen die ausgliedernden Merkmale einen niedrigen Rang einnehmen, sind zur Peripherie des Feldes zu rechnen. So können zum Beispiel in dem von Geckeler (1971a) untersuchten Feld die Lexien *vieux*, *jeune*, *âgé*, *ancien*, *antique*, *archaïque*, *moderne*, *récent*, *frais*, *neuf*, *nouveau* zum zentralen Bereich gerechnet werden, während Einheiten wie *cadet*, *aîné*, *majeur*, *mineur*, *juvénile*, *sénile*, *mûr*, *inédit* usw. peripheren Charakter haben.

Damit sind zwar Perspektiven und Lösungsmöglichkeiten für die erwähnten Probleme aufgezeigt; wie in den meisten Bereichen der strukturellen Semantik läßt aber der Ertrag im Bereich der konkreten Analysen noch sehr zu wünschen übrig: Man zitiert immer wieder die gängigen Evidenzbeispiele und macht einen

---

64 Vgl. hierfür v.a. die meisterliche Darstellung des Streites zwischen den Lagern von Ascoli und P. Meyer bei Horning (1893), der im wesentlichen auch die entscheidende Neuformulierung leistet.

großen Bogen um die Problemfälle. Auch hier besteht somit ein gewaltiger Nachholbedarf.

6.9. Innerhalb der Wortfelder spielen die Phänomene von *Hyperonymie* und *Hyponymie* eine sehr wichtige Rolle. Vage und vorwissenschaftlich könnte man die beiden Erscheinungen als das Auftreten bzw. Vorhandensein von übergeordneten bzw. untergeordneten Termini umschreiben. Definiert man lexikalische Einheiten in inhaltlicher Hinsicht nach dem klassischen Modell von *Genus + Differentia specifica*, dann entspricht das Hyperonym dem Genus, das Hyponym dagegen der spezifizierten Einheit: *rose, tulipe, lys, marguerite* usw. sind Kohyponyme[65] in bezug auf *fleur*, das seinerseits als Hyperonym für alle Bezeichnungen von Blumenarten zu gelten hat. Vergleichbare Relationen werden z.B. repräsentiert durch:

bête: *cheval, bœuf, chien, chat, chèvre* usw.

bâtiment: *maison, église, palais, gratte-ciel, usine, fabrique, château* usw.

bâteau: *chaloupe, barque, voilier, paquebot, steamer, tanker, yacht* usw.

Zwischen *fleur* und *rose* zum Beispiel existiert eine Oppositionsrelation, die man aus intensionaler Sicht als privativ, aus extensionaler Sicht als partizipativ bezeichnen kann[66]: *fleur* enthält gegenüber *rose* weniger semantische Merkmale, während *rose* den gesamten Merkmalkomplex von *fleur* einschließt (+ zusätzliche Merkmale); *fleur* ist somit semantisch weniger spezifiziert als *rose* und kann deshalb immer für den spezifischeren Terminus eintreten, während die umgekehrte Substitution nicht generalisierbar ist, sondern von akzidentellen Gegebenheiten abhängt. — Eine Opposition wie sie z.B. zwischen *rose* und *tulipe* existiert, nennt man äquipollent: Die beiden Lexien unterscheiden sich nicht durch das Vorhandensein bzw. Nichtvorhandensein eines oder mehrerer Merkmale, sondern dadurch, daß zu einem gemeinsamen Kern

---

65 D.h. nebeneinanderstehende (wenn auch nicht bedeutungsidentische) Hyponyme mit einem gemeinsamen Hyperonym.

66 *Intension* = Gehalt an Merkmalen; *Extension* = virtueller Anwendungsbereich der Einheit.

mindestens je ein unterschiedliches Merkmal hinzukommt. Eine einseitige oder eine gegenseitige Substitution ist deshalb ausgeschlossen, während natürlich beide durch *fleur* ersetzt werden können[67]. — Schließlich kennt die Literatur auch noch den Typus der graduellen Opposition (z.B. *froid/frais/tiède/chaud* usw.). Obwohl unter anderem von Trubetzkoy (1967:67) vertreten, liegt hier wohl kein wirklich eigenständiger Typ vor. Wir haben vielmehr eine bzw. mehrere Hierarchien von binären Oppositionen[68] (je nachdem privativer oder äquipollenter Natur). Die obige Temperaturskala ließe sich z.B. folgendermaßen gliedern[69]:

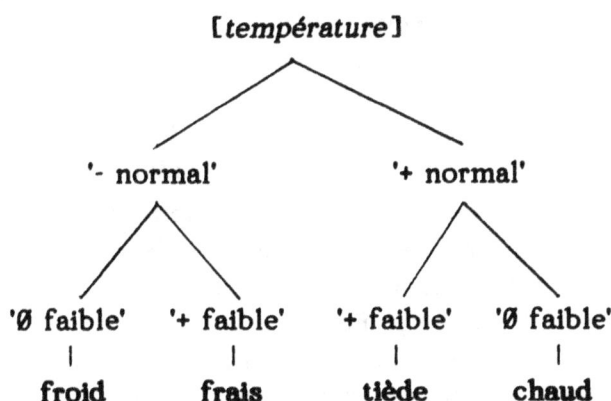

[*température*]

'- normal'   '+ normal'

'∅ faible' '+ faible'   '+ faible' '∅ faible'

froid   frais   tiède   chaud

Fällt das Hyperonym mit derjenigen Lexie zusammen, die als "Leitwort" ein ganzes Wortfeld definiert, spricht man von einem *Archilexem* (Coseriu 1978b:241; Geckeler 1973:23). In diesem Sinne ist *siège* das Archilexem für das ganze Feld der Sitzgelegenheiten, *fleur* für dasjenige der Blumenbezeichnungen, *bâteau* für dasjenige der Wasserfahrzeuge, usw. Allerdings kann das Archilexem einzelsprachlich auch fehlen, d.h. es gibt ganze Felder, die man aufgrund dieses Mankos als solche nicht benennen kann. So gibt

---

67 Beide Einheiten sind Kohyponyme zu *fleur*.

68 Cf. hierzu auch Geckeler 1973:25, 76.

69 Die 1. dieser Oppositionen ist als äquipollent zu interpretieren und bezeichnet die negative oder positive Abweichung von der an der menschlichen Körpertemperatur orientierten "Normaltemperatur". Die 2. Oppositionsstufe ist privativer Natur, wobei die schwache Abweichung als markierter Term zu gelten hat.

es z.B. im Französischen kein Archilexem für die Gruppe von Lexien, die das Feld *alt/jung/neu* ausmachen, und ebensowenig existiert ein Architerm für die Temperaturbezeichnungen. Allgemein gilt wohl, daß das Archilexem um so eher fehlt, je umfassender ein Feld ist, d.h je abstrakter es definiert ist. Überdies ist der kategorematische Bereich bedeutend konsequenter durch Archilexeme abgedeckt als der synkategorematische.

Ein weiterer Typus von makrostrukturellen Konfigurationen scheinen die sogenannten *lexikalischen Solidaritäten* zu sein, die Coseriu als "inhaltliche Bestimmung eines Wortes durch eine Klasse, ein Archilexem oder ein Lexem" definiert, "und zwar in der Hinsicht, daß eine bestimmte Klasse, ein bestimmtes Archilexem oder ein bestimmtes Lexem im Inhalt des betreffenden Wortes als unterscheidender Zug funktioniert" (Coseriu 1978b:243). Wie schon aus Coserius Definition hervorgeht, sind drei verschiedene Typen von (lexikalischer) Solidarität zu unterscheiden:

— **Affinität**: Hier funktioniert ein Klassem als unterscheidender Zug. So ist z.B. im Französischen *bouche* durch das Merkmal '+ humain' gekennzeichnet, *gueule* dagegen durch das Merkmal 'Ø humain'. Dies hat zur Folge, daß *bouche* in Verbindung mit *homme, femme, garçon, fille, jeune fille, directeur* usw. verwendet wird, *gueule* dagegen bezogen auf *chien, vache, lion, ours* etc.; da *gueule* aber als nicht-markierter Term zu gelten hat, sind auch Verwendungen im Hinblick auf Einheiten mit dem Merkmal '+ humain' nicht ausgeschlossen, erbringen dann aber einen spezifischen konnotativen Wert ('vulgär', 'brutal' usw.)[70]. Eine ähnliche Konstellation haben wir bei dem Paar *enceinte/pleine*; auch hier existiert die (aufgrund der privativen Struktur vorgegebene) Verwendung des zweiten Terms für menschliche Individuen, während der anthropomorphisierend-metaphorische Einsatz der ersten Einheit kaum zu belegen ist.

— **Selektion**: Hier funktioniert ein Archilexem als unterscheidende Größe; so impliziert z.B. *moisson*, daß es sich um Getreide (*céréales*) handelt, das geerntet wird, bei *cueillette* kann es

---

70 Andererseits lassen sich auch Beispiele beibringen, wo *bouche* auf Lebewesen mit dem Merkmal 'Ø humain' bezogen erscheint; in diesen Fällen liegt eine anthropomorphisierende Metapher vor.

sich nur um Früchte (*fruits*) gehen. Der Terminus *bec* kann nur auf einen Vogel (*oiseau*) bezogen sein, nicht aber auf ein Säugetier oder gar einen Menschen (cf. auch oben zu *bouche* und *gueule*)[71]. In all diesen Fällen fungiert das Archilexem (*céréales*, *fruits*, *oiseau* usw.) als Semkomplex innerhalb des selegierenden Terms (cf. auch Geckeler 1983:90).

— **Implikation:** Hier funktioniert ein Lexem als unterscheidende Größe. Eine Lexie wie *vendage* impliziert, daß es sich um Trauben (*raisin*) handelt, *fenaison* setzt *foin* bzw. *herbe* voraus. Farbbezeichnungen wie *alezan*, *rouan*, *moreau* implizieren *cheval*, Adjektive wie *aquilin*, *camus* gehören zu *nez*; usw. Hierher gehören natürlich auch tierische Lautgebungen wie *aboyer*, *hennir*, *beugler*, *miauler* etc. mit den Implikationen 'Hund', 'Pferd', 'Rind', 'Katze'. Allerdings ist *beugler* wohl eher der Selektion zuzuzuordnen, da *bœuf* als Archilexem für *vache*, *taureau*, *veau* etc. fungiert. Überhaupt erweisen sich die von Coseriu und Geckeler als Solidaritäten angesetzten Beziehungen oft als außerordentlich problematisch. Bei *jambe/patte* funktioniert zum Beispiel die Unterscheidung '+/Ø humain' nicht, denn in bezug auf ein Pferd würde man nie von *patte* sprechen ...[72]

Es gibt durchaus Fälle, wo eine paradigmatische Analyse der Gegebenheiten und die Feststellung eines der Solidaritätstypen ausreicht, um alles wesentliche über die semantische Struktur einer gegebenen sprachlichen Einheit zu sagen; eine solche Konstellation haben wir z.B. im Falle von *mordre* und seiner Implikation '(*avec*) *dent(s)*', bei *lécher* und seiner Implikation '(*avec la*) *langue*'; usw. Eine entsprechende Situation haben wir auch bei Selektionen vom Typus *cueillette → fruits*. In anderen Fällen dagegen hat das Solidaritätsphänomen aber auch eine eindeutig syntagmatische Dimension: Es wirkt sich als Selektionsbeschränkung aus[73]. So kann ich *enceinte* nur in bezug auf eine Frau, nicht aber für eine Kuh verwenden; *alezan* als Angabe für die Farbe der Behaarung ist nur in bezug

---

71 Dies schließt natürlich metaphorische Verwendungen nicht aus, cf. z.B. dt. *Grünschnabel*, fr. *blanc-bec*.

72 Zu dieser Problematik cf. auch Gsell 1983.

73 Cf. hierzu z.B. auch Wotjak 1971:210ss.; Berruto 1976:66s.; Schifko 1975: 88ss.; Körner 1977:98ss.; usw.

auf ein Pferd, nicht aber für einen Menschen oder irgend ein anderes Tier möglich; *miauler* kann ich nur bezüglich einer Katze, nicht aber hinsichtlich eines Hundes sagen; usw. — wobei natürlich metaphorische Verwendungen wie immer eine mögliche Ausnahme von diesen Selektionsbeschränkungen darstellen.

Ob sich Solidaritäten syntagmatisch als Selektionsbeschränkungen auswirken oder nicht, dürfte im wesentlichen davon abhängen, ob wir es mit kategorematischen oder mit synkategorematischen Lexemen zu tun haben: Der kategorematische Charakter der implizierten bzw. selektierten Einheit zieht automatisch eine syntagmatische Bindung an einen Repräsentanten eben dieser Einheit nach sich.

6.10. Unsere Ausführungen zur Semantik sind recht umfangreich geworden, was sich angesichts der zentralen Stellung dieser Teildisziplin im Rahmen einer Lexikologie auch durchaus rechtfertigen läßt. Gleichzeitig machen diese Ausführungen auch deutlich, welche Fortschritte in diesem Bereich in den letzten Jahrzehnten erzielt worden sind. Dies darf aber nicht darüber hinwegtäuschen, daß die semantische Forschung im Moment stagniert: Die theoretischen Probleme scheinen weitgehend eine befriedigende Lösung gefunden zu haben, so daß man auf das mühsame Geschäft weiterer Materialdurchdringung glaubt verzichten zu können. Gerade dies ist ein grundlegender Irrtum. Nur weitere und konsequente Arbeit am Material wird es erlauben, Schwächen der vorliegenden theoretischen Lösungen aufzudecken und so weitere Fortschritte im theoretischen Bereich auszulösen.

Aufgaben zu Kapitel 6

1. Versuchen Sie, die Begriffe *parole*, *Σ-parole*, *Norm* und *System* (*langue*) zu definieren und beschreiben Sie den Abstraktionsschritt von der jeweils einen zur nächsten dieser Analyseebenen.

2. Diskutieren Sie nach den Ausführungen p. 119ss. das Problem der Linearität und der Simultaneität sprachlicher Einheiten wie Phonem, Sem, Monem, Lexie. Wie verhalten sich Baupläne unterschiedlichen Ranges ("Wort", Syntagma, Satz) in dieser Hinsicht?

3. Analysieren Sie den Ausdruck *caisse de bois* (dt. *Holzkiste*) im Hinblick auf seine verschiedenen semantischen Möglichkeiten und unter Berücksichtigung der folgenden Ebenen: 1. sprachliche Struktur; 2. enzyklopädisches Wissen (Weltkenntnis); 3. referentielle Gegebenheiten.

4. Diskutieren Sie die Begriffe *arbiträr*, *konventionell* und *(relativ) motiviert* in ihrer gegenseitigen Abhängigkeit.

5. Grenzen Sie die Begriffe *Signifikat*, *Semantem* und *Semem* gegeneinander ab und illustrieren Sie ihre Ausführungen mit eigenen Beispielen.

6. Versuchen Sie mit Hilfe eines Gebrauchswörterbuchs, die Sememe von *canard* und *division* zu bestimmen. Versuchen Sie herauszuarbeiten, was jeweils den verschiedenen Sememen gemeinsam ist.

7. Diskutieren Sie — vor allem aufgrund von Heger 1964 — den Unterschied zwischen Semasiologie und Onomasiologie.

8. Definieren Sie den Unterschied zwischen Homonymie und Polysemie und illustrieren Sie die beiden Kategorien mit geeigneten (eigenen) Beispielen.

9. Diskutieren Sie die Auflösung des Begriffs *Homonymie* in Homophonie und Homographie und versuchen Sie, das Verhältnis dieser beiden Subkategorien zueinander zu bestimmen.

10. Stellen Sie einige Fälle dar, wo zwar Homophonie, nicht aber Homographie gegeben ist. Erläutern Sie anhand einer einschlägigen altfranzösischen Grammatik, welche Fakten der historischen Lautlehre hier zur graphischen Differenzierung genutzt werden.

11. Stellen Sie mindestens 10 Beispiele oder Beispielketten für antonymische Adjektive zusammen und diskutieren Sie deren kontradiktorischen bzw. konträren Status.

12. Wenn man im Französischen schon Wortklassen vom Typus '+/- *animé*' und '+/- *humain*' ansetzt, müßte man dann nicht auch Klassen vom Typus '+/- *végétal*' postulieren? Unterscheiden Sie bei Ihrer Argumentation kognitive und sprachliche Ebene.

13. *Erstellen Sie ein Inventar von Verwandtschaftsbezeichnungen im Französischen und versuchen Sie, dieses im Rahmen einer Semanalyse zu strukturieren.

14. *Versuchen Sie, die Matrixanalyse von Pottier für die Sitzgelegenheiten in eine Arboreszenz umzusetzen. Beziehen Sie weitere — von Pottier nicht berücksichtigte — Sitzgelegenheiten in ihre Analyse mit ein.

15. *Diskutieren Sie aufgrund von Kleiber 1981 den Unterschied zwischen kategorematischen und synkategorematischen Lexien (Substantive). Werten Sie in diesem Sinne die ersten 10 Seiten des Buchstabens A des *Petit Robert* aus.

16. *Diskutieren Sie aufgrund einschlägiger Wörterbücher, inwieweit *contrat*, *traité*, *accord*, *convention*, *pacte*, *alliance* usw. synonym sind.

17. *Versuchen Sie, ein Inventar der das Wortfeld 'Landfahrzeuge' ausmachenden Lexien zu erstellen und Strukturierungskriterien herauszuarbeiten. Wie ist das Verhältnis dieses Feldes zu den Feldern 'Wasserfahrzeuge' und 'Luftfahrzeuge' innerhalb des Gesamtfeldes 'Fahrzeuge'?

18. *Analysieren Sie das Wortfeld 'Bäume' im Französischen unter dem Gesichtspunkt von Hyperonymie/Hyponymie und disku-

tieren Sie anhand dieses Materials die verschiedenen Opposi-
tionstypen (privativ/partizipativ, äquipollent).

19. *Unterziehen Sie das Wortfeld *gâteau/tourte/tarte* (inklusive
der im *Petit Robert* angegebenen "Synonyme") einer Semanalyse. Inwieweit spielen in diesem Feld Lehnelemente eine Rolle?
Sind diese Lehnelemente integriert oder nicht? Sind sie zentral
oder marginal?

7. Konnotation und Registermerkmale

Es bleibt uns noch ein letzter Bereich im Rahmen der Lexikologie zu besprechen, derjenige der Konnotation. Auch bei den konnotativen Merkmalen ("Konnotemen") eines sprachlichen Zeichens handelt es sich ganz offensichtlich um inhaltliche Elemente, die die Verwendung der Einheit mitbestimmen, d.h. je nach Kotext und Kontext begünstigen oder behindern, ermöglichen oder verunmöglichen. Dies läßt natürlich die Frage berechtigt erscheinen, warum die konnotativen Züge nicht im vorhergehenden Kapitel über die Semantik abgehandelt wurden.

Die Antwort auf diese Frage ist relativ einfach zu geben. Die Semantik befaßt sich mit Bedeutungsunterschieden, die distinktiver bzw. denotativer Natur sind. Seme haben insofern Steuerungswert für die Verwendung eines sprachlichen Zeichens, als ihre Nutzung zur Wiedergabe von außersprachlichen Sachverhalten entweder zutreffend oder nicht zutreffend ist. Oder mit anderen Worten: Auf Semen und Semkonfigurationen beruhende Bedeutungen gehen dergestalt in Aussagen ein, daß sie deren Wahrheitswert beeinflussen. Gerade dies ist im Falle der Konnoteme nicht der Fall, obwohl auch sie für den Charakter einer Aussage nicht irrelevant sind. Ihr Einfluß hat aber mit dem Wahrheitswert nichts zu tun, sondern wirkt sich auf den kommunikativen Wert höchstens in dem Sinne aus, daß eine Äußerung als "gut geformt" oder "schlecht geformt", "angemessen" oder "unangemessen", "gekonnt" oder "stümperhaft" usw. beurteilt wird. Seme sind bedeutungsrelevant, Konnoteme dagegen stilrelevant[1].

7.1. Der Begriff der *Konnotation* ist erstmals von Louis Hjelmslev (1968:155ss.) systematisch aufgearbeitet worden, wobei er ihn bewußt sowohl gegen denjenigen der *Denotation* absetzt als auch gegenüber der *Metasprache* ausgrenzt[2]. Jedes normale (d.h. deno-

---

1   Für eine Stildefinition in meinem Sinne, die gezielt auf das Konnotationsphänomen abhebt, cf. Braselmann 1981:76ss.

2   Im Sinne Hjelmslevs ist eine *Metasprache* eine (künstliche) Beschreibungssprache für eine natürliche Sprache oder eine andere Metasprache. Die Hierarchie der über einer natürlichen Sprache operierenden Metasprachen ist im Prinzip unbegrenzt, endet aber immer mit einer natürlichen Sprache.

tative) sprachliche Zeichen kann als Ganzes in einen **Konnotator** eingehen und in diesem die Rolle der Ausdrucksseite (*connotant*) des konnotativen Zeichens übernehmen; die zugehörige Inhaltsseite (*connoté*) ist relativ einfacher Natur und entspricht dem, was wir oben *Konnotem* genannt haben. Dies bedeutet nichts anderes, als daß (im Gegensatz zu den denotativen) die Inhaltsseite der konnotativen Zeichen in der Regel nur aus einem einzigen Merkmal besteht. Graphisch lassen sich diese Verhältnisse folgendermaßen darstellen[3]:

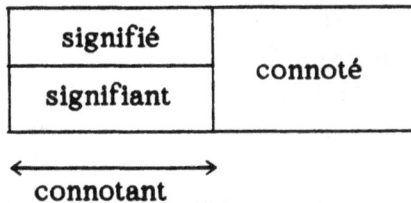

Man kann so mit Hjelmslev von "langages de connotation" sprechen, deren "plan de l'expression est constitué par les plans du contenu et de l'expression d'un langage de dénotation" (1968:161).

7.2. Es fragt sich nun allerdings, welcher Natur die Inhalte sind, die durch das *connoté* bzw. das Konnotem repräsentiert werden. Hier beginnen nun in der gegenwärtigen Forschung noch die Probleme, und zwar deshalb, weil man den Begriff der Konnotation oft äußerst schwammig und unpräzise verwendet und darunter einfach alles subsumiert, was im Rahmen der Kommunikation nichtdistinktiven Charakter hat, u.a. graduelle Affektphänomene, Assoziationen, individuelle Sprach- und Stilmerkmale, usw. Damit wird der Konnotationsbegriff — Wandruszka (1973) betont dies zu Recht — nicht nur inoperabel, sondern vollkommen unbrauchbar[4]. Dies ist zum Beispiel dann der Fall, wenn man bei hypokoristischen[5] Verwendungen von Diminutiven (z.B. *ma femmelette*), des Adjektivs *petit* (*ma petite femme*), von Reduplikationskomposita (*mon*

---

3   Cf. hierzu auch Braselmann 1981:108, wenn auch in verschiedenen Punkten leicht abweichend.

4   Für eine detaillierte Kritik verschiedenster Konnotationstheorien cf. auch Braselmann 1981:85ss. sowie die dort zitierte Literatur.

5   *Hypokoristikum* • Koseform.

chou-chou) von Konnotationen spricht (so Schifko 1977:129s.; Stati 1975:22s.), und Entsprechendes gilt auch, wenn in diese Kategorie unangenehme Evokationsphänomene aufgrund von Wörtern wie *rat, ver, serpent* angenehme Erinnerungen wie z.B. das Gefühl der Geborgenheit aufgrund von Wendungen wie *la lueur d'une lampe à pétrole, la flamme dansante d'une bougie* u.ä. eingereiht werden[6]. In all diesen Fällen liegen keine zweiseitigen (konnotativen) Zeichen im Sinne Hjelmslevs vor: Bei den Diminutiven, bei *petit* und bei den Reduplikationsformen haben wir es mit einer generellen, übereinzelsprachlichen und in allgemein psychologischen Gegebenheiten wurzelnden Affinität zwischen etwas Kleines bezeichnenden Ausdrücken und Koseformen zu tun[7]; bei den angenehmen und unangenehmen Evokationsphänomenen liegen individuelle oder gruppenspezifische Erfahrungen im lebensweltlichen Bereich zugrunde; usw. Ich betrachte alle diese Fälle als (zum Teil gesellschaftlich konventionalisierte) **Assoziationen**, die zwar durch ein sprachliches Element ausgelöst werden können, die aber letztlich sprachunabhängig sind; den Begriff der **Konnotation** reserviere ich für rein sprachliche Erscheinungen.

7.3. Das der Konnotation zugrundeliegende sprachliche Phänomen ist die Heterogenität natürlicher Sprachen, wie sie sich in Coserius Architekturbegriff (mit den Dimensionen *diatopisch, diastratisch, diaphasisch*) oder in den Begriffen von Dialekt und Register (mit den Dimensionen von *Feld, Modus* und *Tenor*) bei Halliday linguistisch niederschlägt[8]. Jede sprachliche Einheit gehört als solche einem Subsystem an (in Einzelfällen auch mehreren Subsystemen) und ist gewissermaßen ein Repräsentant dieses Subsystems: Sie steht als Ganzes (d.h. als Zeichen, das sich aus *signifiant* und *signifié* kon-

---

6 Cf. hierfür auch Braselmann 1981:89, wo v.a. Martinet in diesem Punkt hart kritisiert wird.

7 Die Annahme liegt nahe, daß der Ursprung dieser Erscheinung im Verhältnis Mutter/Kleinkind liegt. – Es muß unterstrichen werden, daß die Nutzung dieser Affinität keineswegs zwingend ist und durchaus auch unterbleiben kann; sie kommt nur zum Tragen, wenn hierfür besondere situative und kommunikative Voraussetzungen bestehen (z.B. ein besonderes Affektverhältnis zwischen den Kommunikationspartnern [nicht-sprachlicher Faktor!]).

8 Cf. hierfür oben unsere Ausführungen im Definitionskapitel (1.4.1. und 1.4.2.).

stituiert) für diese Zugehörigkeit. Oder mit anderen Worten: Diese Zugehörigkeit ist der (konnotative) Inhalt der Zeichen zweiten Grades (*connoté*), das primäre Zeichen (*signe*) stellt in seiner Ganzheit ihren Ausdruck (*connotant*) dar.

Erklären wir dies an Beispielen: Das Zeichen *flic* besteht *qua* primäre Einheit aus einem Signifikanten /flik/ und einem Signifikat 'Polizist'. Dieses Zeichen als Ganzes, d.h. die zeichenkonstitutive Verbindung /flik/↔'Polizist' fungiert als Ausdrucksseite einer konnotativen Einheit (bei Hjelmslev: *connotateur*) mit dem Inhalt 'populaire'. Ähnlich sieht die Analyse von *septante* als konnotative Einheit aus: Die das primäre Zeichen konstituierende Verbindung /septãt/↔'70' fungiert als Ganzes als Ausdruck für den Inhalt (*connoté*) 'français régional: Suisse/Belgique'; usw.[9]

Im Gegensatz zu Hjelmslev (1968:159) unterscheide ich nicht zwischen sogenannten *signaux* und eigentlichen *connotateurs*: "Signale" sind Elemente, die zwar wie die Konnotatoren auf ein Subsystem verweisen, aber im Gegensatz zu diesen nicht nur über ein primäres Zeichen als Ganzes erfaßt werden können, sondern sich je nachdem eindeutig auf der Ausdrucks- oder Inhaltsseite einer denotativen Einheit lokalisieren lassen. Eine solche Unterscheidung widerspricht letztlich Saussures Prinzip, daß jede Veränderung, sei es des *signifiant*, sei es des *signifié*, auch das Zeichen als Ganzes in Mitleidenschaft zieht, weil dadurch die zeichenkonstitutive Relation eine qualitativ andere wird[10]. Wir halten deshalb fest, daß als *connotant* immer das primäre (denotative) Zeichen in seiner Gesamtheit fungiert, und zwar ganz gleichgültig, ob die konnotativ auffällige Erscheinung nun auf der Ausdrucksseite bzw. Inhaltsseite anzusiedeln oder nur über die Zuordnung der beiden Konstituenten zu fassen ist. So ist z.B. im phonologischen Bereich ein [ʀ] (uvular) typisch für das Standardfranzösische, ein [r] (apikal) dagegen für das meridionale Regionalfranzösisch und für die Bühnensprache; die Konnotation findet aber immer im Rahmen eines Zeichens statt, für das die distinktive Leistung des

---

9 Für ähnliche Konnotationskonzeptionen (wenn auch z.T. mit abweichender Terminologie cf. z.B. Wandruszka 1973; Martin 1976:88ss.; Braselmann 1981:85ss.). In vielerlei Hinsicht problematisch sind dagegen die (ebenfalls neueren) Arbeiten von Kerbrat-Orecchioni 1977 und Rössler 1979.

10 Vgl. hierfür Saussure 1931:109.

entsprechenden Phonems konstitutiv ist. Ähnliches gilt für eine Reihe von anderen Erscheinungen im phonetisch/phonologischen Bereich: die Unterscheidung von /ɛ̃/ und /œ̃/, die für das *français cultivé* charakteristisch ist, während die beiden Phoneme im *français courant* in der Einheit /ɛ̃/ zusammenfallen; die Opposition /a/ vs. /ɑ/, die nur das gepflegte Französisch noch kennt, während das Umgangsfranzösisch eine reine Quantitätsopposition auf palataler Basis (/a/ vs. /aː/) an die Stelle der Qualitätsopposition gesetzt hat; usw.

Die oben für den lautlichen Bereich diskutierten Probleme stellen sich im morphosyntaktischen Bereich normalerweise nicht, sind doch die hier relevanten Einheiten auf jeden Fall zweiseitiger Natur und haben somit Zeichencharakter. Hierher gehören z.B. verbale Paradigmen wie das *Passé simple*, das *Passé antérieur*, der *Subjonctif de l'imparfait* und der *Subjonctif du plus-que-parfait*, d.h. Formen wie *[je] chantai, [j']eus chanté, [je] chantasse, [j']eusse chanté*, die alle auf das *français cultivé* oder gar das *français châtié* verweisen. Umgekehrt sind natürlich Formen des *Passé composé*, des *Passé surcomposé* oder *Plus-que-parfait*, des *Subjonctif présent* und des *Subjonctif passé* in syntaktischen Kontexten, die in der gepflegten Sprache und unter puristischem Blickwinkel eine der erstgenannten Formen erfordern würden, konnotative Hinweise auf die Umgangssprache (oder ein noch niedrigeres Niveau). Andere konnotativ häufig wirksame Züge in diesem Bereich sind z.B. die Voranstellung von normalerweise nachgestellten Adjektiven[11] oder die Verwendung von parataktischen Konstruktionen, wo sich eigentlich eine Hypotaxe anbieten oder gar aufdrängen würde; beide Erscheinungen verweisen auf ein spontan-orales Register, das oft auch familiäre Züge haben kann.

7.4. Es sind jedoch weder die phonetisch-phonologischen noch die morphosyntaktischen Konnotationen, die uns im Hinblick auf die Lexikologie vordringlich interessieren, sondern vielmehr diejenigen, die den lexikalischen Bereich betreffen. Eine systematische Aufarbeitung des französischen Wortschatzes im Hinblick auf die

---

11 Zum Problem der Adjektivstellung und zur konnotativen Interpretation der Abweichungen von der "Normalposition" cf. Wunderli 1987, wo auch die neueren Studien zum Thema aufgearbeitet werden.

konnotativen Werte steht noch aus; eine gewisse Abhilfe für dieses
Defizit können die (besseren) Wörterbücher mit ihren sogenannten
marques d'usage liefern. So liefert z.B. der *Petit Robert* in seinem
Abkürzungsverzeichnis allein unter dem Buchstaben A die folgenden *marques d'usage*[12]:

abus.	*abusivement* (emploi très critiquable, parfois faux sens ou solécisme)
agric.	terme technique du langage de l'*agriculture*
alch.	terme technique du langage des *alchimistes* (mot vieux ou encore utilisé en histoire des sciences)
alg.	terme didactique d'*algèbre*
alpin.	*alpinisme*
Américanisme	mot américain employé en français et critiqué comme emprunt abusif ou inutile
anat.	terme du langage technique de l'*anatomie*
anc.	*ancien*
ancienn.	*anciennnement* (présente un mot ou un sens courant qui désigne une chose du passé disparue) [Ne pas confondre avec *vieux*, avec *hist.*]
Anglicisme	mot anglais employé en français et critiqué comme emprunt abusif ou inutil (les mots anglais employés depuis longtemps et normalement, en français, ne sont pas précédés de cette rubrique)
anthrop.	terme du langage didactique de l'*anthropologie*
antiq.	terme technique concernant l'*antiquité*; mot didactique employé en histoire antique. Voir *Hist.*
apic.	terme technique d'*apiculture* (élevage des abeilles)
arbor.	terme technique d'*arboriculture*. Voir *Sylvic.*
archéol.	terme technique d'*archéologie*, d'antiquité (Voir *antiq.*), d'art ou d'histoire (Voir *hist.*) concernant des objets matériels
archit.	terme technique d'*architecture*

---

12 Ich berücksichtige hier die reinen Herkunftsbezeichnungen wie *algér.*
'mot d'arabe algérien', *algonquin* 'langue indienne d'Amérique du Nord', *all.*
'allemand (langue)' usw. nicht; es handelt sich hierbei in der Regel um
Charakterisierungen historischer Natur, die nur akzidentell auch konnotativ (z.B. als Markierung von Fremdheit) wirksam werden. – Ich gebe im
folgenden die Abkürzung und die "Auflösung" im *PRob.*

arg.	mot d'*argot*, emploi *argotique* limité à un milieu particulier, surtout professionnel (*arg. scol.*: argot scolaire), mais inconnu du grand public. Pour les mots d'argot passés dans le langage courant, voir *pop.*
arithm.	terme didactique d'*arithmétique*
artill.	terme technique d'*artillerie*
arts (ou *en art*)	mot spécial au langage des *arts* (technique, critique, histoire ...)
astrol.	terme didactique d'*astrologie*
astronaut.	terme technique d'*astronautique*
astron.	terme didactique d'*astronomie*
auto.	terme ou emploi technique du langage de l'*automobile*
aviat.	terme ou sens technique du langage de l'*aviation*

Dieser Listenausschnitt macht deutlich, daß das Inventar der Kategorien dieser Art sehr umfangreich ist. Die Zahl der Einträge als solche darf aber nicht täuschen, denn es handelt sich in erster Linie um Markierungen von Fachsprachen bzw. Fachterminologien — also Kategorien, die v.a. dem Bereich des *field* im Sinne von Halliday angehören. Immerhin fehlen andere Typen nicht: *ancien* und *anciennement* (und indirekt das kommentierend erwähnte *vieux* 'veraltet') gehören zum diachronischen (und damit diaphasisch wirksamen) Bereich[13]; *argot* und das kommentierend eingebrachte *populaire*[14] sind schichtspezifischer (diastratischer) Natur; *abusivement*, *Américanisme* und *Anglicisme* haben aufgrund der gegebenen Definitionen in erster Linie als Stilurteile (→ diaphasisch) zu gelten; und auch die diatopische Dimension (obwohl unter A nicht vertreten) fehlt mit Charakterisierungen wie *dialectal*, *régional* usw. nicht. — Trotz allem ist dieses Inventar aber unbefriedigend. Einmal ist das Ungleichgewicht zugunsten der Fachterminologien viel zu groß. Dann muß aber auch unterstrichen werden, daß die übrigen *marques d'usage* einen weitgehend zufälligen und unsystematischen Charakter haben und deshalb noch lange keine hinreichende Erfassung der konnotativen Gegebenheiten erlauben (ganz abgesehen von den aus

---

13 Entsprechendes gilt, wenn auch gewissermaßen "in der anderen Richtung", für *néol. (néologisme)*.

14 Vgl. auch *vulgaire*.

162

linguistischer Sicht oft fragwürdigen Definitionen[15]). In Ermangelung einer besseren Lösung sind wir gleichwohl gezwungen, auf diese Angaben zurückzugreifen.

Hier noch einige konkrete Beispiele für den lexikalischen Konnotationstypus. Auf das familiäre Register verweisen z.B. *bécane* statt *bicyclette*, *bouquin* statt *livre*, *papa* statt *père*, usw. Den *langage populaire* konnotieren zum Beispiel *bagnole* statt *auto/ voiture*, *flic* statt *policier*, *causer à qqn* statt *parler à qqn*, *gueule* statt *bouche* (bei Menschen), *citrouille* statt *tête*, usw. Regionale Varianten des Französischen (z.B. Belgien, *Suisse romande*) kennzeichnen *septante* statt *soixante-dix*, *huitante/octante* statt *quatre-vingt*, *nonante* statt *quatre-vingt-dix*. Ausdrücke aus der medizinischen Fachsprache[16] sind *ictère* statt *jaunisse*, *céphalées* statt *maux de tête*, usw. — Konnotation findet sich schließlich auch bei allen Lehnelementen, die nicht oder nicht vollständig integriert sind: *policeman, tennisman, shampooing, steeple-chase, rocking-chair*; *adagio, fortissimo, piano*; *soviét, kolkhoze, kolinski* usw. lassen auf Anhieb erkennen, daß sie nicht französischen Ursprungs sind; die konnotativen Auslöser können je nachdem im phonetisch-phonologischen, im graphisch-phonologischen oder im morphosyntaktischen Bereich liegen, wobei aber als *connotant* immer das Zeichen als Ganzes zu gelten hat. Soweit die betreffende Gebersprache den Kommunikationsbeteiligten (einem oder mehreren von ihnen) nicht zufällig bekannt ist, erschöpft sich das *connoté* (Konnotat, konnotativer Inhalt) auf den Wert 'Fremdheit' (ohne jede weitere Spezifikation)[17]. Eine weitere Präzisierung ist auch im Rahmen der Einzelsprache Französisch nicht möglich; kommen derartige Präzisierungen gleichwohl in der einen oder anderen Form zum Tragen, beruhen sie auf "Kenntnis von Welt" bzw. auf Fremdsprachenkenntnissen.

---

15 Cf. z.B. *abusivement, Américanisme, Anglicisme*, deren Definitionen nicht linguistisch-deskriptiv, sondern puristisch-verteufelnd sind. — Die Rückbindung von *populaire* an eine ältere Stufe des *argot* mag in einzelnen Fällen zutreffen, ist aber generell als Definition der Populärsprache unannehmbar.

16 Zu den Fachsprachen cf. z.B. Kalverkämper 1980a/b, Fluck 1985.

17 Cf. hierzu Braselmann 1981:126ss.

7.5. Wir haben oben im Falle der Synonymie gesehen, daß dieses Phänomen sowohl auf dem Semantem als auch auf dem Semem beruhen kann (Kap. 6.6.). Ähnlich verhält es sich im Falle der Konnotation, wo die Inhaltsseite des das *connotant* ausmachenden Zeichens je nachdem den Status einer monosemierten (→ Semem) oder einer nicht-monosemierten Einheit (→ Semantem) haben kann. Der gesamte Bedeutungsumfang partizipiert zum Beispiel an der Konnotation bei Einheiten wie *flic, bouquin* usw.; nur ein bestimmtes Sem (in Verbindung mit dem entsprechenden *signifiant*) ist dagegen "konnotationsträchtig" in Fällen wie *causer (à qqn), gueule* (für Menschen), *citrouille, poire* (beide in der Bedeutung 'Kopf'), usw. Es ist auch durchaus möglich, daß verschiedene Sememe in Verbindung mit ein und demselben *signifiant* unterschiedliche Bereiche konnotieren können: So gehört z.B. *bagnole* 'Automobil [allg.]' zum *langage populaire, bagnole* 'vieille voiture' dagegen zum *langage familier*.

Das Konnotationsphänomen erweist sich somit als außerordentlich komplex und vielschichtig; eine systematische Aufarbeitung dieses "sekundären Bedeutungsbereichs" unter rein linguistischen Gesichtspunkten stellt ein dringendes Forschungsdesiderat dar.

Aufgaben zu Kapitel 7

1. Grenzen Sie den Konnotationsbegriff gegen verwandte Erscheinungen wie Affekt, Erinnerung, Assoziation usw. ab; versuchen Sie zu begründen, warum derartige Phänomene vom sprachlichen Bereich (Denotation, Konnotation) streng geschieden werden müssen.

2. Versuchen Sie die "Gebrauchsmarken" *familier*, *populaire* und *vulgaire* zu definieren und gegeneinander abzugrenzen. Inwieweit existieren Überschneidungsmöglichkeiten?

3. Beschreiben sie die folgenden Ausdrücke als konnotative Zeichen und bestimmen Sie ihre "konnotative Bedeutung": *turboprof, bécasse, kif-kif, toubib, gonzesse, j'en ai marre, hémorragie, pérestroïka*.

4. Stellen Sie Züge aus dem morphosyntaktischen Bereich zusammen, die auf den gleichen Konnotationsbereich verweisen wie Ihnen bekannte lexikalische Einheiten. Sind diese Korrelationen zufällig oder lassen sie sich im Einzelfall erklären?

5. *Arbeiten Sie die Unterschiede bezüglich des Konnotationsbegriffs bei Martin 1976 und Kerbrat-Orecchioni 1977 heraus; wie ist vor diesem Hintergrund Rossipal 1973 einzuordnen?

6. *Analysieren Sie die in Kapitel 3.1.1. und 3.1.2. diskutierten Lehnwörter im Hinblick auf konnotierende Züge. Wie würden Sie die *connotateurs* (konnotativen Zeichen) darstellen bzw. beschreiben?

7. *Werten Sie den Buchstaben M eines Gebrauchswörterbuchs (z.B. *Petit Robert*) bezüglich der in ihm enthaltenen Fachtermini aus. Versuchen Sie, die verschiedenen Fachsprachen zu klassifizieren und ihnen gegebenenfalls bestimmte Terminologietypen zuzuordnen.

8. *Erstellen Sie ein vollständiges Inventar der *marques d'usage* im *Petit Robert* und klassieren Sie diese sowohl nach den Kriterien von Halliday als auch nach denjenigen von Coseriu. Beschreiben Sie Vorzüge und Nachteile der beiden Ansätze.

8. Schlußbemerkung

In der vorliegenden Darstellung ging es mir darum, die wesentlichen Bereiche der (französischen) Lexikologie vorzustellen, ihre Probleme, theoretischen Grundlagen und Arbeitsmethoden zu präsentieren. Trotz des relativ großen Umfangs dieses Arbeitsheftes ist dabei gleichwohl nicht mehr als ein skizzenhafter Überblick herausgekommen. Dies hat verschiedene Gründe:

1. Vor allem in den nicht-historischen Teilen dieses wissenschaftlichen Arbeitsfeldes ist die Forschung noch stark im Fluß; viele Probleme und Fragestellungen sind noch überhaupt nicht oder nur sehr mangelhaft bearbeitet.

2. Die Lexikologie ist ein Arbeitsgebiet, das im Schnittfeld der verschiedensten linguistischen Teildisziplinen liegt: Etymologie, Wortgeschichte, zwischensprachliche (interkulturelle) Kontakte, Lexematik (Wortbildung), Translationstheorie, Semantik, Konnotationstheorie usw. ragen in diesen Fragenkomplex hinein. Darüber hinaus bestehen auch noch enge Beziehungen zur Lexikographie. Die Lexikologie hat deshalb eindeutig "interdisziplinären" Charakter[1].

Eine Vertiefung des Gebotenen in der einen oder anderen Richtung wäre deshalb in fast allen Fällen nicht nur möglich, sondern auch wünschenswert.

Andererseits konnte es hier angesichts des immensen Korpus, das ein Lexikon darstellt, auch nicht annähernd darum gehen, irgendwie nach Vollständigkeit zu streben — weder im Bereich des Materials noch in demjenigen der charakteristischen Phänomene. Vielmehr sollte verdeutlicht werden, wie wichtig für einen erfolgreichen Zugriff auf das Material eine sorgfältige theoretische Grundlegung ist: Nur eine kritische Methodenreflexion, eine ständige Überprüfung ihrer Ergebnisse am Stoff, gegebenenfalls eine Modifikation des Instrumentariums können zu brauchbaren Ergebnissen führen. Unsere Darstellung sollte dies nicht nur deutlich machen, sie sollte auch zeigen, daß ein richtig verstandener Struk-

---

1   Diese Formulierung kann natürlich nur bestehen bleiben, wenn das Ineinandergreifen der verschiedenen Teilgebiete einer Wissenschaft als Interdisziplinarität bezeichnet werden darf.

turalismus europäischer Prägung für diese Aufgabe bestens geeignet ist[2].

Die weiterführenden Aufgaben sollten dazu dienen, das erworbene methodische Rüstzeug zu überprüfen und es gleichzeitig auch weiter zu verfeinern. Darüber hinaus wurden aber viele Fragen auch deshalb aufgenommen, weil sie deutlich machen können, daß das beste Instrumentarium nur dann etwas nützt, wenn es am Material erprobt wird: Theoretische Reflexion über die Lexikologie ist nur dann sinnvoll, wenn sie über kurz oder lang in eine lexikologische Praxis einmündet.

---

2 Dies schließt natürlich nicht aus, daß auch mit andern Ansätzen gute Resultate erzielt werden können.

9. Bibliographie

Althaus, Hans Peter/Henne, Helmut/Wiegand, Herbert Ernst (ed.), *Lexikon der germanistischen Linguistik (LGL)*, 3 vol., Tübingen, Niemeyer, 1975 (^{2}1980).

Amacker, René, *Linguistique saussurienne*, Genève/Paris, Droz, 1975.

Baldinger, Kurt, *Die Gestaltung des wissenschaftlichen Wörterbuchs*, RJb. 5 (1952), 65-94.

Baldinger, Kurt, *Alphabetisches oder begrifflich gegliedertes Wörterbuch?*, ZrP 76 (1960), 521-36.

Baldinger, Kurt, *Sémasiologie et onomasiologie*, RLiR 28 (1964), 249-72.

Baldinger, Kurt, *Sémantique et structure conceptuelle (le concept "se souvenir")*, CLex. 8 (1966), 3-46.

Baldinger, Kurt, *Introduction aux dictionnaires les plus importants pour l'histoire du français*, Paris, Klincksieck, 1974.

Baldinger, Kurt, *Semantic Theory*, Oxford, Blackwell, 1980.

Bally, Charles, *La pensée et la langue*, BSLP 23 (1922), 117-37.

Bally, Charles, *Linguistique générale at linguistique française*, Berne, Francke, ^{4}1965.

Baum, Richard, *Dependenzgrammatik*, Tübingen, Niemeyer, 1976 (a).

Baum, Richard, *Zum Problem der Norm im Französischen der Gegenwart*, in: H. Stimm (ed.), *Aufsätze zur Sprachwissenschaft I*, Wiesbaden, Steiner, 1976, 55-89 (b).

Baumann, Hans-Heinrich, *Sekundäre Motivationen bei romanischen Tierbezeichnungen*, Diss. Bonn 1967.

Bec, Pierre, *La langue occitane*, Paris, PUF, 1963.

Berruto, Gaetano, *La semantica*, Bologna, Zanichelli, 1976.

Bierbach, Mechtild, *Die Verbindung von Verbal- und Nominalelement im Französischen*, Tübingen, Narr, 1982.

Blanke, Gustav H., *Einführung in die semantische Analyse*, München, Hueber, 1973.

Bloch, O./Wartburg, W. v., *Dictionnaire étymologique de la langue française*, Paris, PUF, [5]1968.

Bloomfield, Leonard, *Language*, New York, Holt, 1933.

Börner, Wolfgang, *Die französische Orthographie*, Tübingen, Niemeyer, 1977.

Braselmann, Petra M.E., *Konnotation — Verstehen — Stil*, Frankfurt M./Bern, Lang, 1981.

Bühler, Karl, *Sprachtheorie*, Stuttgart, G. Fischer, [2]1965.

Bußmann, Hadumod, *Lexikon der Sprachwissenschaft*, Stuttgart, Körner, 1983.

Christmann, Hans Helmut, *Das Französische der Gegenwart: Zu seiner Norm und seiner "défense"*, in: P. Wunderli/W. Müller (ed.), *Romania historica et Romania hodierna*, Frankfurt M./ Bern, Lang, 1982, 259-81.

Cohen, Marcel, *Histoire d'une langue: le français*, Paris, Ed. sociales, [3]1967.

Conrad, Rudi (ed.), *Kleines Wörterbuch sprachwissenschaftlicher Termini*, Leipzig, VEB Leipzig, [2]1978.

Corbin, Danièle, *Morphologie dérivationelle et structuration du lexique*, 2 vol., Tübingen, Niemeyer, 1987.

Coseriu, Eugenio, *Pour une sémantique diachronique structurale*, TraLiLi. 2/1 (1964), 139-86.

Coseriu, Eugenio, *Sistema, norma y habla*, in: id., *Teoría del lenguaje y lingüística general*, Madrid, Gredos, [2]1967, 11-113.

Coseriu, Eugenio, *Einführung in die strukturelle Betrachtung des Wortschatzes*, Tübingen, Narr, [2]1973 (a).

Coseriu, Eugenio, *Probleme der strukturellen Semantik*, Tübingen, Narr, 1973 (b).

Coseriu, Eugenio, *Die Lage in der Linguistik*, Innsbruck, Institut für Sprachwissenschaft, 1973 (c).

Coseriu, Eugenio, *Einführung in die strukturelle Betrachtung des Wortschatzes*, in: Horst Geckeler (ed.), *Strukturelle Bedeutungslehre*, Darmstadt, Wissenschaftliche Buchgesellschaft, 1978, 193-238 (a).

Coseriu, Eugenio, *Lexikalische Solidaritäten*, in: Horst Geckeler (ed.), *Strukturelle Bedeutungslehre*, Darmstadt, Wissenschaftliche Buchgesellschaft, 1978, 239-53 (b).

Daele, Hilaire v., *Petit dictionnaire de l'ancien français*, Paris, Garnier, 1939.

Darmesteter, Arsène, *De la création des mots nouveaux dans la langue française et des lois qui la régissent*, Paris, Delagrave, 1877.

Darmesteter, Arsène, *Traité de la formation des mots composés dans la langue française*, Parris, Champion, [2]1894.

Dauzat, A./Dubois, J./Mitterand, H., *Nouveau dictionnaire étymologique et historique*, Paris, Larousse, 1964.

Davau, Maurice/Cohen Marcel/Lallemand, Maurice, *Dictionnaire du français vivant*, Paris, Bordas, 1972.

Dingel, Irene, *Beobachtungen zur Entwicklung des französischen Vokabulars*: Petit Larousse 1968 — Petit Larousse 1981, Frankfurt M./Bern, Lang 1987.

Dubois, Jean et al., *Dictionnaire du français contemporain*, Paris, Larousse, 1966.

Dubois, Jean et al., *Dictionnaire de la linguistique*, Paris, Larousse, 1973.

Ducháček, Otto, *Le champ conceptuel de la beauté en français moderne*, Prague 1960.

Ducrot, Oswald/Todorov, Tzvetan, *Dictionnaire encyclopédique des sciences du langage*, Paris, Seuil, 1972.

Engler, Rudolf, *Lexique de la terminologie saussurienne*, Utrecht/Anvers, Spectrum, 1968.

Estienne, Henri, *Deux dialoges du nouveau langage français italianizé et autrement desguizé principalement entre courtisans de ce temps*, avec introduction et notes par P. Ristelhuber, 2 vol., Paris 1885 (Nachdruck Genève, Slatkine, 1970).

Fluck, Hans-R., *Fachsprachen*. Einführung und Bibliographie, Tübingen, Francke, [3]1985.

Flydal, Leiv, *Remarques sur certains rapports entre le style et l'état de langue*, NTS 16 (1952), 241-58.

Gauger, Hans-Martin, *Durchsichtige Wörter*, Heidelberg, Winter, 1971 (a).

Gauger, Hans-Martin, *Untersuchungen zur spanischen und französischen Wortbildung*, Heidelberg, Winter, 1971 (b).

Gauger, Hans-Martin, *Die durchsichtigen Wörter des Französischen*, Französisch heute 1 (1972), 20-28.

Gauger, Hans-Martin, *Zum Problem der Synonymie*, Tübingen, Narr, 1972.

Gauger, Hans-Martin, *Sprachbewußtsein und Sprachwissenschaft*, München, Piper, 1976.

Geckeler, Horst, *Zur Wortfelddiskussion*. Untersuchungen zur Gliederung des Wortfeldes "alt-jung-neu" im heutigen Französisch, München, Fink, 1971 (a).

Geckeler, Horst, *Strukturelle Semantik und Wortfeldtheorie*, München, Fink, 1971 (b).

Geckeler, Horst, *Strukturelle Semantik des Französischen*, Tübingen, Niemeyer, 1973.

Geckeler, Horst, *Progrès et stagnation en sémantique structurale*, in: id. et al. (ed.), *Logos Semantikos*. Studia Linguistica in honorem Eugenio Coseriu, vol. 3, Berlin/New York/Madrid, De Gruyter/Gredos, 1981, 53-69.

Godefroy, Frédéric, *Dictionnaire de l'ancienne langue française et de tous ses dialectes du IXe au XVe siècle*, 10 vol., Paris 1881-1902.

Godefroy, Frédéric, *Lexique de l'ancien français*, p.p. J. Bonnard/ Am. Salmon, Paris/Leipzig, Welter, 1901.

Gougenheim, Georges et al., *L'élaboration du français élémentaire*, Paris, Didier, 1956.

Grand Larousse de la langue française en six volumes, 7 vol., Paris, Larousse, 1971-78.

Grandsaignes d'Hauterive, R., *Dictionnaire d'ancien français. Moyen Âge et Renaissance*, Paris, Larousse, 1947.

Gréciano, Gertrud, *Signification et dénotation en allemand. La sémantique des expressions idiomatiques*, Metz, Centre d'Analyse Syntaxique, 1983.

Greimas, A.J., *Dictionnaire de l'ancien français jusqu'au milieu du XIVe siècle*, Paris, Larousse, 1969.

Grevisse, Maurice, *Le Bon Usage. Grammaire française avec des Remarques sur la langue française d'aujourd'hui*, Paris/Gembloux, Duculot, 1980.

Grieve-Schumacher, Madeleine, *Die Nominalkomposition im Französischen*, Winterthur, Keller, 1960.

Gsell, Otto, *Gegensatzrelationen im Wortschatz der romanischen Sprachen*, Tübingen, Niemeyer, 1979.

Gsell, Otto, *Bemerkungen zu den lexikalischen Solidaritäten*, in: Helmut Stimm/Wolfgang Raible (ed.), *Zur Semantik des Französischen*, ZfSL Beih. NF 9 (1983), 45-53.

Guiraud, Pierre, *La sémantique*, Paris, PUF, [5]1966.

Haensch, Günther/Lallemand-Rietkötter, Annette, *Wortbildungslehre des modernen Französisch*, München, Hueber, 1972.

Halliday, M.A.K., *Language as social semiotic*, London, Arnold, 1978.

Halliday, M.A.K./McIntosh, Angus/Strevens, Peter, *The Linguistic Sciences and Language Teaching*, London, Longman, 1964.

Hallig, Rudolf/Wartburg, Walther v., *Begriffssystem als Grundlage für die Lexikographie. Versuch eines Ordnungsschemas*, Berlin, Akademie-Verlag, [2]1963.

Hasselrot, Bengt, *Etudes sur la formation diminutive dans les langues romanes*, Uppsala, Almquvist & Wiksell, 1957.

Hausmann, Franz Josef, *Einführung in die Benutzung der neufranzösischen Wörterbücher*, Tübingen, Niemeyer, 1977.

Heger, Klaus, *Die Bezeichnung temporal-deiktischer Begriffskategorien im französischen und spanischen Konjugationssystem*, Tübingen, Niemeyer, 1963.

Heger, Klaus, *Die methodologischen Voraussetzungen von Onomasiologie und begrifflicher Gliederung*, ZrP 80 (1964), 486-516.

Heger, Klaus, *Monem, Wort, Satz und Text*, Tübingen, Niemeyer, [2]1976.

Heger, Klaus, *Zum Verhältnis von Semantik und Noematik*, in: Helmut Stimm/Wolfgang Raible (ed.), *Zur Semantik des Französischen*, ZfSL Beih. NF 9 (1983), 40-44.

Heinimann, Siegfried, *Les mots déformés et abrégés en -o dans l'argot, dans le langage populaire et dans la langue commune*, in: *Mélanges de linguistique et de littérature romanes offerts à Mario Roques*, Bade/Paris 1952, vol. 2, 151-63.

Helbig, Gerhard, *Geschichte der neueren Sprachwissenschaft*, München, Hueber, [1]1971 ([2]1973).

Hilty, Gerold, *Ist französisch "jaloux" ein Lehnwort aus dem Altprovenzalischen?*, in: Guntram Plangg/Eberhard Tiefenthaler (ed.) *Weltoffene Romanistik. Festschrift Alwin Kuhn zum 60. Geburtstag*, Innsbruck, Sprachwissenschaftliches Institut, 1963, 237-54.

Hilty, Gerold, *Bedeutung als Semstruktur*, VR 30 (1971), 242-63.

Hilty, Gerold, *L'état actuel de la sémantique dans le domaine roman*, in: *Atti del XIV Congresso Internazionale di Linguistica e Filologia Romanza*, Napoli 15-20 aprile 1974, vol. 1, Napoli/Amsterdam, Macchiaroli/Benjamins, 1978, 117-29.

Hilty, Gerold, *Sémantique et lexicologie*, in: *Actes del XVIe Congrès internacional de Lingüística i Filologia Romàniques*, Palma de Mallorca, 7-12 d'abril de 1980, vol. I, Palma de Mallorca 1982, 289-94.

Hilty, Gerold, *Sémantique et formation des mots*, TRANEL 5 (1983), 85-104.

Hjelmslev, Louis, *Prolégomènes à une théorie du langage*, Paris, Minuit, 1968.

Hjelmslev, Louis, *Essais linguistiques*, Paris, Minuit, 1971.

Höfler, Manfred, *Das Problem der sprachlichen Entlehnung*, JUD 1969/70, 59-67.

Höfler, Manfred, *Zur Integration der neulateinischen Kompositionsweise im Französischen*, dargestellt an den Bildungen auf -(o)manie, -(o)mane, Tübingen, Niemeyer, 1972.

Höfler, Manfred, *Dictionnaire des anglicismes*, Paris, Larousse, 1982.

Höfler, Manfred, *L'importance du "Dictionnaire Général" pour la lexicographie historique française du XX° siècle*, RLiR 52 (1988), 329-388.

Horning, Adolph, *Über Dialektgrenzen im Romanischen*, ZrP 17 (1893), 160-87.

Huguet, Edmont, *Dictionnaire de la langue française du XVI° siècle*, 7 vol., Paris, Champion, 1925-67.

Ineichen, Gustav, *Kleine altfranzösische Grammatik*. Laut- und Formenlehre, Berlin, Schmidt, 1985.

Jolles, André, *Antike Bedeutungsfelder*, PBB 58 (1934), 97-109.

Joos, Martin, *The Five Clocks*, IJAL 28 (1962).

Juilland, Alfonse et al., *Frequency Dictionary of French Words*, The Hague/Paris, Mouton, 1970.

Kalverkämper, Hartwig, *Das Wortfeld der Fachlichkeit im Französischen*, SpW 5 (1980), 415-96 (a).

Kalverkämper, Hartwig, *Die Axiomatik der Fachsprachenforschung*, Fachsprache 1/1980, 2-20 (b).

Kerbrat-Orecchioni, Cathérine, *La connotation*, Lyon, PUL, 1977.

Kleiber, Georges, *Problèmes de référence: Descriptions définies et noms propres*, Metz, Centre d'Analyse Syntaxique, 1981.

Körner, Karl-Hermann, *Einführung in das semantische Studium des Französischen*, Darmstadt, Wissenschaftliche Buchgesellschaft, 1977.

Kramský, Jiřý, *The Word as a Linguistic Unit*, The Hague, Mouton, 1969.

Kürschner, Wilfried, *Grammatisches Kompendium*. Systematisches Verzeichnis grammatischer Grundbegriffe, Tübingen 1989.

Lausberg, Heinrich, *Elemente der literarischen Rhetorik*, München, Hueber, 1963.

Lewandowski, Theodor, *Linguistisches Wörterbuch*, 3 vol., Heidelberg, Quelle & Meyer, [2]1976.

Lyons, John, *Eléments de sémantique*, Paris, Larousse, 1978.

Lyons, John, *Sémantique linguistique*, Paris, Larousse, 1980.

Malblanc, André, *Stylistique comparée du français et de l'allemand*, Paris, Didier, 1968.

Martin, Robert, *Inférence, antonymie et paraphrase*, Paris, Klincksieck, 1976.

Martin, Robert, *Langage et croyance*, Bruxelles, Mardaga, 1987.

Martinet, André, *Eléments de linguistique générale*, Paris, A. Colin, 1963.

Martinet, André, *La linguistique*. Guide alphabétique, Paris, Denoël, 1969.

Messner, Dieter, *Einführung in die Geschichte des französischen Wortschatzes*, Darmstadt, Wissenschaftliche Buchgesellschaft, 1977.

Meyer-Lübke, Wilhelm, *Historische Grammatik der französischen Sprache II: Wortbildungslehre*, Heidelberg, Winter [2]1966 (1921).

Meyer-Lübke, Wilhelm, *Romanisches Etymologisches Wörterbuch*, Heidelberg, Winter, [3]1935.

Mounin, Georges (ed.), *Dictionnaire de la linguistique*, Paris, PUF, 1974.

Petit Larousse illustré, Paris, Larousse, 1988.

Le Petit Robert. Dictionnaire alphabétique & analogique de la langue française, par Paul Robert, rédaction dirigée par A. Rey et J. Rey-Debove, Paris, Nouveau Littré, 1977.

Pope, Mildred K., *From Latin to Modern French with Especial Consideration of Anglo-Norman*, Manchester, University Press, [2]1952.

Porzig, Walter, *Wesenhafte Bedeutungsbeziehungen*, PBB 58 (1934), 70-97.

Pottier, Bernard, *Introduction à l'étude des structures grammaticales fondamentales*, Nancy, Faculté des Lettres et Sciences Humaines, [2]1964 (a).

Pottier, Bernard, *Vers une sémantique moderne*, TraLiLi. 2/1 (1964), 107-37 (b).

Pottier, Bernard, *Présentation de la linguistique*, Paris, Klincksieck, 1967.

Pottier, Bernard, *Linguistique générale*. Théorie et description, Paris, Klincksieck, 1974.

Rettig, Wolfgang, *Sprachliche Motivation*. Zeichenrelationen von Lautform und Bedeutung am Beispiel französischer Lexikoneinheiten, Frankfurt M./Bern, Lang, 1981.

Rey, Alain, *Les implications théoriques d'un dictionnaire phraséologique*, Le Moyen Français 14/15 (1986), 119-33.

Rey-Debove, Josette/Gagnon, Gilberte, *Dictionnaire des anglicismes. Les mots anglais et américains en français*, Paris, Le Robert, [2]1982.

Ricken, Ulrich, *Französische Lexikologie*, Leipzig, VEB Verlag Enzyklopädie, 1983.

Robert, Paul, *Dictionnaire alphabétique et analogique de la langue française*, Deuxième édition entièrement revue et enrichée par Alain Rey, 9 vol., Paris, Nouveau Littré, 1985.

Rossipal, Hans, *Konnotationsbereiche, Stiloppositionen, Sprachen in der Sprache*, ZGL 4 (1973), 1-87.

Rössler, Gerda, *Konnotationen*. Untersuchungen zum Problem der Mit- und Nebenbedeutung, Wiesbaden, Steiner, 1979.

Rohrer, Christian, *Die Wortzusammensetzung im modernen Französisch*, Tübingen, Narr, 1977 (1967).

Rosetti, Alexandre, *Le mot.* Esquisse d'une théorie générale, Copenhague/Bucarest, Munksgaard, [2]1947.

Saussure, Ferdinand de, *Cours de linguistique générale*, p.p. Charles Bally et Albert Sechehaye, avec la collaboration de Albert Riedlinger, Paris, Payot, [3]1931.

Saussure, Ferdinand de, *Cours de linguistique générale*, Édition critique par Rudolf Engler, Tome 1, Wiesbaden, Harrassowitz, 1968.

Schifko, Peter, *Bedeutungstheorie.* Einführung in die linguistische Semantik, Stuttgart/Bad Cannstadt, Frommann-Holzboog, 1975.

Schifko, Peter, *Aspekte einer strukturalen Lexikologie*, Bern, Francke, 1977.

Schmid, Wolfgang Paul, *Skizze einer allgemeinen Theorie der Wortarten*, Wiesbaden, Steiner, 1970.

Schmidt, Lothar (ed.), *Wortfeldforschung*, Darmstadt, Wissenschaftliche Buchgesellschaft, 1973.

Schulthess-Ulrich, Nanny v., *Zu einigen Gewebebezeichnungen orientalischer Herkunft*, VR 25 (1966), 259-88.

Searle, John R., *Speech Acts.* An Essay in the Philosophy of Language, London CUP, 1969.

Sergijewskij, Maxim W., *Geschichte der französischen Sprache*, München, Beck, 1979.

Settekorn, Wolfgang, *Sprachnorm und Sprachnormierung in Frankreich*, Tübingen, Niemeyer, 1988.

Söll, Ludwig, *"Shampooing" und die Integration des Suffixes "-ing"*, in: *Verba et vocabula.* Ernst Gamillscheg zum 80. Geburtstag, München, Fink, 1968, 565-78.

Staib, Bruno, *Antonymische Relationen bei sekundären Verben*, in: Helmut Stimm/Wolfgang Raible (ed.), *Zur Semantik des Französischen*, ZfSL Beih. NF 9 (1983), 80-91.

Stati, Sorin, *Il significato delle parole*, Messina/Firenze, D'Anna, 1975.

Stimm, Helmut/Raible, Wolfgang (ed.), *Zur Semantik des Französischen*, ZfSL Beih. NF 9, Wiesbaden, Steiner, 1983.

Tesnière, Lucien, *Esquisse d'une syntaxe structurale*, Paris, Klincksieck, 1953.

Tesnière, Lucien, *Eléments de syntaxe structurale*, Paris, Klincksieck, 1959 ([2]1966).

Thiele, Johannes, *Wortbildung der französischen Gegenwartssprache*, Leipzig, VEB Verlag Enzyklopädie, [2]1985.

Thun, Harald, *Probleme der Phraseologie*, Tübingen, Narr, 1978.

Tobler, Adolf/Lommatzsch, Erhard, *Altfranzösisches Wörterbuch*, 9 vol., Wiesbaden, Steiner, 1925ss.

Trésor de la langue française. Dictionnaire de la langue du XIXe et du XXe siècle, 12 vol., Paris, CNRS, 1971ss.

Trier, Jost, *Der deutsche Wortschatz im Sinnbezirk des Verstandes.* Die Geschichte eines sprachlichen Feldes. I: Von den Anfängen bis zum Beginn des 13. Jahrhunderts, Heidelberg, Winter, 1931.

Ullmann, Stephen, *Grundzüge der Semantik.* Die Bedeutung in sprachwissenschaftlicher Sicht, Berlin/New York, De Gruyter, [2]1972.

Vachek, Josef (ed.), *A Prague School Reader in Linguistics*, Bloomington/London, Indiana University Press, 1964.

Vidos, Benedek E., *Handbuch der romanischen Sprachwissenschaft*, München, Hueber, 1968.

Wandruszka, Mario, *Interlinguistik.* Umrisse einer neuen Sprachwissenschaft, München, Piper, 1971.

Wandruszka, Mario, *Le mot: Connotations et indices socioculturels*, TraLiLi. 11/1 (1973), 53-62.

Wandruszka, Ulrich, *Probleme der neufranzösischen Wortbildung*, Tübingen, Niemeyer, 1976.

Wartburg, Walther v., *Französisches etymologisches Wörterbuch.* Eine Darstellung des galloromanischen Sprachschatzes, 25 vol., Bonn 1922-28/Leipzig 1932-40/Basel 1946ss., Zbinden et al., 1940ss.

Wartburg, Walther v., *Evolution et structure de la langue française*, Berne, Francke, [6]1962.

Wartburg, Walther v., *Einführung in Problematik und Methodik der Sprachwissenschaft*, Tübingen, Niemeyer, [3]1970.

Weinrich, Harald, *In Abrede gestellt: der Teilungsartikel in der französischen Sprache*, in: *Philologische Studien für Joseph M. Piel*, Heidelberg, Winter, 1969, 218-223.

Weinrich, Harald, *Sprache in Texten*, Stuttgart, Klett, 1976.

Whorf, Benjamin Lee, *Sprache - Denken - Wirklichkeit*. Beiträge zur Metalinguistik und Sprachphilosophie, Hamburg, Rowohlt, 1984.

Wolf, Heinz Jürgen, *Französische Sprachgeschichte*, Heidelberg, Quelle & Meyer, 1979.

Wolf, Lothar, *Aspekte der Dialektologie*, Tübingen, Niemeyer, 1975.

Wolf, Lothar/Hupka, Werner, *Altfranzösisch: Entstehung und Charakteristik*. Eine Einführung, Darmstadt, Wissenschaftliche Buchgesellschaft, 1981.

Wotjak, Gerd, *Untersuchungen zur Struktur der Bedeutung*, München, Hueber, 1971.

Wunderli, Peter, *Modus und Tempus*, Tübingen, Narr, 1976.

Wunderli, Peter, *Die Strukturen der Wortbildungen mit "avant-"*, in: Manfred Höfler et al. (ed.), *Festschrift Kurt Baldinger zum 60. Geburtstag*, vol. 1, Tübingen, Niemeyer, 1979, 330-60.

Wunderli, Peter, *Saussure und die "signification"*, in: Horst Geckeler et al. (ed.), *Logos semantikos*, Berlin-New York/Madrid, De Gruyter/Gredos, 1981, 267-84.

Wunderli, Peter, *Saussure-Studien*, Tübingen, Narr, 1981.

Wunderli, Peter, *La place de l'adjectif: Norme et infraction a la norme*, TL 14/15 (1987), 221-35.

Zangger, Kurt, *Contribution à la terminologie des tissus en ancien français (attestés dans des textes français, provençaux, italiens, espagnols, allemands et latins)*, Berne, Schüler, 1945